إنتاج وتصميم
الوسائل التعليمية

2008 - 1428هـ

رقم الإيداع لدى دائرة المكتبة الوطنية
(2007/7/2158)

الطيطي ، محمد عيسى وآخرون
أسم الكتاب : أنتاج وتصميم الوسائل التعليمية
تأليف : محمد عيسى الطيطي وآخرون
دار عالم الثقافة
الواصفات: / الوسائل التعليمية

* تم إعداد بيانات الفهرسة والتصنيف الأولية من قبل دائرة المكتبة الوطنية

عالم الثقافة للنشر والتوزيع

عمان - الأردن- العبدلي
هاتف 4613465 - 6 - 00962
جوال 5553285 - 78-00962
فاكس 5689113 - 6- 00962
ص.ب 927426 - عمان 11190 الأردن

www.alamthqafa.com
E-mail: info@alamthqafa.com
E-mail: alamthqafa@yhoo.com

إنتاج وتصميم الوسائل التعليمية

د.محمد عيسى الطيطي

كلية العلوم التربوية

د. فراس العزة

كلية العلوم وتكنولوجيا المعلومات

أ.عبد الإله طويق

مركز مصادر التعلم

دار عالم الثقافة

المـحـتـويـات

الفصل الأول

الفصل الثاني

الفصل الثالث

المقدمة

تتعرض المجتمعات الإنسانية وهي تلج القرن الحادي والعشرون إلى تغيرات سريعة أصابت نظم الحياة الإجتماعية والاقتصادية والتربوية والثقافية والعلمية والتكنولوجية، وأمام هذه التحولات الهائلة، لا بد من استجابة متبادلة بين هذه النظم للإفادة منها لصالح ترقية الحياة والنهوض بها.

وتشكل استجابة النظام التربوي الأهمية المركزية بين هذه الاستجابات، التي تمثل المدخل الشمولي الذي ينهض بالنظم الأخرى داخل الكيان الاجتماعي، وحتى تكون التربية معاصرة، وقادرة على هذه التحولات، لا بد من جعلها مسألة تكنولوجية بتنظيمها مدخلاتها وصياغتها أهدافها وطرائقها، حتى تكون أداة قادرة على أداء وظيفتها في هذا العالم المتغير، ولم يعد في وسع المؤسسات التربوية إلاّ أن تستجيب لهذه التغيرات والتحولات والمكتشفات، فقامت محاولات لتطوير المناهج والكتب المدرسية ومصادر التعلم من وسائل تعليمية ... حيث تعتبر الوسائل التعليمية جزءاً من تكنولوجيا التعليم، وقد عرف الإنسان الوسائل منذ وجد الإنسان على هذه الأرض، فمرت الوسائل التعليمية بمرحلة طويلة تطورت خلالها من مرحلة إلى أخرى، حتى وصلت إلى أرقى مراحلها التي نشهدها اليوم في كثير من الأحيان لا يستطيع الدارس أن يدرس ظاهرة أو موضوع بشكل دقيق، بسبب وجود استحالة في الوقوف على تعقبه وعلى تفاصيله، وذلك لأن كثيراً من الأمور والظواهر والمواضيع لا يستطيع الإنسان أن يدركها بحواسه، أو يتوصل إليها لأمور تخرج عن طاقته المحدودة.

ومن أجل ذلك يأتي الدور الفاعل الذي تلعبه الوسائل التعليمية في تمكين الدارس من الوقوف على الظاهرة أو الموضوع، والوصول إلى مكامنه بحيث تعمل على إعطاء صورة إما قريبة جداً ـ أو مطابقة ـ للموضوع محل الدراسة، أو توفير السرعة المطلوبة في شرح مراحل معينة أو خطوات بسرعة شديدة تفوق السرعة الحقيقة ـ للشيء أو الظاهرة محل الدراسة ـ بكثير من المرات.

وللوقوف على ما سبق ذكره، ولإلقاء مزيد من الضوء على هذا الموضوع جاء هذا الكتاب موضحاً لطرق تصميم وإنتاج واستخدام الوسائل التعليمية في العملية التعليمية بدءاً بإنتاج الوسائل التعليمية وصولاً بالبرامج المحوسبة والألعاب التعليمية.

وجاء هذا الكتاب ليحوي بين دفتيه اربع عشر فصلاً، خصص الفصل الأول للتعريف بالوسائل التعليمية وتطور مسمياتها وتصنيفاتها وأهميتها في التعليم الصفي واستخداماتها وصفاتها ومصادرها ومعوقات استخدامها.

وتطرق الفصل الثاني إلى الاتصال التعليمي مفهومه وأهدافه وعناصره ومعوقاته، ثم جاء الفصل الثالث ليتناول الوسائل التعليمية من حيث أنواعها البصرية والسمعية وفق ترتيب مخروط الخبرات لا دجارديل.

أما الفصل الرابع فقد عالج استخدام الوسائل التعليمية من حيث خطوات إنتاج الوسيلة التعليمية ومستوياتها ومراحل إنتاجها ومعوقات استخدامها في العملية التعليمية.

وتناول الفصل الخامس فئات مستهدفة لإعاقات سمعية بصرية وعقلية وتطوير وسائل تعليمية خاصة بهذه الفئات وطرق تقويمها.

وتحدث الفصل السادس عن الأسس النفسية والوسائل التعليمية من حيث الإدراك والدافعية والفهم والتفكير والتذكر والنسيان. والفصل السابع فقد ركز على إنتاج اللوحات التعليمية وطرق تصنيعها ، أما الفصل الثامن فركز على الأجهزة الضوئية اجزائها واستخدامها ، وتناول الفصل التاسع إنتاج وتصنيع المجسمات وجاء الفصل العاشر ليتناول الشفافيات والشرائح، أما الفصل الحادي عشر فركز على المستنبطات العلمية في حين جاء الفصل الثاني عشر فتناول الألعاب التربوية ، وتناول الفصل الثالث عشرـ تكنولوجيا المعلومات في خدمة الوسائل التعليمية وأخيراً جاء الفصل الرابع عشر ليتحدث عن البرامج والحقائب التعليمية.

وأخيراً نرجو أن يكون هذا العمل ابتغاءً لمرضاة الله ورافداً للمكتبة العربية وميسراً ومساعداً للمعلمين وطلبة كليات التربية في الجامعات والمعاهد التعليمية.

وآخر دعوانا أن الحمد لله رب العالمين

المؤلفون

الفصل الأول
الوسائل التعليمية

- الوسائل التعليمية.
- تعريف الوسائل التعليمية.
- مسميات الوسائل التعليمية.
- تصنيفات الوسائل التعليمية.
- أهمية الوسائل التعليمية في التعلم الصفي.
- مسوغات استخدام الوسائل التعليمية.
- صفات الوسيلة التعليمية الجيدة.
- مصادر الوسائل التعليمية.

تعريف الوسائل التعليمية

تعتبر الوسائل التعليمية جزءاً من تكنولوجيا التعليم، وتكنولوجيا التعليم مصطلح جديد وهو طريقة نظامية منهجية تأخذ بعين الإعتبار جميع المصادر البشرية وغير البشرية في تصميم وتنفيذ وتقويم عملية التعليم في ضوء أهداف محددة، أما لوسائل التعليمية، فهي أيّ شيء يستخدم في العملية التعليمية بغرض بلوغ الأهداف بدرجة عالية من الإتقان، وهي جميع المواد التي يستخدمها المعلم لنقل محتوى الدرس إلى مجموعة من الدارسين داخل الغرفة الصفية أو خارجها بهدف تحسين العملية التعليمية التعلمية، وبالتالي فإن الوسائل التعليمية أقدم من تكنولوجيا التعليم- أي أنها جزء بسيط من تكنولوجيا التعلم وهناك العديد من التعريفات للوسائل التعليمية.

حيث عرف أدرجارديل صاحب مخروط الخبرات الوسائل بأنها الوسائل السمعية ـ البصرية التي تقتصر أساساً على القراءة واستخدام الألفاظ والرموز لنقل المعاني والمفاهيم، وهي المواد التي تؤدي إلى جودة التدريب وتزويد الدارسين بخبرات لها أثر كبير على المتعلمين.

أما دنت فقد عرفها بأنها الوسائل البصرية الحسية تستخدم في حجرات الدراسة في المواقف التعليمية، بهدف توضيح معاني الكلمات المنطوقة والمكتوبة.

ويعرف حمدان الوسائل التعليمية بأنها: «كافة الوسائل التي يمكن الاستفادة منها تحقيق الأهداف التربوية المنشودة من عملية التعلم، سواء أكانت هذه الوسائل تكنولوجية ـ كالأفلام ـ أو بسيطة كالسبورة والرسوم التوضيحية أو بيئية كالآثار والمواقع الطبيعية» .

ويمكن تعريفها بأنها «أجهزة وأدوات ومواد يستخدمها المعلم؛ لتحسين عملية التعلم والتعليم، وتوضيح المعاني وشرح الأفكار، وتدريب التلاميذ على المهارات وغرس العادات الحسنة في نفوسهم، وتنمية الاتجاهات، وغرس القيم دون أن يعتمد المدرس على الألفاظ والرموز والأرقام؛ فقط وذلك للوصول بالمتعلمين إلى الحقائق العلمية والتربوية بسرعة وقوة وبكلفة قليلة.

ومن خلال التعريفات السابقة نلاحظ أن الوسائل جزء من تقنيات التعليم التي تساعد على انتقال المعرفة والمعلومات والمهارات من شخص إلى آخر، وفي مجال التعليم من المعلم إلى المتعلم وذلك عن طريق مخاطبة أكبر عدد ممكن من الحواس.

أما الوسيلة التعليمية فيمكن تعريفها بشكل مبسط بأنها أي مادة صممت لتساعد في عملية التعلم والتعليم باستخدام الحواس وبخاصة حاستي السمع والبصر.

وهكذا فالمعلم من خلال عملية التعليم يصمم البيئة التعليمية ويستخدم المثيرات من لوحات وأجهزة وخرائط بشكل منظم حتى يحدث التعلم الذي يغيّر في سلوك المتعلم نتيجة مروره بالخبرات المقصودة من المعلم.

مسميات الوسائل التعليمية

لقد تطور مفهوم الوسائل التعليمية ومر بالعديد من المراحل، وهذه المراحل هي:

أولاً: مرحلة التسمية على أساس الحواس التي تخاطبها:

وفي هذه المرحلة اعتمدت تسميات الوسائل التعليمية على أساس الحواس التي تخاطبها هذه الوسائل، ولقد كان أول اسم لها هو الوسائل البصرية، والتي يقصد بها: كل ما يعمله المعلم من أدوات ومواد تعليمية تخاطب حاسة البصر في الفرد المتعلم، ويطلق عليه البعض "التعليم البصري" ــ والسبب في ذلك هو اعتقاد المربين بان التعليم يعتمد بشكل كبير على حاسة البصر، ولاعتمادها ـأيضاً ـ على المبدأ السيكولوجي القائل: «بأن الفرد يدرك الأشياء التي يراها إدراكاً أفضل وأوضح مما لو قرأ عنها أو سمع شخصاً يتحدث عنها حيث يحصل الفرد على أكثر من 80% من خبراته عن طريق البصر.

وظهرت بعد ذلك تسمية أخرى ـ تتعلق بالتسميات المرتبطة بالحواس ـ وهي الوسائل السمعية: والتي يقصد بها تلك المواد والأدوات التعليمية التي يستخدمها المعلم مخاطباً بها حاسة السمع لدى الطلبة؛ من أجل إكسابهم خبرات تعليمية مسموعة، ويعرف ذلك "بالتعلم السمعي".

ويرى البعض أن هاتين الوسيلتين قاصرتان، حيث أنهما في الأولى أو الثانية ركزت التسميات على حاسة واحدة وهي حاسة البصر وحدها أو حاسة السمع وحدها وتركت بقية الحواس كأنها ليس لها أهمية في عملية التعلم.

وبعد ذلك ظهرت تسمية أخرى هي "التعليم السمعي ـ البصري"، والتي تستخدم فيها الأدوات والأجهزة والمواد التي تُكسب المتعلم خبرات تعليمية عن

طريق حاستي السمع والبصر "الوسائل السمعية ـ البصرية". وهي تلك الوسائل التي تركز على حاستي السمع والبصر معاً.

ويرى البعض أن هذه التسمية قاصرة؛ لأنها تهمل بقية الحواس الأخرى للفرد، مثل حاسة الشم والذوق واللمس، وكلما فعّل المعلم الحواس، أي استخدم أكثر من وسيلة كالتدريس المباشر يكون التعليم أدوم وهناك انتقال أفضل لأثر التعلم.

ثانياً: مرحلة التسمية على أساس دورها في التدريس:

وفي هذه المرحلة كانت الوسائل التعليمية تعتبر مساندة للتدريس فسميت وسائل الإيضاح، أو المعينات السمعية ـ البصرية؛ والسبب في ذلك هو أستعانة المعلمين بهذه الوسائل في تدريسهم، ولكن ليس بدرجة واحدة من الاستعانة، بل بدرجات متفاوتة كل منهم بحسب مفهومه لهذه المعينات وأهميتها له، بل أن استخدامه لها قليل، وهناك فئة من المعلمين يقلدون في تدريسهم نماذج من معلميهم، فيعتمد أسلوب المحاضر ودون تفعيل لهذه الوسائل في عملية التدريس.

ويُعاب على هذه التسميات بأنها تقتصر وظائف هذه الوسائل على حدود ضيقة للغاية، وتعتبرها كمالية وثانوية في عملية التدريس، يمكن الاستعانة بها أو الاستغناء عنها، كما أنها ارتبطت بالمدرس لتوضيح ما يصعب شرحه ولم تعطِ أهمية للفرد المتعلم.

ثالثاً: مرحلة التسمية على أساس دورها في الاتصال:

وفي هذه المرحلة كان الاهتمام منصباً على الوسائل التعليمية باعتبارها وسائل لتحقيق الاتصال، وفي هذه المرحلة بدأ الاهتمام بجوهر العملية التعليمية، والذي يتجلى في تحقيق التفاهم بين عناصر عملية الاتصال، والتي تشتمل على

كل من المرسل والمستقبل، بالإضافة إلى الرسالة والوسيلة والبيئة التي تتم فيها عملية الاتصال.

وبالاعتماد على نظرية الاتصال تم تعريف الوسيلة على أنها: القناة ـــ أو القنوات ـــ التي يتم من خلالها نقل الأهداف التعليمية "الرسالة" من المرسل إلى المستقبل؛ ومن أجل ذلك فإن هذه القنوات متعددة ويتوقف اختيارها على العديد من العوامل، والتي منها الأهداف التعليمية وطبيعتها والأهداف السلوكية التي يحددها المعلم، بالإضافة إلى خصائص الدارسين من حيث العمر الزمني والعقلي لهم، علاوة على الفروق الفردية بينهم، والإمكانات المتاحة: من موارد بشرية ومادية، كما أن اختيار الوسيلة يتوقف على الظروف البيئية التي يتم فيها الاتصال.

ومن ثم سميت هذه المرحلة "بوسائل الاتصال" وبذلك نجد أن الاهتمام انصب على عملية الاتصال، وأصبحت الوسيلة التعليمية جزءاً متمماً لهذه العملية. ويعاب على هذه التسميات أن الوسائل التعليمية تسير في دائرة ضيقة باعتبارها قناة اتصال ـــ فقط ـــ يحمل الرسالة من المرسل إلى المستقبل.

رابعاً: مرحلة التسمية على أساس ارتباطها بعمليتي التعليم والتعلم:

وفي هذه المرحلة ظهرتت مسميات الوسائل العلمية عن النطاق المحدود الذي تناولته المراحل السابقة، حيث انتقلت بها من إطار علاقتها الضيقة بالحواس والتدريس إلى علاقتها الأكثر شمولية بعملية التعليم والتعلم، ومن أكثر مسميات هذه المرحلة شيوعاً ما يأتي:

أ. **الوسائل التعليمية:**

وتشير هذه التسمية إلى ربط الوسائل بعملية التعلم بشتى صوره وأشكاله، وهناك الكثير من التعريفات لمصطلح "الوسائل التعليمية".

وهو التعريف الذي يشير إلى الوسائل التعليمية بأنها: «الأجهزة والأدوات والمواد التعليمية التي يستخدمها المعلم داخل غرفة الصف؛ لتيسر له نقل الخبرات التعليمية إلى المتعلم بسهولة ووضوح وقصور هذا التعريف في تحديده بأن الوسائل التعليمية هي الأجهزة والأدوات والمواد فقط، ولم يشر إلى وسائل تعليمية أخرى كالرحلات والمعارض والعمل المباشر الهادف والمتاحف وتستخدم خارج غرفة الصف وهي لا تدخل في نطاق الأدوات والمواد التعليمية.

أما التعريف الثاني يرى أن الوسائل التعليمية: هي كل ما يستخدمه المعلم من أجهزة ومواد وأدوات وغيرها ـ داخل غرفة الصف وخارجها ـ لنقل خبرات تعليمية محددة إلى المتعلم بسهولة ويسر ووضوح، مع الاقتصاد في الوقت والجهد المبذول.

وبهذا التعريف تخرج الوسائل التعليمية إلى نطاق أوسع لا يَحدد بالأجهزة والأدوات والمواد، بل يتعداها إلى غير ذلك من الوسائل الأخرى التي ذكرناها آنفاً. وبذلك فإن الوسائل التعليمية بهذا التعريف تختلف اختلافاً كبيراً عن تكنولوجيا التعليم، ولكن هذا الاختلاف لا ينفي العلاقة الوثيقة بينهما، فالوسائل التعليمية تمثل جزءاً من تكنولوجيا التعليم، وأحد عناصرها، وعليه يكون مصطلح تكنولوجيا التعليم أكثر عمومية وشمولاً من مصطلح الوسائل التعليمية بكافة مسمياتها.

وعليه فإن الموقف التعليمي الجيد يتم التفاعل فيه من خلال معلم متمكن من المادة التعليمية، ومعلم يستقبل هذه المادة وكتاب متميز تثريه وتوضحه وتسهل مفاهيمه وسيلة تعليمية جيدة وبالتالي فالوسيلة هنا ليست مساندة،

وتوضيحية، بل جزء من المنهاج ومحور النشاط التعليمي، وعنصر أساسي من عناصر العملية التعليمية.

ب. الوسائل التعلمية:

أن هذه التسمية ترتبط بعملية التعلم، والتعلم هو تغّير رمقصود في سلوك المتعلم نتيجة مروره بالخبرات والتي لا تشترط أن تتم من خلال عملية تعليم أو تدريس مقصود، بل يمكن أن تتم بطريقة ذاتية حيث يمكن للمتعلم أن يتعلم العديد من الخبرات بنفسه دون الاستعانة أو الاعتماد على المعلم وذلك من خلال الحاسوب أو مشاهدة التلفاز أو سماع الأشرطة أو غيرها.

ومن هنا فإن الفرق بين الوسائل التعليمية والوسائل التعلمية ليس فرقاً في التعريف، ولكنه فرق بالنسبة لمن يستخدم تلك الوسائل، فإذا استخدم المعلم الوسيلة التعليمية لتوضيح مفهوم كانت الوسيلة تعليمية ، وإن استخدمها المتعلم ذاتياً لاكتساب خبرات جديدة بنفسه في المدرسة أو خارجها أصبحت وسائل تعلمية. فالوسائل التعلمية ـ وفقاً لذلك ـ هي: "كل ما يستخدمه المتعلم من أجهزة وأدوات ومواد تعلمية وغيرها من الوسائل التكنولوجية ، داخل أسوار المؤسسة التعليمية أو خارجها، بهدف اكتسابه لمزيد من الخبرات والمعارف بطريقة ذاتية.

ج. الوسائل التعليمية التعلمية

نتيجة لارتباط عملية التعلم بعملية التعليم، فهما وجهان لعملة واحدة ولأن الوسيلة الواحدة يمكن أن يستخدمها المعلم والمتعلم في آنٍ واحد، بمعنى يمكن أن تكون تعليمية وتعلمية في الموقف الواحد، من أجل ذلك كله كان لابد من دمج التسميتين في مصطلح واحد هو الوسائل التعليمية التعلمية.

ويمكن تعريف الوسائل التعليمية التعلمية بأنها: مجموعة متكاملة من المواد والأدوات والأجهزة التعليمية التي يستخدمها المعلم أو المتعلم؛ لتوضيح محتوى وتبسيطه أثناء الموقف التعليمي، وخارجه بهدف تحسين عمليتي التعليم والتعلم.

والأصل هو التعدد والتنوع في الوسائل التعليمية لأنها جزء من منظومة التدريس فهناك من يعرفها بأنها الوسائط المتعددة، أي التكامل بين أكثر من وسيلة واحدة كل منها تكمل الأخرى عند العرض، مثال ذلك المطبوعات، والفيديو، والشرائح، والتسجيلات الصوتية،والحاسوب، والشفافيات، والأفلام.

ومن المصطلحات الحديثة القائمة على نظام الوسائط التعليمية المتعددة وتوظيفها بشكل فاعل ما يطلق عليه التعليم المتآلف الذي يضم (التلفاز، الإنترنت، البريد الصوتي...) حيث يستخدم هذا النظام في التدريب والتعليم.

وهناك مبررات عدة دعت لإنتشار مفهوم الوسائط المتعددة منها:

1. فالتعليم الجيد لن يتم إلاّ من خلال نشاط ذاتي يقوم به المتعلم الذي يعد محور العملية التعليمية.

2. تنوع الأهداف التعليمية ذات المستويات العقلية العليا كالتحليل والتركيب والتقويم مما يجعل المعلم والمادة التعليمية بحاجة ماسة إلى الوسيلة التعلمية.

3. تعدد الوسائل التعليمية وتنوعها التي ربما تحقق معظم أهداف المادة بشكل ربما أكبر مما يحققه المعلم والكتاب ولكن مع أهمية هذين العنصرين في الموقف التعليمي. ومن أجل الارتقاء بنوعية وأساليب التعليم يجب أن تكون الوسيلة التعليمية التعلمية جزءاً هاماً في خطة الدرس تعمل بشكل

فاعل مع عناصر الموقف التعليمي الذي يشتمل على المعلم والمنهاج والوسيلة وبقية العناصر.

ولهذا يتوقف نجاح الوسائل التعليمية التعلمية، لتحقيق دورها في عملتي التعليم والتعلم، على قدرة المعلم في استخدامها بشكل وظيفي من خلال خطة تحقق الآتي:-

1. حتى يكون التعلم أبقى أثراً وأدوم، لا بد من مخاطبة الحواس المختلفة للمتعلم، والتقليل من اللفظية. فالوسائل التعليمية التعلمية الفعالة تخاطب حواس الإنسان ومداركه، مما يؤدي إلى فهمه للمحتوى العلمي وليس حفظه.كما هو الحال في التعليم البنكي التي تودع فيه معلومات تستردها بسؤال أو مثير معين، مما يقلل التفكير عند المتعلّم.
2. تعمل الوسائل التعليمية التعلمية على إثارة المتعلم وتشويقه من خلال قيام المعلم الواعي لمهنته من تنويع المثيرات كالخرائط والرسومات والمجسمات والشفافيات والأجهزة، التي تدمج المتعلم في الموقف التعليمية وتزيد من تفاعله ودافعيته.
3. تقديم خبرات واقعية ترتبط بمجالات الحياة اليومية للمتعلم واستخدام العروض العملية والدراسات المخبرية والتفاعل مع الوسيلة التعليمية لموضوع معين يكسب الفرد مهارة وقدرة في التعامل معها، وهكذا فكلما كانت عمليتا التعليم والتعلم تركز على المنحنى العملي في التدريس يزيد المردود التعليمي الإيجابي للفرد ويدمجه في الحياة العملية بفاعلية وسهولة.
4. يؤدي التفاعل التفاعل مع الوسائل التعلمية التعلمية وبخاصة الحاسوب وغيرها من الوسائل التفاعلية إلى تنمية التفكير، وزيادة الخبرات العملية التي لا تنسى والتي يصعب اكتسابها دون هذه الوسائل.

خامساً: مرحلة التسمية على أساس منحى النظم:

وفي هذه المرحلة بدأ النظر إلى الوسائل التعليمية في ظل منحى النظم، أي أنها جزء لا يتجزأ من منظومة متكاملة، تشكل الموقف التعليمي حيث لم يعد الاهتمام بالمواد التعليمية والأجهزة التعليمية فحسب بل بالاستراتيجية الموضوعة من قبل المصمم لهذه المنظومة؛ ومصمم الموقف التعليمي في هذه الحالة هو المعلم من أجل بيان كيفية استخدام هذه الوسائل لتحقيق الأهداف التعلمية المحددة من قبل، آخذاً بالاعتبار معايير اختبار الوسائل وكيفية استخدامها، ومدى توفير الإمكانات المادية والبشرية المتاحة في البيئة التي تستخدم فيها، وقدرات المتعلمين والخصائص البيئية لهم مراعياً أيضاً الأهداف المراد تحقيقها في ظل هذا الأسلوب ـ منحى النظم ـ وبعد ذلك أدخلت مفاهيم جديدة مثل تكنولوجيا التربية وتكنولوجيا التعليم ـ والذي تجاوز مفهوم الوسائل التعليمية. بل أصبح الاهتمام بالعملية التعليمية ككل بدءاً بتحديد الأهداف واختيار المحتوى والأنشطة والوسائل التعليمية حتى التقويم والاستفادة من التغذية الراجعة أيضاً.

تصنيفات الوسائل التعليمية

لقد تم تصنيف الوسائل التعلمية التعلمية إلى عدة تصنيفات وفق المنظور والأسس التي اعتمدها المختصون في التربية ، فهناك وسائل تركز على الصورة وآخرى تركز على السمع وأخرى تجمع بين الصورة والسمع أو التفاعل أو من خلال عرضها على الأجهزة المختلفة ومن هذه التصنيفات:

أولاً: الوسائل المرئية:

وهذه الوسائل نوعان:

أ. مرئيات ثابتة غير آلية، كالصور المسطحة والرسوم التوضيحية والبيانية، والمواد التعليمية المطبوعة، والسبورة، والنماذج المجسمة، والخرائط، والمجسمات الجغرافية. وتمتاز هذه المرئيات بعدم استخدام الآلة في عرضها.

ب. مرئيات ثابتة آلية، كالشرائح وأفلام الصور الثابتة، والشفافيات التي تعرض بوساطة جهاز عرض الصور الشفافة وجهاز الرأس المرتفع، أو الأوبيك بروجكتور الذي يعرض الصور المعتمة.

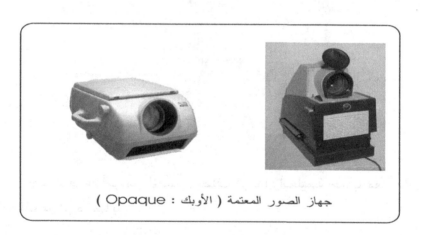

جهاز الصور المعتمة (الأوبك : Opaque)

صورة جهاز أوبيك لعرض الصور المعتمة

وتمتاز هذه الوسائل بأنها يتم عرضها ومشاهدتها باستخدام الآت خاصة لكل منها.

ثانياً: الوسائل السمعية:

كالتسجيلات والإذاعة المدرسية وأشرطة الكاسيت والأسطوانات.

ثالثاً: وسائل البيئة المحلية:

وتشمل على موجودات البيئة الطبيعية والصناعية والتاريخية، والمعارض، والمتاحف، وتتميز هذه الوسائل بواقعيتها وبكونها حقيقية.

رابعاً: الوسائل المركبة:

وهي تلك الوسائل التي تجمع أكثر من شكل أو نوع من الوسائل في آنٍ واحد، ومن أبرز أنواعها: أفلام الصور المتحركة، والتلفزيون التعليمي، والشرائح المرفقة بتسجيل، أما آلات التعليم المبرمج والكمبيوتر فتعد من الوسائل التعلمية التفاعلية المركبة.

وهناك فريقاً آخر من المختصين يصنف الوسائل التعليمية حسب معايير أخرى مختلفة من أبرزها مما يأتي:

1. تضنيفها من حيث طريقة الحصول عليها، مواد جاهزة ومواد مصنعة.

ومن أمثلة المواد الجاهزة: الأفلام المتحركة، والثابتة، والاسطوانات التعليمية، والخرائط التي تنتجها الشركات.

أما المواد المصنعة: فهي التي ينتجها المعلم أو التلميذ كالشرائح والخرائط المنتجة محلياً، والرسوم البيانية واللوحات.

2. تصنيفها من حيث إمكانية عرضها ضوئياً.

فمنها مواد تعرض ضوئياً كالشرائح والأفلام وبرمجيات الحاسوب ومواد لا تعرض ضوئياً كالمجسمات والتمثيليات والمجسمات، والخرائط، واللوحات والرسوم والجداول والملصقات والألعاب التربوية التعليمية.

3. تصنيفها من حيث الحواس المستقبلة لها.

فهي إمّا أن تكون وسائل بصرية كالأفلام الثابتة والصور، أو سمعية كالتسجيلات الصوتية، أو بصرية ـــ سمعية كالأفلام الناطقة وبرامج التلفزيون، أو ملموسة كالوسائل المستخدمة مع فاقدي البصر مثل طريقة برايل في تعليم القراءة.

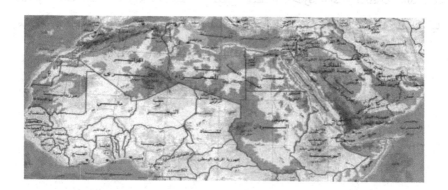

4. تصنيفها من حيث الخبرات :

حيث أشار "أدجار ديل" في كتابة الطرق السمعية والبصرية في التدريس إلى ترتيب الوسائل التعليمية في مخروط أسماه "مخروط الخبرة" وذلك على أساس الخبرات وحسيتها:

ويلاحظ في هذا المخروط أن أقرب الخبرات إلى رأس المخروط هي الخبرات المجردة كالرموز اللفظية والبصرية، في حين تأتي الخبرات الملموسة الحسية الواقعية في قاعدة المخروط.

أمّا الأنواع الأخرى من الخبرات فإنها مرتبة في المخروط حسب قربها من التجريد أو الواقعية، بمعنى أن الخبرات الأقرب إلى التجريد تكون في جهة الرأس، وأن الخبرات الأقرب إلى الواقعية تكون من جهة القاعدة.

وتجدر الإشارة إلى أنَّ ترتيب هذه الخبرات لا يقوم على أساس سهولتها أو صعوبتها أو أهميتها، وإنما على الأساس الذي تمت الإشارة إليه وهو القرب من التجريد أو الواقعية.

وتتجلى أهمية هذه المخروط ــ الموضح في الشكل رقم (1) ــ من حيث أنه يمثل نموذجاً لتوزيع الخبرات التي يمر بها الفرد أثناء عمليات الاتصال التعليمي، حيث يرسم صوراً ذهنية واضحة عن المفاهيم التي يكونها، والتي يوجد بينها تداخل.

وكما يشير المخروط الذي يوضحه الشكل رقم (1) بأن الخبرات الهادفة المباشرة تأخذ مساحة واسعة. حيث يعيش المتعلم الخبرة الحيّة كالصلاة والوضوء ومشاهدة القلب أو الرئتين بشكل حقيقي، وإذا لم تتوفر هذه الوسائل الحقيقية

الواقعية التي تجعل التلميذ يعيش الحدث ويستخدم كافة الحواس، يلجأ إلى الخبرات غير المباشرة كالنماذج والمقاطع والعينات....

وهكذا ينتقل المتعلم من خبرة إلى أخرى من العمل المحسوس إلى الملاحظة المحسوسة، إلى البصيرة المجردة، وكلما توصل المتعلم إلى قمة المخروط تقل الحواس المستخدمة إلى أن تصل إلى الرموز المصورة ثم الرموز المجردة ورغم قلة مساحة هذه الرموز المجردة إلاّ أنها مهمة جداً لتوضيح المستويات الأخرى.

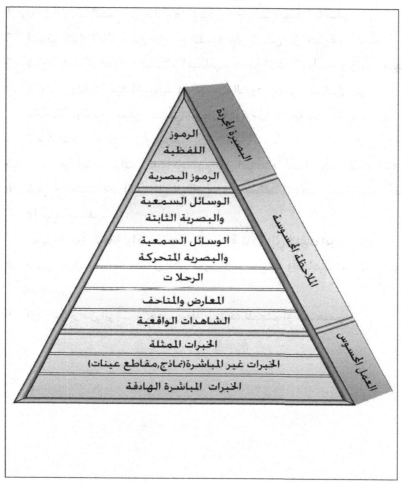

مخروط الخبرات " إدجار ديل "

أهمية الوسائل التعليمية في التعلم الصفي

تلعب الوسائل التعليمية دوراً بارزاً ومؤثراً في نجاح العملية التعليمية التعلمية، التي تجري في المؤسسات التربوية، ويتمثل ذلك في المساعدة على تحقيق الأهداف التربوية المتوخاة من هذه العملية، ويمكن بيان أهمية الدور الذي تقوم به الوسائل التعليمية ــ في مجال التعلم ــ من خلال انعكاساتها الإيجابية عليه، والمتمثلة في عدد من النقاط، والتي من أبرزها ما يأتي:

1. تعزز الإدراك الحسي من خلال ما توفره من خبرات حسية للتلاميذ.

2. تجذب انتباه التلاميذ من خلال ما تضفيه على الدرس من حيوية وواقعية.

3. تشوق التلاميذ للدراسة وتستثير اهتمامهم بتعلم المادة الدراسية والإقبال عليها.

4. تزيد مشاركة التلاميذ الإيجابية في اكتساب الخبرة، وتنمي قدراتهم على التأمل، ودقة الملاحظة، وإتباع التفكير العلمي للوصول إلى حل المشكلات؛ مما يؤدي إلى تحسين نوعية التعلم، ورفع سوية الأداء.

5. تزيد خبرة التلاميذ، الأمر الذي يجعلهم أكثر استعداداً للتعلم وأشد إقبالاً عليه.

6. توفر خبرات تكون أقرب إلى الواقعية، مما يساعد التلاميذ على تحقيق أهدافهم وإشباع رغباتهم.

7. تسهل عملية التعلم وإكساب خبرات عميقة تؤدي إلى انتقال أثر التعلم.

8. تنمي ميول إيجابية وتعمل على تكون قيم سليمة واتجاهات مرغوب فيها لدى المتعلمين.

9. توفر الكثير من الوقت والجهد، سواء بالنسبة للمعلم أو للمتعلمين.

10. توفر الخبرات المباشرة وغير المباشرة للتلاميذ، مما يساعد على اكتساب المهارات وترابط الأفكار.

11. تنمي القدرات الفكرية والعملية الخلاقة وتزيد الطلاقة اللفظية لدى المتعلمين.

12. تنوع أساليب التعزيز التي تؤدي إلى تثبيت الاستجابات الصحيحة وتأكيد التعلم.

13. تساعد على تكوين وبناء مفاهيم وتعميمات تساعد على إتمام عمليات الاتصال والتفاهم.

14. تراعي الفروق الفردية بين التلاميذ من خلال التنويع في عرض الوسائل التعليمية التي تتفق و خصائص المتعلمين.

15. توضح المفاهيم والألفاظ المجردة بوسائل محسوسة تساعد على تكوين صور مرئية لها في الأذهان؛ الأمر الذي يترتب عليه تلافي الوقوع في اللفظية.

وهكذا فإن الوسائل التعليمية مهمة للمتعلم حيث تنمي حب الاستطلاع وتقوي العلاقة بين المعلم والمتعلم وتوسع الخبرات وتنمي الاتجاهات وتعالج اللفظية والتجريد وتشجع المتعلم على المشاركة والتفاعل، كما أنها مهمة للمادة التعليمية، حيث تعمل على تبسيطها، وتساعد في توصيل المعلومات والمواقف والاتجاهات وتساعد على إدراك المعلومات الواردة فيها، وتساعد أيضاً على إبقاء المعلومات حية فتعرضها مصورة أو متحركة أو بطريقة تفاعلية كما هو الحال في المادة المحوسبة.

مسوّغات استخدام الوسائل التعليمية

من مسوغات استخدام الوسائل التعليمية في عملية التعليم:

أولاً : تستخدم لمساعدة المتعلمين على تكوين مفاهيم وصور ذهنية واضحة عن الألفاظ والكلمات المجردة التي يستخدمونها.

ثانياً : تستخدم كبدائل للخبرة المباشرة في الحالات التي يصعب فيها استخدام هذا النوع من الخبرة، ومن أهم هذه الحالات الآتي:

1. البعد الزماني والمكاني للحوادث الواردة في المنهاج أو الكتاب المدرسي ومن الأمثلة على ذلك الحوادث التاريخية، والحقائق الفلكية كالمجموعة الشمسية، والمد والجزر ، وشكل الكرة الأرضية، نسيم البر، نسيم البحر وغيرها.

ومن الواضح أن هذا النوع يتطلب استخدام وسائل بديلة، كالتمثيليات التي توضح حوادث تاريخية معينة، بحيث يُغني عن هذه الوسائل استخدام المشاهدة الواقعية أو عمل مجسمات أو رسومات أو أفلام توضح ذلك وتقرب الأبعاد المكانية والزمانية.

2. صغر الواقع المطلوب دراسته أو كبره عن الحد المعقول، الأمر الذي يتطلب تكبير الواقع الصغير، وتصغير الواقع الكبير، كما هو الحال في الذرة والبرامسيوم وهذا يتطلب التكبير، وعرض نماذج ومجسمات للكرة الأرضية أو التصاريس وهذا يتطلب التصغير.

3. ندرة الموضوع المطلوب دراسته، ومن أمثلة هذه الموضوعات: بعض الأنواع من الحيوانات والمطبوعات القديمة، وكذلك الزلازل والبراكين مما يقرب هذا المفاهيم في أذهان المتعلمين.

4. خطورة التواجد في مجال الواقع المطلوب دراسته، ومن الأمثلة على ذلك: صعوبة تواجد المتعلم في مجال انفجار نووي، أو في قيعان المحيطات لدراسة الأحياء المائية، الأمر الذي يتطلب الاستعانة ببدائل أخرى عن ذلك، ومن هذه البدائل: الصور الثابتة والمتحركة والرسومات وغير ذلك.

5. قد يتطلب دراسة واقع معين، تكاليف عالية، علماً بأن المردود التعليمي قد يكون قليلاً من جهة أخرى، الأمر الذي يحتم الإكتفاء بعرض توضيحي لها أمام الدارسين من خلال فلم او شفافية أو مجسم أو صور فوتغرافية.

6. سرعة وقوع الظاهرة محل الدراسة، مثل ظاهرة البرق وسرعة تحرك لرياح أو انهيار مبنى أو أداء حركة رياضية كالقفز مما يتطلب الغرض البطيء للظاهرة محل الدراسة لتوضيحها في أذهان المتعلقين.

7. عدم إمكانية الاطلاع على وثائق هامة، أو مخلفات أثرية أو قابلية بعض المواد محل الدراسة للتلف والضياع والكسر وغير ذلك، ومن الأمثلة على ذلك المخطوطات التاريخية والأواني الأثرية الخزفية والفخارية، وهذه المواد يكون من الصعوبة بمكان إحضارها من أجل توضيح الحقائق المتعلقة بها بأسلوب واقعي ملموس، الأمر الذي يتطلب توفير بدائل عنها، ومن هذه البدائل الصور الثابتة أو المتحركة أو الرسومات أو

الشراع وغير ذلك؛ لكي يتم توصيل الموضوع محل الدراسة إلى أذهان المتعلمين.

8. تعذر أو صعوبة رؤية الظاهرة محل الدراسة بالعين البشرية المجردة، ومن ذلك الكسوف والخسوف، وحركة التيار الكهربائي الجراثيم، النواة، الذركات، الكائنات الدقيقة وبخاصة وحيدة الخلية أو المطابقة، الأمر الذي يتطلب استعمال الوسائل التي تؤدي إلى إمكان رؤيتها من خلال التكبير و التصغير.

9. البطء في حدوث الظاهرة محل الدراسة، ومن ذلك بطء نمو النبات، ومن أجل ذلك يتم استخدام فيلم سينمائي يعرض الخطوات التي يمر فيها نمو النبات في وقت أقصر بكثير من الوقت اللازم له فعلاً وهذا يتطلب جهداً عالياً في تصوير هذه الظواهر.

صفات الوسيلة التعليمية الجيدة

للوسيلة التعليمية الجيدة صفات تؤثر في الموقف التعليمي وتزيد من التفاعل الصفي، وتحقق الهدف منها بالرغم من قلة تكلفة إنتاج الوسيلة في بعض الأحيان، وقد تكون الوسيلة غالية الثمن، ولكن مردودها التعليمي قليل ولا أثر له في الموقف التعليمي، وحتى يختار المعلم الوسيلة التعليمية بمشاركة المتعلم في بعض الأحيان لا بد من معرفة صفات الوسيلة التعليمية الجيدة، حتى تكون هذه الصفات معايير يحتكم إليها عند شراء أو إنتاج الوسيلة التعليمية وهذه الصفات تتمثل فيما يأتي:

1. أن تكون الوسيلة الإنتباه والاهتمام، وأن يراعي في إعدادها وإنتاجها أسس التعلم ومطابقة الواقع قدر المستطاع.

2. أن تكون الوسيلة التعليمية مرتبطة من المنهاج الدراسي، وتحقق أهدافه وتثري نشاطاته.

3. تراعي خصائص المتعلمين العقلية والانفعالية والجسمية.

4. أن تتسم بالبساطة والواقعية والوضوح وعدم التعقيد.

5. أن تتناسب مع الوقت والجهد الذي يتطلبه استخدامها؛ من حيث الحصول عليها واستخدامها.

6. أن تكون مشوقة وتنمي الإطلاع والبحث والاستقصاء وتساعده على استنباط خبرات جديدة.

7. أن تتناسب من حيث الجودة ، والحجم والصوت والخط، وعدد المتعلمين في الصف، وأن تعرض في وقت مناسب؛ لكي لا تفقد عنصر الإثارة فيها.

8. أن تكون صحيحة خالية من الأخطاء دقيقة من الناحية العملية يمكن أن يستخدم أكثر من مرة.

9. أن تربط التعلم الجديد بالتعلم السابق.

10. أن تكون ملونة جذابة؛ تنسجم ألوانها مع أفكار التي تتضمنها ولا تطغي عليها.

11. يفضل أن تصنع من المواد الأولية المتوافرة في البيئة المحلية.

12. أن تكون قليلة التكاليف متينة الصنع.

13. أن تكون الكتابة المرافقة للوسيلة واضحة ومفهومة للمستقبلين، وأن تفتح المجال لإكسابهم مفردات ومدركات ومفاهيم جديدة وبخط واضح ومقروء.

14. أن تتسم بالحركة والتصميم الجيد والتسلسل في الأفكار التي تعرضها.

15. أن تتناسب الوسيلة مع التطور التكنولوجي والعلمي للمجتمع.

16. أن تتناسب مع البيئة التي تعرض فيها؛ من حيث عاداتها وتقاليدها ومواردها الصناعية أو الطبيعية.

17. أن تكون مبتكرة بعيدة عن الإنتاج التقليدي قدر المستطاع.

مصادر الوسائل التعليمية

على المعلم بعد تحليله المنهاج المنوي تدريسية، أن يضع خطة للوسائل التعليمية التي تبسط هذا المنهاج، وتوضح مفاهيمه وتثري وحداته، ولا بد من البحث عن مصادر هذه الوسائل، المتوافرة منها في البيئة المدرسية أو المحلية، أو من خلال عملية الشراء من السوق، أو من خلال مشاركة التلاميذ لجمع العينات للحبوب أو جمع نماذج للصخور ويمكن توظيف الرحلات المدرسية والمعارض وغيرها في هذا المجال، وهكذا يتدبر المعلم الجيد أمور، فيستخدم وسائل من مصادر عدة جذابة، مشوقة، مرتبطة بأهداف دراسية، مثيرة للدافعية، ناقلة لأثر التعلم موضحة لمفاهيم المنهاج والكتاب المدرسي.

أما المصادر التي يمكن أن تختار الوسيلة منها، فهي متنوعة ومن أهمها:

أولاً: البيئة المحلية

نقصد بالبيئة المحلية كل ما يحيط بالمعلم والطالب على حد سواء، داخل الصف وأسوار المدرسة والقرية والقطر، وأن مجالات الخبرة الواسعة يمكن أن تقدمها البيئة المحلية التي يعيش فيها التلميذ وتؤثر على تنشئته بدرجات متباينة، فهناك الرحلات المدرسية، وهناك المظاهر الطبيعية من سهول وجبال، وهناك الصخور والأشجار والأزهار والطيور والحيوانات، كلها تشكل بيئة محلية ثرية بالخبرات، ويتأثر المتعلم أيضاً بالمؤسسات الثقافية والاجتماعية كالنوادي ومراكز البريد ومركز المحافظة، والجمعيات العلمية، والمتاحف والمعارض والآثار وبالتالي تؤثر أيضاً على المناهج المدرسية وأهدافها التعليمية. ومن عوائد البيئة المحلية على العملية التربوية ما يأتي:

أ. تتيح الفرصة للمتعلم لاكتشاف دوره في المجتمع.

ب. تعرف المتعلم كثيراً من المهن والوظائف لأفراد والمجتمع وأدوارهم في خدمته كدور المعلم والطبيب، والإسعاف والدفاع المدني والأمن العام والمزارعين... إلخ.

ج. تخلق عند التلميذ إتجاهاً إيجابياً للدور الذي يقوم به كل فرد في هذا المجتمع.

د. تعلمه كيفية التعاون مع فئات المجتمع المختلفة.

ه. يدرك من خلالها القوانين التي تسنها مؤسسات المجتمع مثل: قوانين المرور والنظام، والنظافة وغير ذلك.

وحتى يستطيع المعلم استغلال موجودات البيئة المحلية عليه أن يكون:

1. مدركاً لموجودات البيئة المحلية ومعطياتها.

2. محللاً للمنهاج الدراسي بجميع جوانبه وتخصصاته، وقادراً على ربط جوانب المنهاج مع بعضها، مدركاً لأهمية التكامل والترابط بين معالم المباحث المختلفة.

3. الانتقال من السهل إلى الصعب، ومن المحسوس إلى المجرد، ومن المجهول إلى المعلم ومن القريب إلى البعيد في استخدام الوسائل التعليمية فيستخدم الأقلام والعيدان والحقائب المدرسية لتوضح مفهوم الجمع أو الطرح قبل الانتقال إلى المجرد ويستخدم ما يعرفه المتعلم في بيئته المحلية قبل تناول أشياء غريبة أو بعيدة عن تفكيره ومدركاته.

ويعتبر البيت أحد معطيات البيئة المحلية للمتعلم، وأقربها إلى نفسه، فقد ولد وعاش به قبل أن يأتي إلى المدرسة، وفيه اكتسب أول معارفه ونطق أول كلماته،

وفيه كون أول صداقاته مع أهله ومن يعيشون معه، وبه عرف أكثر مفردات قاموسه اللغوي.

وغالباً ما تتشابه البيئات المحلية في القرى والمدن فالموجودات البيئية، غرف نوم المتعلم ونوم أخوته، وغرف الطعام والمطبخ وما تحتويه من أدوات، وما يصنع فيه من مأكولات، ويستهلك به، وكذلك حديقة البيت وما فيها من أزهار وأشجار ودواجن.. الخ. فكل ما يمكن أن يساعد الطالب في اكتساب الخبرة تكون بمثابة وسائل يستخدمها المعلم في شرح دروسه ويتعلم التلاميذ الكثير منها.

يشكل الشارع والسوق بعض جوانب البيئة المحيطة بالطفل والمدرس على السواء، ففي الشارع يلعب الطفل ويمضي فترة من حياته ـ قبل دخوله المدرسة ـ حيث يكوّن أولى صداقاته، يلعب مع أترابه، الأمر الذي يؤثر كثيراً في زيادة ثروته اللغوية التي يعتمد المعلم عليها في بناء خبرات جديدة لديهم، فالبيوت وشبابيكها والأشجار... وغير ذلك تشكل معطيات يمكن أن يعتمد عليها المعلم في تعزيز العادات الحسنة لدى طلابه. وكذلك المحال التجارية وغيرها يمكن أن تسهم في أمثلة لإكساب التلميذ المهارات والعادات والقيم النافعة الحسنة كالأمانة والوفاء بالعهد وطاعة الوالدين، وكل هذه الأشياء يمكن أن يستخدمها المعلم كوسائل تعينه في تشويق طلابه لدرسه وشرحه لهم.

وتعتبر المدرسة هي مجتمع الطالب الثاني، فهو يقضي فيها ساعات كثيرة من النهار، والمعلم الناجح هو الذي يعرف موجودات مدرسته ويستغلها أحسن استغلال بادئاً بنفسه وطلابه، كأجزاء أجسامهم وملابسهم وكتبهم ودفاترهم وأقلامهم وحقائبهم ومقاعدهم، ويمكن أن يستفيد أيضاً من أرضية الغرفة الصفية وسقفها وجدرانها، ومعروضات المتحف الدائم إن وجد، ومختبر المدرسة

ومكتبتها وغرفها، وغرفة الإدارة وغرفة المدرسين، ولوحات الإعلانات والمعلومات الموزعة هنا وهناك في طرقاتها كما يمكن للمعلم أن يوظف الساحات المدرسية في عمل جداول رياضية لتعليم التلاميذ العد القفزي مؤكداً على التكامل بين الرياضيات والتربية الرياضية، وفي هذا المعين الذي لا ينضب يمكن للمعلم استخدامها كوسائل تعليمية، وهذا لا يمنع المعلم من صناعة أو شراء أو استعارة الوسائل المختلفة الأخرى من خلال خطة مدروسة منمذجة مع المنهاج المدرسي.

كما تعتبر القرية والمدينة ، بكل ما فيها من دوائر حكومية ومؤسسات وبنايات وأشجار وبساتين وشوارع، ووسائل مواصلات واتصالات، ومحال تجارية ومساجد ومصانع وآثار وسائل تعليمية مفيدة ولا بد من تفاعل بين البيئات فالمتعلم في القرية لابد له أن يزور المدينة ليعرف مكوناتها وبالعكس، وذلك بدعوة أحد المسؤولين في المدينة للتحدث عنها، مدعماً شرحه بالصور والأفلام المتحركة أو الشرائح أو اصطحاب المتعلمين في رحلة دراسية إلى المدينة والتعرف على موجوداتها، أو الأشجار وكيفية قطفها بعناية.

كما يجب على المعلم تعريف التلاميذ بمكونات البيئة المحلية سواء كانت القرية أو المدينة فقد يتبادر للمتعلم أنه يعرف قريته أو مدينته وتفاصيل الحياة فيها، إلاّ أنه في الواقع يجهل بعض الجوانب المهمة كواجبات المختار، المحافظ، وكيف يتم اختياره وهكذا، ناهيك عن الأمور الزراعية والصناعية والتجارية والظواهر الطبيعية لقريته أو مدينته أو قطره.

وهكذا تتسع حلقات البيئة المحلية من الصف إلى المدرسة إلى البلدة ثم المدينة إلى القطر وما فيه من مصانع ووسائل مواصلات بأنواعها وآثاره وتضاريسه، ومزروعاته وحيواناته، وطقسه وحدوده ومدنه يعتبر من أكثر منابع

الوسائل التعليمية التي يمكن أن يلجأ إليها المعلم في شرح دروسه؛ لإفساح المجال للمتعلم لمعرفة بلده ومعطياته ولمحبته بطريقة تلقائية.

ويلجأ المعلم إلى الخريطة المجسمة أو الكرات الأرضية أو الخرائط الملونة والأفلام المتحركة والشرائح والصور، وما يقدمه من خلال الإذاعة والتلفزيون، وعلى المعلم أن لا يغفل الرحلات التي ينظمها؛ بحيث يزور برفقة طلابه أكبر عدد من المواقع في كل رحلة، ويفضل أن تكون الرحلة منسجمة مع خطة المعلم فعند مروره بدرس على البريد، فلا بدّ من زيارة لهذا الموقع في البيئة المحلية، وكذلك إذا كان الدرس عن حمامات معين، فيفضل أن تكون الرحلة الفصلية لهذا الموقع أيضاً.

ثانياً: البيئة الخارجية

ويقصد بالبيئة الخارجية: كل ما هو خارج حدود القطر الذي يعيش فيه الطالب والمعلم، ومن أجل تحديد إمكانات البيئة الخارجية يمكن أن نقسمها إلى قسمين هما.

أ: الوطن العربي

يشكل الوطن العربي منطقة كاملة الإمكانات الاقتصادية والجغرافية، ويحتل مكانه متميزة في العالم من خلال معطيات جمّة، فموجودات البيئة في الوطن العربي تبقى قريبة للطالب، ولكن لابد له من أن يتعرف إلى هذا الوطن، ويعرف مزاياه وخصائصه التضاريسية، وكل ما يتعلق به، واستغلال المعلم لمعطيات الوطن العربي من خلال الزيارات والرحلات.

ب: العالم

يشكل العالم البيئة الأكثر شيوعاً وشمولاً للطالب والمعلم على حد سواء، ويمكن أن يستغل المعلم الأفلام والشرائح والمجلات والصور والجرائد والإذاعات التي تتوفر لديه عن طريق الشراء من الأسواق المحلية أو الاستيراء أو المراسلات، أو عن طريق السفارات والمراكز الثقافية؛ لجلب عالمهم إلى غرفة الصف متخطين البعد المكاني والزماني.

وهكذا يتم التدرج في اختيار الوسائل التعليمية وفقاً للتدرج في بناء المناهج والكتب المدرسية، حيث يتعرف التلميذ منها على موجودات بيئته وأسرته، ثم الموجودات الصفية، ثم تتسع الحلقات إلى البيئة المدرسية ثم القرية والمدينة والقطر والوطن العربي والعالم الإسلامي ثم العالم بأكمل، وهي أشبه بحجر يلقى في بركة ماء فتبدأ الدوائر صغيرة ثم تأخذ في الاتساع شيئاً فشيئاً، وهذا ما يجب أن يدركه المعلم في بناء خطته لإنتاج واستخدام الوسائل التعلمية التعلمية.

الفصل الثاني
الاتصـــال والتعليم

- الاتصال التعليمي.
- ماهية الاتصال .
- مفهوم عملية الأتصال وتعريفة .
- أهداف عملية الاتصال وأهميتة.
- عناصر عملية الاتصال.
- معوقات الاتصال في الغرفة الصفية.

الاتصال التعليمي

مقدمة:

ليس هناك في عالم اليوم من يستطيع العيش بمفرده، فأي عمل لا يتم، وأي مؤسسة لا تنجح إلاّ من خلال عمل الفريق وتنظيم الجهود والتعاون، فكلما زادت كفاءتنا في العمل مع الآخرين، تحسن أداؤنا وزاد إنتاجنا، وهذا هو ما يجعل الأذكياء يولون اهتماماً خاصاً لعملية الاتصال الفعّال مع الآخرين.

ولقد أضافت الثورة العلمية والتقنية المعاصرة الكثير من وسائل الاتصال الفاعلة، وأن استخدام هذه الوسائل في عملية التعليم قد ظهرت آثارها، وتوسعت آفاقها وفتحت المجالات الرحبة أمام فئات البشرية كلها، وتجاوزت بذلك حدود الزمان والمكان وأسهمت كثيراً في إيجاد أنماط جديدة من التعليم لم تكن منتشرة بشكل كبير من قبل، مثل: الجامعات المفتوحة والتعليم المفتوح، والتعليم عن بعد.

ولتسليط الضوء على عملية الاتصال التعليمي لابد لنا من دراسة العديد من النقاط ذات التماس المباشر مع هذه العملية، ومن ذلك بيان ماهية الاتصال التعليمي وتعريفه وأهدافه، وكذلك عناصر عملية الاتصال، علاوة على معوقات عملية الاتصال في غرفة الصف.

ماهية الاتصال التعليمي

لا يستطيع الإنسان أن يعيش منعزلاً عن الآخرين، فهو يحتاجهم لإشباع حاجاته البيولوجية والنفسية والاجتماعية... وغيرها، ومن هنا لابد أن يتصل بالآخرين ويتعاون معهم لاستمرار الحياة الاجتماعية، فالإنسان كما يقول ابن خلدون مدني بالطبع وقد أخذ الاتصال بين أفراد البشرية أشكالاً عديدة، واستخدم وسائل وقنوات مختلفة طوّرها على مدى السنين، ابتداءً من استخدام الإشارة وحتى استخدام اللغة، ولاشك أن اختراع الإنسان للحروف الأبجدية مكّن الإنسان من تسجيل الأحداث السياسية والاجتماعية والثقافية بشكل مكتوب.

وعندما استطاع الإنسان أن يخترع الطباعة تطورت وسائل الاتصال، وأصبح قادراً على إنتاج وإرسال الرسالة بسرعة أكبر، كما مكن هذا التطور التكنولوجي الإنسان من إنتاج الكتب بيسر وسهولة، وبكلفة أقل، الأمر الذي رفد الجانب الثقافي لدى الكثير من الأفراد.

وبعد ذلك تمكّن الإنسان من اختراع أجهزة الاتصالات المختلفة، مثل الهاتف اللاسلكي، والأجهزة اللاسلكية كالإذاعة والتلفاز، واختراع وسائل الاتصال عبر الأقمار الصناعية والفاكسميلي "الناسوخ"، وأيضاً توفير شبكة للمعلومات الدولية "الإنترنت"، كل ذلك ساهم في تطوير عملية الاتصال وسهولتها.

وعلى الرغم من أن الاتصال أخذ أساليب متعددة منذ بدء الخلق، إلاّ أن أسمى أنواعه ما عرف "بالاتصال الروحاني" وهو الذي خصّ الـلـه ــ عز وجل ــ رسله عليهم أفضل الصلاة والتسليم، حيث أن تأمل الرسل في مخلوقات

الرحمن كان نوعاً من الاتصال الروحاني؛ لمعرفة الحقيقة الإلهية الحقة التي لا تعرف الشك ولا التشكيك.

وتطورت وسائل الاتصال عبر التاريخ فقديماً كانت الطبول من وسائل الاتصال عند بعض الشعوب، والبعض الآخر كانت النار إحدى وسائل الاتصال، ثم المنارات كمنارة الإسكندرية وغيرها، ثم تطورت الوسائل بتطور الحضارة، فاستخدام العرب المسلمون الحمام الزاجل كوسيلة من وسائل الاتصال، ومع تقدم الحضارة الإسلامية في الدولتين الأموية، والعباسية، تطورت وسائل الاتصال، لتشمل المكاتبات فعرف البريد، وصاحب البريد، حيث كانت تنتقل الرسائل من الكوفة إلى مركز الخلافة العباسية في بغداد في اليوم نفسه. عن طريق التتابع في نقل الرسائل، ويعتبر جوتنبرغ مخترع الطباعة الألماني من الذين أسهمو في طباعة الكتب ونشرها بسرعة كبيرة، ثم أضافت الاختراعات الحديثة وخصوصاً وسائل الاتصال الجماهيرية كالأفلام والإذاعة والتلفاز والشبكات والأقمار الصناعية وأخيراً شبكات الإنترنت تطوراً عظيماً للاتصالات، حيث أصبح العالم اليوم قرية صغيرة يُشاهد جميع سكانه مباراة رياضية في اللحظة نفسها.

مفهوم عملية الاتصال وتعريفه

تحمل كلمة الاتصال معاني ومفاهيم عديدة، ومضامين ودلالات متعددة من نقل الأفكار والمعلومات والمهارات والاتجاهات والخبرات من فرد إلى آخر، ومن مجتمع إلى آخر، وكما تعني خطوط ووسائل النقل والاتصالات كالمذياع والتلفزيون والهاتف والحاسوب وغيرها.

فالاتصال عملية اجتماعية؛ لأن تحقيقها يتطلب وجود طرفين أو عدة أطراف ونشوء تفاعل بينهما ينتج عنه نقل الأفكار والمعلومات والمهارات والاتجاهات والمشاعر وتبادل التأثير، وينتج عن هذه العملية انعكاسات اجتماعية، كظهور عادات وتقاليد واختفاء أخرى.

والاتصال عملية نفسية، إذ أن هذه العملية تترك آثارها النفسية في المرسل أو المستقبل أو كليهما، فهي علاقة تأثير وتأثر وقد تكون هذه الآثار إيجابية، وقد تكون سلبية، ويظهر في تعديل السلوك والتصرفات، وفي تبني اتجاهات سلبية كانت أم إيجابية، ويكون التأثير النفسي كبيراً إذا صادف قبولاً واستحساناً من المستقبل، قد يلاقي عكس ذلك إذا صادف رفضاً واستهجاناً.

والاتصال عملية تربوية وتعليمية، فإذا نظرنا للمعلم على أنه المرسل وللمتعلم على أنه المستقبل، فلاشك أن المعلم يحدث تغييراً لدى المتعلم، سواء في المجال المعرفي؛ حيث يكتسب المتعلم معلومات ومعارف جديدة من المعلم، أو في المجال الوجداني؛ حيث يكتسب المتعلم اتجاهات جديدة وقيم إيجابية، وفي المجال النفسحركي؛ حيث يكتسب المتعلم مهارات جديدة على يد المعلم، كالطباعة والسباحة واستخدام الأدوات، ومهارات اللغة والرسم وغيرها.

والمعلم الناجح هو الذي يشجع التفاعل بينه وبين المتعلم، وبين المتعلمين أنفسهم، وهو الذي يقوّم باستخدام كافة وسائل الاتصال في تحقيق تلك الأهداف التعليمية المرغوبة.

وعموماً، فأصل كلمة "الاتصال" هو الفعل "وصل" بمعنى جمع، ووصل الشيء: أي جمعهُ. وتوصل إلى هدفه: أي بلغه.

أما كلمة Communication أي اتصال باللغة الإنجليزية، فهي مأخوذة من الأصل اللاتيني Comman's بمعنى Common عام.

ومن معانيها في اللغة الإنجليزية كما وردت في قاموس Webster:

أ.   عملية الاتصال أو البث.

ب.   فن وتقنية الاتصال.

ج.   رسالة شفوية أو خطية.

د.   تبادل الأفكار والمعلومات بالكلام أو بالإشارة أو بالكتابة.

ه.   نظام إرسال واستقبال رسائل، كما هو الحال بالنسبة للبريد أو الهاتف.

و.   شبكة هاتفية، أو شبكة طرق أو وسائل الاتصال بشكل عام.

أما فيما يتعلق بتعريف عملية الاتصال:

الاتصال عملية تفاعل مشتركة بين طرفين ــ شخصين أو جماعتين أو مجتمعين ــ لتبادل فكرة أو خبرة معينة عن طريق وسيلة.

ويمكن تعريفها بأنها عملية انتقال المعلومات والمعارف من مفاهيم وحقائق وتعميمات ومبادئ ونظريات من شخص إلى آخر مما يؤدي إلى التفاهم بينهما.

وبالتالي فهي تلك العملية أو الطريقة التي يتم عن طريقها انتقال المعرفة من شخص لآخر حتى تصبح مشاعاً بينهما، وتؤدي إلى التفاهم بين هذين الشخصين أو أكثر، وبذلك يصبح لهذه العملية عناصر ومكونات واتجاه تسير فيه، وهدف تسعى إلى تحقيقه ومجال تعمل فيه ويؤثر فيها .

ومن هنا فإن عملية الاتصال تمكن طرفين من الاشتراك في فكرة معينة، أو مفهوم أو اتجاه أو عمل ما، والمقصود بالطرفين شخص يخاطب شخصاً آخر، أو أشخاصاً آخرين، كالمعلم ومجموعة من التلاميذ، أو هيئة تخاطب مجموعة كبيرة من الناس مثل: هيئة الإذاعة وجمهور المستمعين.

وكلمة المناقشة تحمل في طياتها الأخذ والعطاء، فعندما تناقش مشكلة مع زميل فتعبر عن رأيك، ويستمع هو إليك محاولاً التعرف على وجهة نظرك ثم يرد عليك بما عنده فتستمع له وهكذا، فإن كل واحد منكما يشرك زميله في أفكاره للوصول إلى رأي معين.

ومن هذا نستنتج أن لعملية الاتصال طبيعة إنسانية، تفاعلية ديناميكية، ودائمة الحركة تخضع لمؤثرات متغيرة أهمها: التكامل والتفاعل في ظل الإمكانات، وهي لا تسير باتجاه واحد بل هي عملية دائرية فهناك تبادل في الأدوار، فالمرسل مستقبل والمستقبل مرسل أيضاً ثالثاً.

أهداف عملية الاتصال وأهميته

أن عملية الاتصال ـ في أساسها ـ تعمل على تغيير في البيئة أو في الآخرين، فالمرسل يقصد من إرساله الرسالة التأثير في مستقِبل معين، لذا يجب التميز بين مستقبل مقصود، وآخر غير مقصود في عملية الاتصال، وتأسيساً على ذلك يتوجب أن تصل الرسالة إلى الطرف المقصود وليس غير المقصود؛ حتى تؤدي الرسالة غرضها، فالغرض من عملية الاتصال والمستقبل لا ينفصلان، فكل اتصال له غرض، ألاّ وهو الحصول على استجابة معينة من شخص معين أو مجموعة من الأشخاص، فقد لا يستجيب المستقبل بالشكل الذي يقصده المرسل. ومن هنا فإن أهمية عملية الاتصال تتمثل في الآتي:

أ. إن وجود يعمل الاتصال على نقل عادات العمل والتفكير والشعور من جيل إلى آخر، وبذلك لا يمكن للحياة الاجتماعية أن يكتب لها الدوام يغير هذا النقل الشامل للمثل العليا، والآمال والأماني، والقيم والآراء من الأفراد الراحلين عن حياة الجماعة إلى أولئك الوافدين إليها.

ب. يساعد الاتصال على نقل الثقافات والعادات والتقاليد واللغات من وإلى الآخرين.

ج. يستخدم الاتصال لنقل الأحداث والأخبار والكوارث لحظة حدوثها فالتلفاز أصبح نافذة للعالم إضافة إلى الشبكات الالكترونية الأخرى.

د. يستفاد من عملية الاتصال في الإعلان كوسيلة اتصال جماهيري.

هـ. تلعب وسائل الاتصال دوراً بارزاً في العملية التعليمية لتحقيق الأهداف المنشودة.

وهكذا نجد أن عملية الاتصال من وجهة نظر المرسل تعمل على:

1. نقل الأفكار.
2. التعليم.
3. الإعلام.
4. الإقناع.
5. الترفيه.

أما من وجهة نظر المستقبل فيمكن تحديد الأهداف الآتية:

1. فهم ما يحيط به من ظواهر وأحداث.
2. تعلم مهارات جديدة.
3. الاستمتاع والترفيه.

عناصر عملية الاتصال

تختلف عمليات الاتصال وتتعدد في طبيعتها، فقد تتم هذه العمليات بين معلم وتلميذه، أو بين متحدث ومستمع، أو بين سائل ومجيب، ورغم هذا التعدد في الطبيعة، إلاّ أن عناصر عمليات الاتصال هي خمسة عناصر ــ كما هو موضح في الشكل رقم (2) تتجلى بالآتي:

أ. المرسل.

ب. المستقبل.

ج. الرسالة.

د. قناة الاتصال.

هـ. التغذية الراجعة.

و. التشويش.

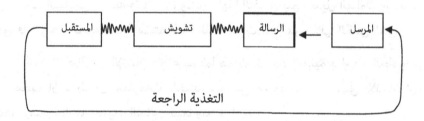

شكل رقم (2)

51

أولاً: المرسِل :

هو المصدر الذي تبدأ منه عملية الاتصال منها عادة، وقد يكون هذا المصدر معلماً أو آلة أو مادة مطبوعة أو نشرات أو صحف ومجلات ودوريات أو إذاعة أو تلفاز........الخ.

ويقوم هذا المرسل بصياغة الرسالة بكلمات أو إشارات أو حركات، أو صور تأخذ طريقها إلى المستقبل من خلال قنوات الاتصال المختلفة، فالمعلم يبدأ عملية الاتصال داخل حجرة الصف، وقد تقوم الآلة بدور المرسل كما في الحاسوب الذي يزودنا سلفاً بالمعلومات التي يحصل عليها التلميذ عن طريق الاتصال الآلي.

وهناك فرق ما بين الموقفين، ففي الحالة الأولى التي يتم فيها الاتصال بين المدرس والتلميذ يأتي كل منهما إلى مجال الاتصال وهو مزود بذخيرة من الخبرة السابقة، والحقائق الطبيعية والنفسية والاجتماعية التي تؤثر على الرسالة التي تسعى لتحقيقها، وبالتالي تؤثر على الموقف التعليمي بأكمله وتتأثر به، ونتيجة لهذا التفاعل يتم تعديل السلوك ويحدث النمو, فالنمو هنا عملية حيوية مستمرة متصلة بالخبرات التي يمر خلالها الكائن الحي.

أما عن الاتصال بين الإنسان والآلة ــ كما هو الحال عند التعليم بواسطة الحاسوب مثلاً، فيجب أن ندرك أن المعلومات المختزنة فيه هي معلومات ثابتة سبق للإنسان أن زودها ورسم مسارها وطريقة التفاعل بينها وبين التلميذ.

وحتى يتمكن المرسل من إيصال رسالته على الوجه الأمثل ينبغي أن تتوافر فيه شروط معينة منها:

1. أن يكون مقنعاً ومؤمناً بالرسالة التي ينوي إيصالها إلى المستقبل.

2. أن يكون متمكناً وملماً بمحتوى الرسالة من معلومات، ومهارات واتجاهات.

3. أن يكون ملماً بطرق الاتصال المختلفة.

4. أن يكون على علم بخصائص المستقبلين للرسالة، وصفاتهم من حيث: خلفيتهم العلمية والاجتماعية والاقتصادية والتحصيلية.

5. أن يكون قادراً على استعمال الأجهزة والوسائل المختلفة وتشغيلها والتي قد يستعملها في حصته.

6. أن يحسن اختيار الوقت والمكان المناسبين لتوصيل رسالته.

7. أن يشجع المستقبل على تقديم التغذية الراجعة.

8. أن يمتلك مهارات اتصال معينة كالكتابة والتعلم، ومن المهارات الأساسية للمعلم الناجح التكلم بصوت مسموع وأن يلون في صوته وفق المواقف المطروحة، والكتابة بخط واضح ومقروء، والقدرة على الربط والاستنتاج.

9. أن تكون اتجاهاته ــ نحو نفسه ورسالته والمستقبل ــ إيجابية؛ لأن ذلك يزيد من فرص نجاح الاتصال.

وقد أشارت العديد من الدراسات والبحوث المتخصصة إلى وجود أربعة عوامل أساسية ــ من الضروري مراعاتها ــ لضمان كفاية وفاعلية المرسل، ونجاحه في عملية الاتصال وهي على النحو الآتي:

- المعرفة وما تتضمنته من حقائق ومفاهيم وتعميمات ومبادئ ونظريات.

- الخبرة والتجارب العملية التي تفعّل عملية الاتصال وتثريها.

- الدوافع ومدى اقتناعه بالرسالة التي ينوي تقديمها للمستقبل.

- الاتجاهات التي يحملها نحو المستقبل ومدى اقتناعه بالعمل الذي يقوم به.

ثانياً: المستقبل

وهو العنصر الثاني من عناصر عملية الاتصال، وإليه توجه الرسالة وهو الذي يحل رموز الرسالة ويفسر محتواها ويفهم معناها، وقد يكون المستقبل شخصاً واحداً أو مجموعة من الأشخاص، ومن هنا نستطيع أن نطلق على المستقبل الفئة المستهدفة من عملية الاتصال لتشمل الفرد والجماعة في آنٍ واحد.

وينعكس تغير المحتوى وفهم الرسالة في أنماط السلوك التي يقوم بها المستقبل، ولهذا فإن نجاح الرسالة في الوصول إلى المستقبل لا تقاس بما يقدمه المرسل، بل بما يقوم به المستقبل من سلوك مستحب يستطيع المتعلم ـ من خلاله ـ مواجهة مواقف حياتية جديدة، والمستقبل لا يكون مستمعاً فقط، بل هو جزء فاعل في عملية الاتصال ككل فقد يكون المستقبل مرسلاً في بعض الأحيان.

كما أن إدراك المستقبل لمفهوم الرسالة يتوقف على الخبرات الجديدة، وعلى بنيته المعرفية السابقة وقدرته على إدراك العلاقات المختلفة بين الجديد والقديم، ثم حالته النفسية والاجتماعية أثناء استقبال الرسالة وهناك بعض المعايير التي يجب أن تتوافر في المستقبل منها الراحة النفسية أثناء استقبال الرسالة، وشعوره بأهمية الرسالة التي يستقبلها ويكون لدى المستقبل اتجاهات إيجابية نحو المرسل.

ثالثاً: الرسالة

وتعتبر الرسالة ترجمة لما يريد المرسل توصيله إلى المستقبل من معلومات ومهارات، وعادات واتجاهات وقيم بشكل مسموع أو مكتوب أو مرسوم أو مرئي أو على شكل إشارات أو تعبيرات تتلائم مع مضمون الرسالة وهدفها. وهو المحتوى الذي يريد المرسل نقله إلى المستقبل بطريقة سليمة، أي كما يريدها المرسل وبالتالي تحقق الأهداف المرجوة منها وعند صياغة الرسالة لا بد من الاهتمام بالآتي:

أ. مراعاة حاجة المستقبل وظروفه واهتماماته ومستواه العلمي والعقلي والعمري.

ب. أن تتضمن الرسالة مثيرات تساعد على جذب الانتباه وإثارة النقاش والتفاعل كطرح الأسئلة أو طلب التعليق وإبداء الرأي إزاء موضوع أو فكرة ما.

ج. اختيار الزمان والمكان المناسبين.

د. أن تكون الرسالة مصاغة بشكل يسهل فهمها على المستقبل.

رابعاً: قناة الاتصال أو الوسيلة

هي المادة أو الوسيلة التي يتم نقل الرسالة من خلالها من المستقبل إلى المرسل، فهي قنوات للاتصال ونقل المعرفة، وشأنها في ذلك شأن وسائل المواصلات، فكما أنه توجد عدة وسائل للسفر بين بلد وآخر لا يمكن الانتقال إلاّ باختيار إحداها، فكذلك وسائل الاتصال فهي كثيرة ومتنوعة وضرورية، ولابد للرسالة أن تسلك إحداها وإلاّ توقفت عملية الاتصال.

فالهواء هو قناة الاتصال في أسلوب المحاضرة على سبيل المثال تنتقل من خلالها المعارف والمهارات والخبرات والقيم والمشاعر من المرسل إلى المستقبل.

وقدمت الثورة التكنولوجية الكثير من وسائل الاتصال التعليمية، وأصبح للمدرس مجال كبير للاختيار بين أنواع هذه الوسائل المختلفة ابتداء من الصوت العادي والكتب والمطبوعات والخرائط والرسوم ولوحات العرض، والصور الثابتة والأفلام المتحركة والمسجلات الصوتية والإذاعة والتلفزيون والحاسوب والتعليم عن بعد وقد تكون قنوات الاتصال شفوية أو مباشرة أو غير مباشرة، أو مكتوبة وتكون لفظية وغير لفظية وقد تكون وسائل اتصال تصويرية.

ويتوقف اختيار واحدة من قنوات الاتصال على عدة عوامل هي:

1. موضوع الدرس.

2. الهدف الذي يسعى إليه المدرس، ولاشك أن اختيار الوسيلة الملائمة يساهم في تحقيق الوصول إلى الهدف.

3. العلاقة بين الوسيلة وقدرات الفرد على الإدراك "الإدراك الحسي"، فهناك من التلاميذ من يتعلم أفضل عن طريق الخبرة المرئية أو الخبرة السمعية أو الممارسة العملية.

ومن أهم وسائل الاتصال المستخدمة ما يأتي:

أ. الوسائل المكتوبة: كالكتب بأنواعها وتخصصاتها المختلفة، والصحف والمجلات والنشرات والوثائق والمطويات.

ب. الوسائل الشفوية المباشرة: أي الكلام والحديث المباشر بين المرسِل والمستقبل، كالمحاضرة التي يلقيها المدرس، أو الحديث مباشرة مع شخص آخر ويعتبر الهواء هو قناة الاتصال بين المرسل إلى المستقبل.

ج. الوسائل المسموعة والمرئية: والتي تتمثل بصورة رئيسية بالمذياع والتلفزيون والتليفون.. وغير ذلك.

د. الوسائل الإلكترونية الحديثة: والتي تتجلى بالمحطات الطرفية للحواسيب، والفاكسميلي والإنترنت .

وهناك عدد من الأسس التي يجب على المرسل أن يأخذها بعين الاعتبار عند اختياره لقناة الاتصال، وهذه الأسس هي:

أ. وسائل الاتصال ذات القنوات الواسعة، الأكثر انتشاراً بين جمهور المستقبلين سواء كانوا مستمعين أم مشاهدين، فالوسيلة السائدة بين أفراد المجتمع هي مضمونة وسهلة الاستخدام وتصل إلى أكبر عدد منهم.

ب. وسائل الاتصال ذات التأثير المباشر أو الفعال في المشاهد أو القارئ أو المستمع هي الأكثر من غيرها من وسائل الاتصال كالتلفاز والإذاعة.

ج. الوسائل والقنوات المناسبة للمضمون أو للرسالة المراد توصيلها، فهناك رسائل تحتم استخدام وسائل الإيضاح فيها أو المواد المرئية والمسموعة كالتلفزيون مثلاً.

د. الوسائل والقنوات الأقل عرضة للتشويش والتشويه، فقد يتعرض الإرسال التلفزيوني إلى التشويش عبر مسافات بعيدة إذا كانت تقنيات الاتصال المستخدمة غير فعّالة.

هـ. يجب مراعاة المتيسر في استخدام قناة الاتصال الفاعلية في استخدامها والفاعلية في استخدامها، فمن السهل مثلاً أن تتصل تلفونياً من الانتقال إلى موضع الشخص الآخر.

و. مراعاة اختيار قناة الاتصال التي تتناسب مع حجم المستقبل، فقد يكون المستقبل فرداً في مدرسة أو مجموعة طلبة أو مجموعة من الأخصائيين.

ز. مراعاة الفروق الفردية بين المستقبل أو جماعة المستقبلين، حيث أن الأفراد يختلفون اختلافاً كبيراً في قدراتهم على الاتصال من ناحية ومن حيث الفرصة الاتصالية السانحة أمامهم.

خامساً: التغذية الراجعة

وهي عبارة عن قياس مدى تأثير الرسالة الموجهة إلى المستقبلِ وأثر ما قدم له من معلومات وخبرات واتجاهات، ومعرفة رد الفعل عنده سلبياً أم إيجابياً.

ولذلك تشكل التغذية الراجعة عملية تقويم مستمرة لفاعلية عناصر عملية الاتصال، فيعمل المرسل على تعزيز عناصر النجاح ومعالجة نواحي القصور والضعف.

وينطبق هذا الأمر على عملية الاتصال التعليمي، فالمعلم معني بالاهتمام بمعرفة تحقيق الأهداف التعليمية عند المتعلم من خلال طرح الأسئلة بصورة مباشرة أو من خلال ملاحظة تغييرات وجوه الطلبة بصورة غير مباشرة نحو المادة التعليمية، والمعلم الذي يستخدم أساليب التدريس التقليدية كالشرح والإلقاء والتلقين دون تفعيل دور الطلبة من خلال المناقشة والمشاركة، إنما يقوم بعملية اتصال من طرف واحد، أما عملية التدريس الناجحة فتتم من خلال المشاركة والمناقشة وتبادل الآراء.

إذن التغذية الراجعة هي استجابة المتعلم للأسئلة والمثيرات التي يطرحها المعلم أو المدرب، وهي تقيس مدى التفاعل بين المعلم والمتعلم، وبين المتعلمين أنفسهم، وتهدف أيضاً إلى تحسين أداء المعلم والمتعلم على السواء وتكون التغذية الراجعة من المستقبل إلى المرسل، وتفيده في تصحيح أخطاء الرسالة أو المادة وفي تحسين عملية ترمييزها وربطها في البنية المعرفية لدى المتعلم... ويطمئن المعلم على مدى وصوله الرسالة بشكل سليم من خلال أسئلة يثيرها المعلم.

سادساً: التشويش

يقوم المعلم أو المرسل أحياناً بإرسال الرسالة بشكل سليم ومنضبط ومن خلال التغذية الراجعة من المستقبل يجد أن الرسالة لم تصل كما أراد لها المرسل... ويعود لذلك إلى التشويش الذي يحصل في قناة الاتصال بسبب الضوضاء والأصوات المزعجة التي لا تساعد في إيصال الرسالة كما ارادها المرسل، أو قد يكون المستقبل في ظروف سيئة تسببها عوامل فيزيائية مادية في البيئة الصفية، كالحرارةوالبرودة، وشدة العطش أو الجوع أو نقص الإضاءة والتهوية، وهكذا يكون التشويش ميكانيكياً أو دلالياً داخل البنية المعرفية للفرد وعدم إنسجام المعلومات الجديدة معها... وبالتالي فلا بدّ من معالجة الرسالة مرة أخرى من قبل المرسل للتأكد من زوال التشويش ووصول الرسالة بشكل سليم.

معوقات الاتصال في الغرفة الصفية

تتأثر عملية الاتصال بعاملين هما:

أولاً : العامل الفيزيائي:

ومن الأمثلة على هذا العامل: الحرارة والبرودة، والصوت، والإضاءة القوية أو الضعيفة، وهذه العوامل تمتاز بامكانية التغلب عليها.

ثانياً : العوامل النفسية:

وهذه تسببه عوامل وظروف خارج غرفة الصف أو داخلها ومنها:

1. عدم الاهتمام: أي أن يكون المستقبل غير مهتم بالرسالة أو مضامينها، وأن تكون أهداف الرسالة غير واضحة في ذهن المستقبل.
2. المعتقدات: أي أن يشعر المستقبل أن المفاهيم والمعلومات تتناقض مع فهمه ومعتقداته وقيمه واتجاهاته، أو مدلولاتها يختلف عما يعتقد أو يفكر أو ما يؤمن به.
3. أحلام اليقظة: أي أن يكون الطالب أثناء نقل الرسالة يفكر في أشياء ليس لها علاقة بالمادة التعليمية أي التشتت والذي قد يكون أسلوب المرسل السبب الرئيس فيه بسبب تشويه نقل الرسالة وعدم إثارة الدافعية.
4. الالتباس: قد يقع الطالب في التباس بين في فهمه للمصطلحات والمعلومات المعروضة لصعوبتها أو عدم ارتباطها ببنيته التعليمية السابقة.

5. عدم الراحة: كأن يكون الطالب غير مرتاح نفسياً بسبب قضايا مادية فيزيائية كالحرارة والإضاءة الشديدة أو البرد أو الضوضاء.

6. عدم الإدراك: ويحدث ذلك عندما يتعلم الطالب مفاهيم جديدة غريبة عن الأشياء المتوفرة في مجتمعه أو مفاهيم تتناقض مع قيمه واجاهاته أو مع خلفيته السابقة أو استعداده للتعلم.

7. الحشو اللغوي: والذي يتمثل في كثرة الشرح غير الضروري، وهذا يؤثر في عملية الاتصال، وعدم تشويق الحصة لذلك يجب البعد عن الإسهاب الممل والاختصار المخل في المعنى.

8. صعوبة المادة التعليمية: أي بعدها عن احتياجات المتعلمين، وعدم ارتباطها بحياتهم اليومية وبالتالي لابد من ربط المعرفة بالحياة والتركيز على المنحنى العملي وخبرات التلميذ ومدى حاجتهم للمعلومات الجديدة.

9. عدم اختيار قناة الاتصال، والوسيلة المناسبة من قبل المعلم فقد تكون المحاضرة غير مناسبة كقناة اتصال ويكون التلفاز أفضل.

10. التشويش الميكانيكي أو الآلي، والتشويش الدلالي الناتج عن سوء فهم، والتشويش الميكانيكي كصوت الطائرات أو عمليات الحفر، أو أصوات الباعة القريبة من مكان نقل الرسالة، إضافة إلى التشويش الدلالي الذي له علاقة بالحالة النفسية... كعدم الراحة، والضيق والقلق...إلخ.

الفصل الثالث

أنواع الوسائل التعليمية

وترتيبها حسب مخروط الخبرات

- أنواع الوسائل التعليمية:

- الوسائل التعليمية البصرية.

- الوسائل التعليمية السمعية.

- الوسائل التعليمية السمعية ــ البصرية "السمعبصرية".

- تصنيف الوسائل التعليمية وفق مخروط الخبرات.

مقدمة:

أن التطورات التكنولوجية المذهلة التي نعيشها تساهم في عملية الاتصال، كما أنها تعمل على ظهور وسائل تعليمية جديدة لا تدخل تحت حصر، إضافة إلى أن أهميتها تكمن في إنتاج هذه الوسائل من أجل توظيفها في خدمة التعليم.

ومن هنا، فإن الأنواع المختلفة للوسائل التعليمية يمكن تصنيفها إلى ثلاثة أصناف هي:

الوسائل البصرية: وهذه الوسائل تشمل جميع الوسائل التي تعتمد على حاسة البصر وحدها، وتشمل: الصور والنماذج والعينات والرسوم والخرائط والكتب والمجلات والصحف وغيرها من المواد المطبوعة ويستخدم المتعلم في الغالب حاسة واحدة وهي حاسة البصر.

أمّا الوسائل السمعية: فتشمل جميع الوسائل التي تعتمد على حاسة السمع في استقبالها، وتشتمل على التسجيلات المختلفة والإذاعة المدرسية.

وبالنسبة للوسائل السمعية ـ البصرية: فهي تضم الوسائل التي تعتمد ـ في استقبالها ـ على حاستي السمع والبصر، وتشمل التلفزيون التعليمي، والأفلام التعليمية الناطقة، والشرائح المصاحبة بتسجيلات صوتية.

وتأسيساً على ذلك نتناول في هذا الفصل عدة مسائل تتمثل في: أنواع الوسائل التعليمية المختلفة، وكذلك تصنيف الوسائل التعليمية وفق مخروط الخبرة، ويعود هذا التصنيف "لادجارديل" والذي سبق الإشارة إليه.

أنواع الوسائل التعليمية

تعمل الوسائل التعليمية على تقديم الكثير من الفائدة للمعلم وللمتعلم، كما أنها تساعد في تحسين الموقف التعليمي وتزيد من التفاعل الصفي، وللوسائل التعليمية أهمية كبيرة للمعلم حيث تؤدي إلى:

أ. رفع سوية المعلم وكفاياته المهنية.

ب. تغيير دوره من ناقل وملقن للمعلومات إلى مخطط ومنفذ ومقوم للعملية التعلمية.

ج. تساعده على حسن عرض المادة وتقويمها وتطويرها.

د. يمكن المعلم من استغلال الوقت المتاح بشكل أفضل.

هـ. توفر الوقت والجهد المبذولين من قبل المعلم في العملية التعليمية.

و. تساعد المعلم في إثارة الدافعية لدى الطلبة وجذبهم للموقف التعليمي ودمجهم فيه.

ز. تساعده في التغلب على حدود الزمان والمكان في غرفة الصف وبخاصة المفاهيم الزمانية حيث أنها مفاهيم مجردة، كالحوادث التاريخية إضافة إلى جغرافية المكان.

كذلك الأمر فإن الوسائل التعليمية مهمة أيضاً للمتعلم وتقدم له فوائد عدة تذكر منها:

1. تنمية حب الاستطلاع لديه وترغيبه في التعلم.

2. تفعيل الموقف الصفي بين المعلم وتلاميذه وبين التلاميذ أنفسهم.

3. توسيع مجال الخبرات التي يمر بها المتعلم.

4. تسهم في تكوين اتجاهات إيجابية مرغوب فيها عند المتعلم.

5. تشجيع المتعلم على المشاركة والإندماج في الموقف الصفي.

6. تثير اهتمام المتعلم وتشوقه إلى التعليم مما يزيد من دافعيته.

7. تجعل الخبرات التعليمية أكثر فاعلية وأبقى أثراً وأقل احتمالاً للنسيان.

8. تتيح فرصاً للتنويع والتجديد المرغوب فيه.

9. توفر الوقت والجهد على المتعلم.

أولاً: الوسائل التعليمية البصرية:

تعتبر حاسة البصر من الحواس التي يعتمد عليها الإنسان في اكتساب المعرفة، وذلك عن طريق المشاهدة والإدراك، ومن الوسائل التعلمية البصرية الرموز التصويرية، والنماذج، والمقاطع، والعينات، والخرائط، والصور،والأفلام الصامتة منها والثابتة والشرائح والشفافيات وتعتبر الحواس منافذ المعرفة إلى عقل المتعلم حيث يرى ويسمع ويختبر باللمس أو الذوق أو الشم، وكلما قل عدد الحواس المستعملة تقل فاعلية التعلم، ومن أشهر "وسائل التعلم بالملاحظة المحسوسة" هي: المشاهدات الواقعية، والرحلات، والمعارض.

وتكمن أهمية الوسائل التعليمية البصرية في أنها:

- تُشغل حواس المتعلمين وبخاصة حاسة البصر، فيتعلمون في أنسب الظروف الزمنية والمكانية بطرق منتظمة.

- تفسح للمتعلم مجال الاستفادة من مجموعة كبيرة من أدوات التعلم مثل: لوح الطباشير، الأجهزة، العينات، والكتب... الخ.

- تجعل التعلم أقرب للواقع، فهو قادر على تطبيق المفاهيم والمعلومات والمبادئ والنظريات في مواقف جديدة مشابهة، مما يساعد في انتقال أثر التعلم.

- ظهور الجانب الحسي في الخبرة المباشرة يجذب انتباه المتعلم وتشوقه، فقد تبعث الألفاظ المجردة فيه الملل لعدم ارتباطها بمعان واضحة أو بنشاط إيجابي وبالتالي يتذكر ما يشاهد أكثر مما يرى.

ويفضل عند استخدام الوسائل التعليمية البصرية الآتي:

أ. المشاهدات الواقعية: التنويع في المشاهدات الواقعية فيمكن للمعلم أن يعرض تجربة أمام التلاميذ أو يعرض جهازاً أو عينات ويعتمد نجاح المشاهدات الواقعية على الآتي:

1. الاستعداد: أي مدى استعداد من يقوم بعرض المشاهدة، ومدى تدربه على الخطوات العملية التي سيجيدها أمام التلاميذ مستغلاً ما يستخدم من وسائل وأجهزة مقدراً كيف سيبدأ وينتهي.

2. الحفظ: بمعنى مدى الفهم والاستيعاب لخطوات المشاهدة الواقعية التي سيؤديها المعلم، وما سيتناوله أثناء العرض والشرح أو أثناء التطبيق الواقعي.

3. إجراء التجارب: حيث يقوم المعلم بالإعداد المسبق للتجربة في الصف أو المختبر، ويتأكد من مدى توافر جميع المتطلبات للتجربة من مواد وأجهزة قبل العرض الواقعي أمام المتعلمين.

4. عمل الملخصات: وتعني إبراز النقاط الرئيسية وتدوينها على السبورة أو على أوراق عمل توضع بين أيدي التلاميذ أثناء عمل المجموعات.

5. تحضير المكان: من أجل إجراء المشاهدة الواقعية؛ بحيث يستطيع كل فرد متابعة كل خطوة من العملية ورؤية كل حركة وسماع كل صوت بسهولة ويسر.

6. المعلم: الالتزام في اختيار المفردات بحيث تكون مفهومة، والحذر من الخروج عن مجرى تسلسل الخطوات أو الخلط بين موضوع المشاهدة وموضوعات أخرى.

وتختلف مواقع البيئة التي تتم مشاهدتها والاستفادة منها في التعليم باختلاف وظائفها، فهناك:

1. المواقع الاقتصادية: كالمصانع والمناجم.

2. والمواقع التاريخية مثل: متاحف التاريخ الطبيعي، والمواقع الأثرية.

3. المواقع الإدارية مثل: المحافظة، والمطارات، والمواقع الاجتماعية كدور الرعاية للأسرة والأطفال.

4. ومواقع فردية: كالصناعات التقليدية التي يقوم بها ـ في العادة ـ شخص واحد بالتعاون مع أسرته.

5. مواقع تربوية وتعليمية مثل: مديرية التربية والتعليم، ورياض الأطفال والمدارس.

6. ومواقع طبيعية: كالانهدامات الأرضية والبراكين، والكهوف، والجبال والأودية.وكل هذه المواقع تحتاج إلى زيارات ميدانية لمشاهدتها والاطلاع على أعمالها.

ب. الرحلات التعليمية:

تزود الرحلات التعليمية المتعلمين بخبرات واقعية وحقيقية وتساعدهم على فهم بيئتهم، وتقوي صلتهم بها، وتعزز انتماءهم لوطنهم وأمتهم، وتزيد من إحساسهم بمسؤوليتهم تجاه وطنهم ومؤسساته.

وتعتبر الرحلات التعليمية من خبرات الملاحظة المحسوسة والتي يستخدم فيها المعلم أكثر من حاسة من حواسه، وذلك من خلال التفاعل المباشر معها، وهي مصادر تعلم رئيسية؛ فالطفل قبل دخوله المدرسة يقضي معظم وقته في التساؤل والتجريب واستكشاف ما حوله. لذلك لابد من استغلال حب الاستطلاع لدى المتعلم وميله إلى التجربة المحسوسة المباشرة مع البيئة والمجتمع.

إن مصادر البيئة المحلية توفر الفرصة المناسبة لتطبيق أسلوب التعلم بالملاحظة والاستفسار والمناقشة، فالرحلات والمعسكرات الطلابية والإرشادية تعمل على تشجيع التلاميذ على ارتياد العالم المحيط بهم، واكتساب المعرفة عن طريق الملاحظة والتجربة المباشرة، وكذلك فإن رحلات السير على الأقدام ـ إلى المتنزهات والغابات وحدائق الحيوانات ـ تجعل الطلبة يستمتعون باكتشاف الأشياء وتعلمها بأنفسهم، كما أنها تقوي اعتمادهم على أنفسهم في اكتساب المعارف وفي التعلم الذاتي.

وتعمل الرحلات التعليمية على توفير الخبرات الواقعية من خلال الاتصال المباشر بالأشياء في أماكنها الطبيعية، وبهذا تنقل المتعلم من مناخ التعليم اللفظي

والأسلوب اللفظي إلى الواقع المحسوس الذي يعيشه الطالب ويشاهده؛ وبذلك تعزز الزيارات الميدانية الإدراك والفهم وتكوين المفاهيم الصحية.

فالاتصال المباشر بالأشياء والحقائق ــ في واقعها الطبيعي ــ يقوي التذكر ويقلل من عوامل النسيان؛ ذلك لأن الرحلة التعليمية هي نشاط يقوم به المتعلم، ومن الصعب أن ينسى الفرد الأنشطة التي نفذها بنفسه، وخاصة إذا كانت مشتركة؛ حيث تترك ذكريات مشتركة تكون مدار حديث بين الآخرين والزملاء سيتذكرونها فيما بعد وذلك بخلاف أسلوب المحاضرات الذي يشعر الطالب بأن كل ما يتلقاه مفروض عليه وهو تكليف، فالنفس البشرية ترفض بطبيعتها الواجبات المفروضة وتُقبل على النشاطات التي تلبي حاجاته واهتماماته، والرحلات التعليمية من أكثر الأنشطة التي تستجيب لاهتمامات الفرد واستمتاعه.

ولابد من أن ترتبط الرحلة التعليمية بأهداف المنهاج وتحققها، ولا يقتصر هدف الرحلة التعليمية على أثر الأهداف التعليمية بل يتعداها إلى تحقيق التسلية والترفيه عن النفس ضمن إطار قيم المجتمع ويمكن من خلال الرحلات جمع عينات من صخور نارية أو كلسية وتعليم الطلبة تصنيفها وفق الحجم والشكل واللون والملمس والنعومة والخشونة، إضافة إلى جمع عينات نباتية وحيوانية وبحرية.

ومن الزيارات الميدانية تتكشف معادن المشاركين وطباعهم وأخلاقهم، وسلوكهم، ومواهبهم في التنظيم والقيادة وتحمل المسؤولية، وهي وسيلة لتقوية العلاقات بين المعلمين وطلبتهم وتنمية مشاعر الثقة والاحترام المتبادل والتعاون بينهم.

ويتوقف نجاح الرحلة التعليمية على مدى التخطيط والتحضير والإعداد المسبق لها، ويفضل أن يكون هذه الرحلة متوافقة مع مفردات المنهاج ووحداته ومن هنا على المعلم أن يحسن اختيار الرحلة التي تحقق غرضاً تعليمياً وتربوياً ولها علاقة بالمنهاج، وعلى المعلم أن ينظم خط سير الرحلة الزماني والمكاني ذهاباً وإياباً، وأن يهيئ الأنشطة التي سينفذها الطلبة أثناء الرحلة، وأن ينظم الطلبة بتقسيمهم إلى مجموعات ويؤمر أحدهم على كل مجموعة، وأن يزوده بخريطة كدليل للرحلة والمناطق التي يمرون بها، ثم يكلفهم كتابة تقارير حولها وعرض الصور لتلك الرحلة على لوحة لإعلانها وقد تكون الرحلات محلية أو خارجية.

ج. زيارة المعارض والمتاحف

المعارض بشكل عام نوعان هما:

1. معارض مدرسية: والتي تعرض إنتاج الطلبة وأنشطتهم المختلفة.

2. معارض عامة تجسد البيئة المحلية والاجتماعية والاقتصادية والثقافية والتاريخية والطبيعية كالمتاحف. وهذه المتاحف تهتم بحفظ وإبراز المظاهر التقليدية والتاريخية المادية للمجتمع المحلي كمتاحف الآثار.

وهنالك المعارض العامة التي تهتم بإبراز مظاهر التقدم العلمي والتكنولوجي والاقتصادي والاجتماعي والثقافي، كالمعارض الفنية، ومعرض الأحياء المائية في العقبة مثلاً، ومعارض الآثار والكتب وغير ذلك.

ويمكن تطبيق الإجراءات نفسها التي تم ذكرها في الرحلات التعلمية على زيادة المعارض والمتاحف؛ من حيث التخطيط والتنفيذ واتخاذ الإجراءات اللازمة وللمعارض والمتاحف أهداف منها: ربط المتعلم بالبيئة قديمها وحديثها، وتعريفه

بالبيئة الخارجية، كما تنمي في المتعلمين الابتكار، والتذوق الفني، وروح المنافسة، وتبادل الأفكار والخبرات، وتوضح مفاهيم المنهاج، وتعرف أولياء الأمور بمنجزات أبنائهم، وتوضح المفاهيم المجردة، وتنمي البحث العلمي عند الطلبة. وهناك المعارض الدائمة وهناك المعارض المؤقتة.

د. الخرائط والكرات الأرضية

تعرف الخريطة بأنها عبارة عن لوحة يرسم عليها سطح الكرة الأرضية أو جزء منه بشكل مسطح.

وتعتبر الخرائط أحد الأمثلة التي تستخدم فيها الرسومات الخطية عادة لعرض سطح الكرة الأرضية أو جزء منه، وتوضيح العلاقات بين المساحات المختلفة منها، والمعالم التي تقع عليها باستخدام مقاييس الرسم والرموز التي تساعد على قراءة الخريطة وفهم معنى العلاقات التي تبرزها.

ومن ميزات الخرائط هي سهولة الحصول عليها أو إنتاجها من جانب المعلّم أو التلميذ، وكذلك تمتاز بتعدد أنواعها بما يلائم الموضوعات التي تستخدم فيها وتوفرها عادة في المدارس؛ نظراً لانخفاض أسعارها إذا ما قورنت بغيرها من الوسائل، هذا بالإضافة إلى عدم الحاجة إلى استخدام الأجهزة في عرضها أو تهيئة حجرات الدراسة بإمكانيات خاصة لذلك، فيما عدا توفير الاستعدادات البسيطة لعرضها.

ويؤخذ على الخرائط أنها أحياناً يصعب رؤية تفاصيلها عند عرضها على المجموعات الكبيرة، وكذلك صعوبة حفظها وصيانتها وبالتالي يمكن تصويرها على شرائح لتكبير ما يحتاج المعلم لعرض، أو من خلال استخدام الحاسوب.

ومن أنواع الخرائط:

1. الخرائط الطبيعية وتعرض "التضاريس" أو الظواهر الطبيعية حيث تعرض الظواهر بألوان مختلفة فتعبر عن الجبال بلون بني والبحار بلون أزرق، وهكذا..

2. الخرائط السياسية وتوضح الحدود بين الدول، دون تفاصيل الألوان الظواهر.

3. الخرائط الاقتصادية وتعرض جداول، ومواقع توزع المناطق الاقتصادية.

4. الخرائط النباتية: تعرض مناطق توزع النباتات والغابات في العالم.

5. خرائط توزيع الأجناس البشرية: فالسود على سبيل المثال في أفريقيا والجنس الأصفر في آسيا.

6. الخرائط الحيوانية: تعرض توزيع الثروة الحيوانية في مناطق مختلفة من العالم.

7. الخرائط المناخية: تعرض الرياح والأعاصير والمناطق المناخية المتشابهة في العالم.

8. خرائط المواصلات: وتعرض طرق المواصلات الرئيسية والفرعية.

9. الخرائط الجيولوجية: وتوضح الطبقات الجيولوجية وأماكن توزع الثروات.

10. الخرائط التاريخية: حيث تعرض امتدادات الدول السابقة كالدولة الأموية والعباسية، وغيرها.

11. الخرائط الصماء: وتعرض الخرائط دون ذكر المدن ليقوم المتعلم بتحديدها.

12. الخرائط الكروكية: وهي مخططات توضيحية لمواقع جغرافية.

ومن المشكلات التي ينبغي على المعلم أن يعالجها أثناء استخدام الخرائط في الحصة الصفية ما يأتي:

أ. مطابقة الواقع، أي الاقتراب من الواقع ما أمكن من حيث الشكل العام ومواقع الخلجان والبحار ومنابع الأنهار، وهناك أجهزة لتكبير الخرائط أو من خلال الرسم بالمربعات.

ب. عدم الاكتظاظ: حيث تقتصر مادة الخريطة على النقاط الرئيسية التي لها علاقة بموضوع الدرس، فعند تدريس الناحية الاقتصادية في الأردن على سبيل المثال، يعرض المعلم الخريطة الاقتصادية وفي درس السياحة، تعرض

خريطة تبين المواقع السياحية وعند تعريف المتعلم بالمدن الرئيسية أو خطوط المواصلات تعرض خريطة صماء توضح ذلك وهكذا....

ج. الوضوح، بمعنى أن تكون مخططاتها مرئية بوضوح لكل فرد في الصف إذا كانت ستعمل بشكل جماعي، أو اطلاع التلاميذ تفاصيلها بشكل مجموعات صغيرة.

د. العلاقات: حيث يتوجب أن توضح علاقة الأجزاء ببعضها وعلاقة الجزء بالكل؛ من حيث المواقع والمساحات والوحدة الجغرافية، كعلاقة المناخ بالتضاريس أو بالمناطق الحرارية أو بالتوزيع النباتي.

هـ. مقاييس الرسم والاصطلاحات، حيث يتوجب أن لا تخلو الخريطة من هذه الأمور، ولا بد من تدريب التلاميذ على استخدام مقياس الرسم الخطية.

و. حداثة الخريطة : وذلك من أجل متابعة التغيرات التي قد تحدث في العالم بعد تاريخ إنتاجها، وبالتالي يمكن المعلم أن يضيف التغيرات بخط واضح وجميل وتحديثها باستمرار.

كما يتوجب أن يأخذ المعلم بعين الاعتبار معايير استخدام الخرائط، والتي تتمثل فيما يأتي:

أ. الملاءمة: حيث يجب أن تكون الخريطة مناسبة للغرض والمرحلة التي تستخدم فيها، وغير مكتظة بالمعلومات، ويفضل استخدام خريطة لكل هدف.

ب. مراعاة توافر الشروط الفنية في إنتاج الخارطة، كاللون والخط وجودة الورق والقماش.

ج. الاتزان، بمعنى أن لا تكون مكتظة بالمعلومات، وبتفاصيل ورموز صعبة وفي هذه الحالة يستفاد من مفتاح الخريطة.

د. التمثيل الصحيح والدقة العلمية، أي أن تكون الخريطة دقيقة في عرضها للمعلومات خاصة الأمور السياسية، وأن تكون بعيدة عن التحيز وتتصف بالموضوعية والأمانة العلمية في نقل المعلومات.

هـ. المتانة: فلابد من اختيار الورق الجيد الذي ترسم عليه الخرائط، ويمكن استخدام الخرائط التي تضع من المشمع والبلاستيك المتين، أو يتم تقميشها للمحافظة عليها.

و. مراعاة مكان العرض، بحيث يكون هناك تناسب بين حجم الخريطة وعدد الدارسين وأماكن جلوسهم.

أما بالنسبة للكرات الأرضية، فقد وردت العديد من التعاريف بشأنها، ومنهم من عرفها بأنها: النموذج الوحيد الذي يصور الأرض بدون تشويه لشكلها. وبعضهم عرفها بأنها: نموذج يمثل الشكل الصحيح والدقيق للكرة الأرضية التي نعيش عليها وتعتبر الكرات الأرضية من الخبرات الممثلة، غير المباشرة وفق تصنيف أدجارديل للخبرات، وهي من النماذج المصغرة للشيء الحقيقي، وتعطى صورة لكيفية دوران الكرة الأرضية وكيفية توزيع خطوط الطول ودوائر العرض، وخط التوقيت الدولي، وخط غرينتش وغيرها.

ومن أنواع الكرات الأرضية المختلفة ما يأتي:

1. الكرات الأرضية الطبيعية.

2. الكرات الأرضية السياسية.

3. الكرات الأرضية المناخية.

ويتوجب تطبيق معايير مهمة عند اختيار الكرات الأرضية، ومن هذه المعايير:

- الحجم والوضوح، حيث يتوجب أن تكون متناسبة في حجمها، ووضوحها لكي يتمكن التلاميذ من رؤيتها.

- البساطة والتفصيل، بمعنى أن تتناسب الكرات الأرضية مع مستوى التلاميذ وعمره من حيث تفصيلها وما تحتويه من معالم.

- رموز الألوان، بمعنى أن يتم تلوينها بحيث يُدلل اللون على الأشياء أو المعالم التي يهدف اللون إلى إيصالها للتلاميذ.

ثانياً: الوسائل التعليمية السمعية

الوسائل التعليمية السمعية: تلك الوسائل التي تعمل على توفير المعرفة للطلاب عن طريق تفعيل واستخدام حاسة السمع لديهم، ومن أهم الوسائل التعلمية السمعية ما يأتي:

أ. الإذاعة:

يعتبر الراديو أو الإذاعة المسموعة من أهم وسائل الاتصال الجماهيري، وأكثرها انتشاراً، وأقلها كلفة. ومن ميزات هذا الجهاز ما يأتي:

1. قلة تكاليف إنتاج واستقبال برامج الإذاعة المسموعة.

2. التأثير الانفعالي للبرامج الإذاعية، عن طريق الإخراج الدرامي للبرنامج واستخدام الموسيقى التصويرية والمؤثرات الصوتية التي تجذب المستمع وتشوقه لمتابعة البرامج.

3. إثراء معرفة التلاميذ للمواد الأكاديمية من خلال معالجتها اليومية المستمرة لكثير من المواضيع التي تدخل ضمن المناهج المقررة للمتعلمين وعرضها للأحداث الجارية.

4. تحقيق رغبات المتعلمين وحاجاتهم المعرفية والنفسية، لقدرتها على تجاوز حدود الزمان والمكان.

5. العمل على تدريب المعلمين غير المؤهلين وإمدادهم بالخبرة عن طريق استماعهم لدروس نموذجية في موضوعات دراسية مختلفة كالتربية الإسلامية واللغة العربية والتربية الاجتماعية وغيرها.

6. إثراء المتعلمين ببرامج ترويحية أو تثقيفية أو اجتماعية أو مسابقات أو مقابلات.

7. إتاحة المجال للشخص المستمع؛ لتكوين خلفية كافية ومعلومات وافية عند الاستماع، فيكون بذلك صوراً مجردة عن الأشياء تركز على المحاكمة العقلية والتفكير المجرد بعيداً عن المؤثرات البصرية.

8. تعويد الطلبة على الاستماع للراديو يمكنهم من تعلم القدرة على التمييز الاستماعي.

ويمكن الاستفادة من البرامج الإذاعية في التدريس بطرق متنوعة، ومن الأفضل أن يرسم المعلم استراتيجية تكفل الاستفادة من البرامج، لذلك يحسن مراعاة بعض التوجيهات التي تساعد المعلم، ومنها:

- مراجعة النشرات الأسبوعية لبرامج الإذاعة واختيار ما يتناسب والأهداف التعليمية.

- إعداد مكان لاستقبال الإذاعة بدقة ووضوح ويفضل أن يكون مرتبطاً بموضوع الدرس أو مثرياً له.

- إصغاء المعلم مع طلابه أثناء البث الإذاعي، مع قيامه بكتابة بعض الكلمات على اللوح خاصة الجديدة منها ويفضل إعطاء فكرة مسبقة للطلبة عن الموضوع.

- التقييم والمتابعة، وذلك عن طريق مناقشة البرنامج مع طلابه وإغلاق جهاز الاستماع والإجابة عن الأسئلة التي أثيرت قبل البرنامج وأثناءه.

على الرغم من الميزات المتعددة للإذاعة، والتي ذكرت سابقاً، إلاّ أن هناك بعض جوانب القصور في الإذاعة، ومنها:

1. الإذاعة وسيلة اتصال من جانب واحد، وغياب الصفة الاجتماعية أو التفاعل كما هـو في الحاسوب.

2. تشتيت الانتباه، فمن المعروف أن فترة الانتباه قصيرة وذلك لاعتماد التعلم على حاسة واحدة فقط وهي حاسة السمع.

3. يصعب توقيت البرنامج الإذاعي بحيث يتناسب مع برنامج المدرسة، ويمكن الاستفادة من البرامج الإبداعية الموجهة لطلبة المدارس.

4. إثارة بعض المشكلات الإدارية، أي صعوبة تهيئة أجهزة الاستماع وإعداد الغرف الصفية؛ بحيث تسمح بالاستماع الجيد وتدريب المعلمين.

ب. التسجيلات الصوتية

يعرف التسجيل الصوتي بأنه عملية حفظ الأصوات وتخزينها بطرق مختلفة، وباستخدام أجهزة متنوعة؛ وذلك من أجل إعادة سماعها حين تدعو الحاجة لذلك. وتنقسم التسجيلات السمعية على أساس الآلات المستعملة في عرض موادها إلى الأنواع الآتية:

1. الحاكي.

2. مسجلات البكرة المفتوحة.

3. مسجلات الكاسيت العادي.

4. البطاقات السمعية.

5. مسجلات الكاسيت المصغرة.

6. مسجلات الكارترج "كاتريج".

ويمكن استخدام التسجيلات الصوتية في التعليم في مراكز خاصة وحجرات دراسية أو في المكتبة ولعدد قليل من التلاميذ، كما يمكن للمتعلم أن يقوم باستعارة الأشرطة ويستمع إليها بمفرده، ويجيب على الأسئلة أو يقوم بإجراء التجارب، ومن الأمثلة على التسجيلات التي يعدها المدرس لاستعمال التلاميذ الفردي ما يأتي:

- تسجيل القصص والنصوص المقررة في المنهج والبرامج الإذاعية التربوية.

- تسجيل أصوات حيوانات مختلفة بغرض التميز بينها وتدريب الطلبة على ذلك.

- تعليم اللغات والتدريب عليها وخاصة المختبرات اللغوية العربية والإنجليزية.

- معالجة بعض عيوب النطق عند الطلبة وتدريبهم على ذلك.

- الاستماع إلى الأناشيد والقصص والموسيقى.

- لفظ الكلمات والتجويد في القرآن الكريم وفق أحكامه المعروفة.

- تعزيز عمل بعض أجهزة عرض الأفلام الثابتة كالشرائح.

ومن مميزات مسجلات الكاسيت الصوتية ــ التي جعلت منها وسيلة تعليمية واسعة الانتشار في المؤسسات التعليمية والتدريبية الآتي:

- رخص ثمنها وتوافرها وسهولة الاستعمال.

- تسجيل الحوادث على اختلاف أنواعها لغرض دراستها أو الاستماع إليها في أي وقت يناسب المستفيدين.

- سهولة تحضيرها وتشغيلها وتداولها من مكان لآخر، فهي خفيفة الوزن سهلة التخزين وتستخدم.

- المرونة في الاستعمال لدرجة متناهية لا تقوى على منافستها معظم الوسائل التعليمية الأخرى.

- سهولة محو الشريط وإعادة التسجيل عليه من جديد مرات ومرات.

- تناسب التعليم الفردي والجمعي.

- سهولة نسخ أعداد كثيرة من تسجيلات الكاسيت العادي حسب الحاجة، بالإضافة إلى توافر أجهزة التسجيل في المدارس والبيوت.

- يمكن الرجوع إليها لاحقاً عند الحاجة، بحيث يمكن تصنيفها في مكتبة خاصة.

- تقدم للمعلم طريقة ناجحة لتقييم سلوكه في المواقف التعليمية المختلفة.

- تتيح للمعلم التنويع في الخبرات التعليمية، وإتاحة فرص لمعالجة الفروق الفردية.

- يمكن أن تكون دقيقة في المعلومات المقدمة، وتشمل دروساً لمختلف المباحث والصفوف.

- سهلة الصيانة، ولا تتطلب التخصص الفني.

- تستخدم بغرض التقييم وتحسين طريقة تدريس الطلبة.

ثالثاً: الوسائل السمعية ــ البصرية :

يشهد عصرنا الحالي ثورة معرفية تكنولوجية متطورة بشكل كبير إلى حد يعجز معه الإنسان على متابعة ما يصدر من معلومات أو اكتشافات تظهر في كل يوم، وهذه الثورة تفتح للإنسان آفاقاً جديدة تزداد اتساعاً وعمقاً كلما زادت التكنولوجيا تطوراً وتقدماً.

ويعد التلفزيون، والفيديو، وجهاز عرض الشرائح الناطق والحاسوب من الوسائل التكنولوجية الحديثة المستخدمة في مجال الاتصال، والتي ساهمت بقفزة نوعية كبيرة في سلسلة التطور والتقدم التكنولوجي التواصلي الذي انتقل من السينما إلى التلفاز الناطق والملون، والبث عبر الأقمار الاصطناعية التي تقوم فيها سيول من الحزم الإلكترونية بنقل الصوت والصورة بالألوان ليستفاد منها في الاتصال والتعليم.

ولكن بعض هذه الوسائل يقتصر على المثيرات أو تسجيل الاستجابات أمام الفيديو، فيجمع بين تقديم المثيرات وتسجيل الاستجابات، وإعطاء التغذية الراجعة، وهذا ما جعل التقنية هذه وسيلة تعليمية لها مكانتها المتميزة في العملية التربوية.

وتأسيساً على ما سبق، سنتناول في هذا الموضوع عدة وسائل تعليمية سمعية بصرية من أبرزها:

أ.   التلفزيون

أن التلفزيون يعتبر وسيلة مساعدة للمعلم في إيصال المعلومات وإيضاحها للمتعلمين. ومما عزز من وضع التلفزيون في مجال التعليم والتعلم ما توصلت إليه تقنيات الاتصال من تصور ملحوظ مثل: استخدام الأقمار الصناعية في مجال

الاتصال الإلكتروني، واستخدام الحاسب الآلي في تنظيم وعرض المعلومات، وجهاز الفيديو في مجال حفظ المعلومات صوتاً وصورة.

ويستفاد من التلفزيون في مجال التعليم والتدريس الجامعي، إذ يعتبر من الوسائل الهامة في أنظمة الجامعات المفتوحة سواءً في الدول الغربية أو الدول العربية وعلى الصعيد بالجامعات المحلية حيث يتم في توصل نظام الاستجابة أو الاتصال المتبادل بين المشاهد واستوديو التلفزيون.

ويستخدم التلفزيون في مجال التعليم، عن طريق إعداد برامج تعليمية منهجية محدد لتحقيق أهداف تعليمية لمختلف المراحل التعليمية.

ومن برامج التلفزيون التعليمية: برنامج الجامعة المفتوحة، وبرنامج الدوائر المغلقة في المعاهد والجامعات، ومشاهدي هذه البرامج عادة يكونوا محدودي العدد والاتجاه، كما هو الحال في التعليم المصغر (Micro Teaching).

وأما التلفزيون التربوي فيقصد به: التلفزيون الذي يبث برامج تربوية تثقيفية يقصد من وراءها نشر المعرفة والثقافة، وتعديل الاتجاهات وتحسين الأداء، فهو بالمحصلة يقدم خدمات لشرائح واسعة من مختلف الطبقات والثقافات بما فيهم طلبة المدارس والمعاهد والجامعات.

1) أنواع الإرسال التلفزيوني:

* الإرسال عن طريق الدائرة المفتوحة:

ففي هذا النوع يبدأ الإرسال عادة في الأستوديو، ويتم التصوير بواسطة الكاميرا أو آلة التصوير التلفزيونية، ويلتقط الميكروفون أصوات وتتحول هذه الإشارات الضوئية إلى إشارات إذاعية، ثم تقوم أجهزة خاصة ببثها على موجات

الأثير، وتقوم أجهزة الاستقبال التلفزيوني بالتقاط هذه الموجات بواسطة الهوائي، فتتحول إلى صوت وصورة،

*** التلفزيون ذو الدائرة المغلقة:**

وفي هذه الحالة لا يلتقط الجمهور الإرسال عن طريق الكاميرا التي تتصل مباشرة بأجهزة الاستقبال التلفزيوني ـ التي تكون مرتبطة بدائرة الإرسال الرئيسية بواسطة الكاميرات ـ وتقوم الكابلات بتوصيل الإشارات الضوئية والصوتية إلى أجهزة الاستقبال.

ويستخدم التلفزيون ذو الدائرة المغلقة في المؤسسات التعليمية، كالجامعات والمستشفيات والمراكز الإعلامية، والبنوك والدوائر الرسمية، ويشاهد المراقبون الأشخاص داخل مجال الكاميرات وفي مراقبة المرضى والمطارات والموانئ والمحال التجارية والمكتبات .

وأجهزة الدائرة التلفزيونية المغلقة هي:

- كاميرا تلفزيونية.
- عدد من أجهزة الاستقبال التلفزيوني في مواقع المشاهدة.
- جهاز استقبال تلفزيوني رئيسي لتظهر عليه الصورة المختارة والتي بدورها ستظهر على باقي شاشات الأجهزة الأخرى.
- جهاز لمزج الصورة والصوت.

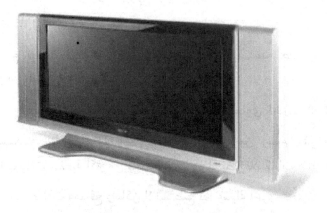

مزايا التلفزيون التعليمي:

تتزايد أهمية التلفزيون التربوي، نظراً لاستخدام الفيديو في عملية تسجيل البرامج المرغوبة، وعرضها على شاشة التلفزيون في الوقت الذي يريده المعلم أو

الطالب أو كلاهما، وللتلفزيون التربوي مزايا يتفوق بها على الوسائل التعليمية الأخرى ومن أهمها:

- يقدم الصورة والصوت والألوان الطبيعية وبالتالي يستخدم حاستي السمع والبصر في آن واحد.
- يتيح الفرصة للاستفادة من طاقات المربين الأكفاء وذوي الخبرات العالية.
- يستخدم التلفزيون الوسائل التعليمية الأخرى من رسوم وشرائح وشفافيات وتسجيلات سمعية أكثر من معلم الصف وذلك نظراً للإمكانات المتاحة له.
- يعرض حوادث ومواقع وأماكن لا تستطيع أية وسيلة أخرى عرضها.
- يسمح لأعداد كبيرة بمشاهدة برامجه أكثر من أية وسيلة سمعية ـــ بصرية أخرى.
- يعوّض نقص الوسائل التعليمية في المدارس والكليات.
- يعرض تجارب علمية يستفاد منها في المدارس والكليات والجامعات.
- لبث وبشكل مباشر للأحداث ساعة وقوعها كالمباريات أو الحروب أو الكوارث.
- يوفر إمكانية تعلم المهارات الحركية.
- يمكن المتعلم من مشاهدة الحوادث الخطيرة التي لا يستطيع حضورها كتفجير القنابل الذرية والمعارك، تفجيرات.
- يتخطى حدود المكان والزمان في عرضه للأحداث وأماكن حدوثها.
- عرض حوادث نادرة مثل كسوف الشمس وخسوف القمر، والهبوط على سطح القمر أو ظواهر طبيعية نادرة كمذنب"هالي".

– يستخدم التلفزيون بأنماط متعددة كالبرنامج العام، والدوائر المغلقة. ففي حالة البرنامج العام يبث التلفزيون لكافة مناطق الدولة، وتشمل المجتمع بكافة فئاته الثقافية والاجتماعية والتعليمية المتعددة. وفي حالة الدوائر المغلقة يستخدم التلفزيون لأهداف تعليمية محددة كما هو في الجامعات والكليات.

– كما يستخدم التلفزيون العام لبث برامج تربوية وتعليمية وثقافية تغطي طلبة مرحلة تعليمية أو مادة دراسية معينة، ضمن برنامج زمني محدد تستطيع كل مدرسة أن تدخله ضمن برنامجها الدراسي، بحيث يتمكن الطلبة من مشاهدة الحصة التلفزيونية في صفوفهم الدراسية كما هو الحال في التلفزيون التعليمي أي تشبه الطبيعة سواءً كانت أحداثاً أو ظواهر طبيعية.

– يعرض صوراً فنية من خلال آلات التصوير الإلكترونية والتصوير الميكروسكوبي "المجهري" والتلسكوبي والرسوم المتحركة، والتي يمكن أن يستغلها التلفزيون في تقديم المعارض والمهارات والتي لا يستطيع المعلم العادي أن يقدمها.

– **وتكمن عوامل نجاح برامج التلفزيون التعليمية في الآتي:**

– صحة ووضوح الاستقبال، ومن أجل ذلك يجب أن يكون الصوت والصورة واضحين تماماً، ويؤثر في وضوح الرسالة بعد محطة الإرسال التلفزيونية وحالة الطقس وتم التغلب على ذلك من خلال الستلايت والأقمار الصناعية.

– قوة الصوت وتنوعه، ويجب أن تتناسب نبرة الصوت وقوته مع الموقف التعليمي.

- درجة انتباه الطلبة وتركيزهم عند المشاهدة.
- توفر المعلم اليقظ والواعي لمسؤولياته التربوية والتعليمية.
- واقعية الألوان في البرنامج التعليمي أي تشبه الطبيعة سواءً كانت أحداثاً أو ظواهر طبيعية.
- ملاءمة طول البرنامج للوقت المسموح به للمهمة التعليمية.
- تسلسل مادة البرنامج التلفزيوني وتتابع عناصره مع تركيزه على النقاط الهامة بالتكرار والمراجعة.
- إمكانية تسجيل برنامج التلفزيوني على شريط فيديو وإعادته في وقت الحاجة.
- ارتباطها بالأهداف التعليمية والتربوية في المناهج الدراسية حيث يعتبر وسيلة أثرائية هامة.

و فيما يأتي جدول يوضح الوسائل (الأجهزة المعينة) و المواد اللازمة لها:

اسم الوسيلة	الجهاز المعين	المواد اللازمة له
أجهزة الإسقاط (Projectors) والكاميرات	أجهزة عرض الأفلام الشفافة كاميرا التصوير المتحركة 8مم ، سوبر 8مم، 6مم كاميرات تصوير 35 مم للصور والشرائح. أجهزة عرض الصور المتحركة 8مم، 16مم. أجهزة عرض الشرائح يدوية- أتوماتيكية.	أفلام 8مم، 16مم. أفلام 35 مم إيجابية ملونة أفلام متحركة، صامتة، ناطقة شرائط أفلام حلقية متحركة شرائح 5سم×5سم
دائرة تلفزيونية مقفلة	جهاز عرض وتسجيل أشراطة الفيديو- كاميرا تلفازية، ميكروفونات، جهاز استقبال	أشراطة فيديو 3 ساعات أو ساعتان
جهاز الإسقاط ذو الرأس المرتفع	جهاز العرض العلوي (فوق الرأس) شاشة ، جهاز نسخ	صفائح شفافة مختلفة القياسات

ب. الفيديو

كانت بداية استخدام الفيديو في مجال التعليم في أوائل الستينات، عندما استخدم
الفيديو في التعليم المصغر وتدريب المعلمين حيث يقوم المعلم المتدرب، بعرض موقف
تعليمي على مجموعة من الطلبة المتطوعين لمدة (5-10) دقائق ثم يصور ويعاد بثه
للطالب نفسه بحضور المشرف للوقوف على أدائه وتلافي الأخطاء، أما اليوم فيعتبر الفيديو
من الأجهزة المستخدمة في تقنيات التعليم؛ لما له من صفات عديدة تجعله يأخذ هذا
الدور.

ومن مزايا الفيديو ــ كوسيلة اتصال وتعليم بصرية ــ سمعية ــ ما يأتي:

1. تعرض برامج الفيديو مثيرات متنوعة في طبيعتها"بصرية سمعية ــ موسيقية ــ ألوان"
في آنٍ واحد، وتقوم تقنية التصوير بكاميرا الفيديو بتكبير الموضوع المعروض أو
تصغيره على الشاشة لجعله مناسباً بشكل أفضل أثناء عرضه على المتعلمين، ونجاحه
إذا كان موضوع الدراسة يشكل تفاصيل دقيقة.

2. يصلح برنامج الفيديو للعرض مباشرة بعد تصويره أو بث أثناء التصوير على جهاز
التلفزيون، فهو لا يحتاج إلى عمليات التحميض والتثبيت وما شابه ذلك، إضافة إلى
ذلك فإن إنتاج برامج الفيديو وتصوير لا يتطلب مهارة معقدة، ويتميز جهاز الفيديو
بسهولة التشغيل الميكانيكي، وقلة الأعطال في أثناء الاستخدام، كما تعرض برامج
الفيديو في الغرفة الصفية دون الحاجة إلى تعتيم غرفة الصف، الأمر الذي يفسح
المجال للمعلم بأن يضبط سلوك المتعلمين، وكذلك يفسح المجال للمتعلمين أن
يسجلوا ملاحظاتهم واستفساراتهم من أجل إثارتها بعد عملية العرض وكذلك يمكن

إعادة بعض اللقطات مرة أخرى، أو عرضها بشكل بطيئ، للاستفادة من ذلك في عملية التدريب.

3. إمكانية تنفيذ استراتيجيات تدريسية متنوعة ـ من خلال الفيديو ـ كالمحاضرات والندوات، وعمل التجارب، وعرض الخبرات وتعليم المهارات.

4. تسجيل بعض المشاهد في أثناء القيام برحلة مدرسية والاستقصاء وحل المشكلات والعروض الرياضية وعمليات التصميم، والتلوين للتوسع في دراستها فيما بعد، ويمكن أيضاً تسجيل محاضرات الأساتذة الزائرين واستخدامها كمرجع مستقبلاً.

5. تستخدم برامج الفيديو بشكل مناسب في التدريس المصغر؛ لما تتميز به من إمكانية تقديم التغذية الراجعة بأشكال مختلفة، حيث يمكن للمتعلمين استخدام تسجيلات الفيديو ومراقبة أنفسهم ذاتياً في أثناء تنفيذ سلوك تدريسي معين، ثم مشاهدة ما تم تسجيله بواسطة الفيديو والقيام بعملية التقويم المستمر، لذلك يتحقق الضبط الذاتي لعملية التعليم حيث يقوم المتدرب بتعديل سلوكه التدريسي فوراً من خلال التغذية الراجعة الفورية.

6. تنوع مصادر الحصول على برامج الفيديو، ويمكن لبرامج الفيديو كاسيت أن تأتي من ثلاثة مصادر على الأقل هي:

أ- البث التلفازي، البرنامج العام، أو برنامج الدارة التلفازية المغلقة.

ب- نقل التسجيل عن أفلام تعليمية، أو تسجيلات فيديو آخر، أو برنامج حاسوب أو فيديو تفاعلي وحديثاً من شبكة الإنترنت.

ج- تسجيل برامج محلية خاصة بالمتدربين ومدربيهم تتلاءم مع حاجاتهم وأهدافهم.

7. قدرة البرامج التعليمية المسجلة بواسطة الفيديو على خدمة جميع موضوعات التعليم، وما يرافقها من نشاطات صفية أو لا صفية أي يصلح لعرض موضوعات تاريخية، وجغرافية وتجارب علمية، ورسومات وأداء حركات رياضية وقصص حركية وألعاب صغيرة وأخرى شعبية ودورها في الرياضيات وغيرها من المباحث حيث تم حوسبة كثير من المناهج وبخاصة الرياضيات واللغة العربية لصفوف المرحلتين الأساسية والثانوية في المملكة الأردنية الهاشمية لاشراء الكتب والمناهج المدرسية.

8. يساعد الفيديو التعليمي في التغلب على نقص المواد التعليمية والمختبرات والأجهزة في بعض المدارس؛ حيث تقدم برامج الفيديو خبرة شبه حسية تكون أقل تجريداً بمقارنتها بالأسلوب اللفظي التقليدي بالتدريس الذي يتبعه المعلم في التدريس.

9. يمكن من خلال الاستخدام المنظم لبرامج الفيديو التعليمي تخطي حدود كل من المسافة والزمان والمكان.

10. توفير الوقت والجهد على كل من المعلم والمتعلم، وذلك لأن مشاهدة الموضوعات العلمية بواسطة الفيديو أسهل بكثير من قراءتها أو شرحها لفظياً مجرداً.

11. يمكن اقتناؤه من قبل جميع المؤسسات التربوية بخاصة نظراً لرخص ثمنه وقلة تكاليفه.

12. سهولة تخزين عدد كبير من الشرائح والشفافيات والصور والخرائط والرسوم والنماذج وغيرها على فيديو كاسيت واحد، حيث يمكن

تصويرها وتخزينها، مما يختصر من استخدام العديد من الأجهزة في حال عدم توافرها.

13. التوليف أو التحليل الإلكتروني، حيث يمكن تحديد مقاطع معينة من تسجيل ما، أو من تسجيلات على كاسيتات عديدة، وتسجيلها على كاسيت آخر مرتبة بالتسلسل المطلوب، ومكونة برنامجاً جديداً من المقاطع المختلفة لتزيد من عملية ربط المعلومات المطلوبة، وتستخدم للغرض الذي جرى توليفها من أجله وهذا بحد ذاته يحتاج إلى تقنيات وطرق إخراج ذات مستوى عال.

14. استخدام شريط الفيديو أكثر من مرة حيث يتميز الفيديو كاسيت بإمكان إزالة المواقف المسجلة عليه كاملة، أي مسحها وإعادة تسجيل مواقف أخرى مختلفة، ويمكن تكرار هذه العملية مرات عديدة لتشبه في ذلك أشرطة الكاسيت الصوتية، وهذه الميزة تكسبها فائدة اقتصادية ويمكن تسجيل هذه المواد على أقراص مدمجة.

15. ربطها بالحاسوب. أي إمكان ربط الفيديو بالحاسوب للاستفادة من المعلومات والطاقات الأخرى، إضافة إلى توليد إمكانات أخرى جديدة، وهذا ما يسمى "الفيديو المتفاعل" عندما يتم التزاوج والتفاعل بين كل من الفيديو والحاسوب، وتتركز على هذه الميزة بالذات عمليات التطوير والتحسين في الآونة الأخيرة.

16. تزويد أجهزة الفيديو بمؤقت زمني يساعد على التسجيل الأوتوماتيكي للبرنامج المرغوب تسجيله، بحيث يمكن أن تتم هذه العملية من خلال ربط جهاز الفيديو مع جهاز التلفاز أو من خلال الاتصال المباشر بين كل من

جهاز الفيديو وهوائي التلفاز، وحسب ذلك يقوم المعلم بضبط المؤقت الزمني حيث فترة البث، وكذلك ضبط موعد التسجيل وإيقاف التسجيل أيضاً، وقد يتم التسجيل من التلفاز من قناة أخرى عبر القناة التي تشاهد أو وفق التسجيل الذاتي للذاكرة كتسجيل مباريات رياضية أو محاضرات أو عمليات جراحية.....

17. تحفظ أشرطة الفيديو ضمن علبة كاسيت، الأمر الذي يسمح باستخدامها بمرونة وكلفة قليلة وسهولة لعدة سنوات.

وهناك أمور أساسية لا بد معرفها عند إنتاج أشرطة الفيديو:

أ. **معرفة ميزات الفيديو التربوية التي تؤثر في عملية الاتصال ومنها:**

1. إمكانية استخدام أكثر من وسيط تربوي في البرنامج الواحد المسجل على الفيديو.

2. مرونة الاستخدام، حيث يستطيع المعلم استخدامه في الزمان والمكان مع سهولة نقله.

3. إمكانية التقديم والتأخير والبطء والسرعة والدوبلاج في عرض الصوّر.

4. إمكانية شطب أية مادة على الشريط وتسجيل غيرها.

5. إمكانية استخدامه بشكل فردي أو جماعي ولأي مقرر تعليمي أو ترفيهي.

6. تنوع مصادر التسجيل، فعملية التسجيل من التلفزيون مباشرة أو من فيديو آخر، أو من خلال الحاسوب أو الانترنت.

ب. تحتاج عملية تصميم وإنتاج برنامج تعليمي بوساطة جهاز الفيديو فريق يتكون من:

1. خبراء في التربية وعلم النفس والمناهج لصياغة الأهداف التعليمية وفق فئاتها المعرفية والوجدانية والنفس حركية، ومستوياتها المتدرجة من التذكر إلى الفهم والإستيعاب إلى التطبيق والتحليل والتركيب والتقويم .

2. خبراء في مجال تكنولوجيا التعليم وذلك لتحديد معايير واختيار الوسيلة التعلمية تحقق الأهداف المحددة.

3. فريق فني إنتاجي للبرنامج يقوم بدور التنفيذ لما سبق تحديده، ويلعب المخرج الدور الكبير في هذا الفريق.

ج. ومن الأساسيات الهامة في تصميم وإنتاج أفلام الفيديو أن يضع الفريق السابق في اعتباره مقومات البرنامج الناجح من حيث:

- الصورة والصوت.

- مدى تحقيق الأهداف.

- مدى استثارة دافعية التلاميذ.

- مدى مناسبة لخصائص التلاميذ.

- مدى إمكانية عرضه في غرفة الصف.

أما بالنسبة للوظائف التي يمكن للفيديو أن يسهم بها في تطوير عملية التعليم والتعلم فتتمثل فيما يأتي:

1. تساعد برامج الفيديو على أن تكون عمليتي التعليم والتعلم فنية مهنية منظمة، من خلال التخطيط لسير الدرس، حيث يعمل المعلم على تخطيط العملية التعلمية ثم يحدد أهدافه وأنشطته وأساليب تقويمه.

وبعد ذلك يشوق المتعلمين لمشاهدة البرنامج الذي يعرضه عليهم، ويتوقف بعد عرض كل وحدة تعليمية لإجراء الاختيار التكويني، وفي نهاية البرنامج يقوم التعلم الكلي ودرجة تحقيق الأهداف، وقد يكلف المتعلمين بتطبيق بعض النشاطات الصفية واللاصفية من خلال استراتيجية الأداء، حيث يعرض المتعلم المادة أمام زملائه ويوضح تعلمه.

2. تحقيق رفع درجة وضوح المعلومات المقدمة للمتعلمين، حيث أنها تعد وسائل شبه محسوسة تعمل على زيادة استيعاب المعلومات وتعميق هذا الاستيعاب من قبل المتعلمين.

3. تشويق المتعلمين وإثارتهم ودافعيتهم، مما يساعد على نشوء الاتجاهات الإيجابية نحو المادة العلمية، الأمر الذي يعمل على الابتكار والإبداع.

4. تحقيق مبدأ التعليم الفعّال الذي يقدم للمتعلمين مثيرات متنوعة، ثم تترك المجال لتسجيل استجابة المتعلم وتقدم التغذية الراجعة.

5. تعمل برامج الفيديو على تحقيق مبدأ ربط الجانب النظري بالجانب العملي، وهو وظيفة من الوظائف الجوهرية لاستخدام الفيديو في العملية التربوية كوسيلة عرض وملاحظة عمليات تطبيقية.

6. دور برامج الفيديو في تقديم معلومات جديدة للمتعلمين، كما أنها تساهم إلى حد كبير في ترسيخ المعلومات والمهارات والاتجاهات المكتسبة من قبل المتعلمين، الأمر الذي يساعد على التطبيق الميداني لهذه المجالات مستقبلاً.

7. تحقيق "مبدأ ديمقراطية التعليم" فعلى مدى انتشار الفيديو كاسيت التعليمي يتساوى جميع المتعلمين ـ المستقبلين للبرنامج التعليمي ـ في الحصول على خدمة تعليمية ممتازة من عرض المنهاج التعليمي بإمكانيات الفيديو كاسيت المتعددة.

8. يساعد على تبسيط المناهج والكتب المدرسية المتضمنة معلومات ومهارات ومعارف، وذلك من خلال عرض برامج وفيديو يتضمن وسائل وتجارب وخبرات متعمّقة.

وتتجلى مراحل التعليم بواسطة برنامج الفيديو في الآتي:

أ. مرحلة التحضير والتقديم:

يقوم المعلم في هذه المرحلة بمجموعة من الترتيبات مثل: مشاهدة البرنامج بصورة مسبقة، ثم تهيئة مكان العرض بشكل مناسب، وكذلك تهيئة المتعلمين لمشاهدة البرنامج الذي سوف يعرض عليهم، كعرض النقاط الجوهرية في موضوع الدراسة ولفت نظر المتعلمين إليها، وكذلك إخبارهم بما يتوقع منهم من أنشطة في أثناء العرض وبعده حيث يساعدهم هذا على التركيز ويحثهم أكثر على الانتباه.

ب. مرحلة العرض:

يعرض المعلم البرنامج على المتعلمين مراعياً وضوح كل من الصورة والصوت، ويتابع المتعلمون مرحلة العرض ويسجلون ملاحظاتهم واستفساراتهم التي يمكن إثارتها بعد العرض مباشرة.

ج. مرحلة التطبيق والمتابعة:

في هذه المرحلة ، يتم مناقشة المتعلمين للمواقف التعليمية التي عرضها البرنامج، ثم مشاركة المعلم والمتعلمين بالإجابة عن الاستفسارات التي يثيرها بعض الطلاب، ثم تأتي مرحلة ما بعد العرض والتي تتضمن كتابة التقارير والمزيد من البحث والتعمق ويمكن في هذه الحالة توزيع استبانات التقييم الذاتي، ووضع اختبار يتضمن أسئلة موضوعية، تقدم بعدها أسئلة الاختيار لتكوين تغذية راجعة ذاتية من قبل المتعلم نفسه حول مشاهداته وسرعة استيعابه وتفاعله مع موضوع العرض.

د. جهاز عرض الشرائح المرتبط بالصوت:

يقصد بالشريحة: تلك الصورة الشفافة ثنائية الإطار، ومأخوذة على 35 ملم عادة، ومساحة الصورة مستطيلة أو مربعة، وتحفظ الشرائح في إطار من الكرتون أو البلاستيك أو المعدن.

ويمكن الحصول على الشرائح الشفافة في عدة مقاسات، وأكثرها شيوعاً هي الشرائح ذات المقاس 2 × 2 بوصة أو 5 × 5 سم، ويتم تصويرها على أفلام 35 ملم، وتسمح بعض الآلات التصوير باستعمال مقاسات خاصة من الأفلام.

وقد أخذت الشركات المتخصصة بالمواد التعليمية بإنتاج مجموعات من الشرائح حول مواضيع كثيرة معظمها يأخذ شكل الطابع العام، حيث يمكن استخدامها على صعيد عالمي، ومن أمثلة هذه المجموعات: مجموعة تحتوي أقسام الجسم، أو أجزاء العين، أو خرائط صماء للعالم، أو أجناس البشر، أو الحيوانات البحرية، والطيور والآثار وغير ذلك.

* التخطيط لإعداد الشرائح:

يحتاج إنتاج الشرائح، إلى التخطيط المسبق، ولا بد من أن ترتبط المعلومات والأفكار بوضوح، مع محتوى الشريحة، ليكون لها التأثير الفعال في اتجاهات الأفراد بشكل فعّال، ولذلك يجب إتباع الخطوات الآتية عند التخطيط لإعداد الشرائح:

- **تحديد الموضوع:** وذلك باختيار موضوع الدرس، وتحديد الأفكار الرئيسة فيه، والتي تلبي احتياجات المتعلمين، كأن يكون الموضوع عن تلوث الهواء، أو تنقية المياه أو آثار تاريخية، أو مقدسات أو معالم حضارية، كالجامعات أو معالم اقتصادية كمصفاة البترول.

- **تحديد خصائص المتعلمين:** أي تحديد خصائص الأفراد الذين يشاهدون مجموعة الشرائح، بما في ذلك الأخذ بعين الاعتبار لخلفيتهم العلمية، وخبراتهم السابقة عن الموضوع ونضجهم ونموهم العقلي وميولهم... بحيث تتناسب والبنية المعرفية، وتراعي الفروق الفردية.

- تحديد الأهداف التعليمية: فمن المفروض أن يتم في هذه المرحلة تقدير ما الذي يريده المعلم من المشاهدين، كما يتوجب تحليل الأهداف، أو الأفكار العامة إلى أهداف بسيطة تتضمن أداءات محددة.

- تحديد مستوى الأداء، أي ما الذي يُتوقع من الطلبة أن يفعلوا بعد العرض، وإلى أي مدى من الإتقان.

- العمل على تحليل محتوى المادة وترتيب الأفكار بشكل متسلسل يرتبط مع الأهداف المعلنة.

- اختيار وسائل الاتصال، أي اختيار الوسائل المناسبة لعرض المعلومات، وفي هذه الحالة فالوسيلة هي شرائح من نوع 5 سم × 5 سم.

- اختيار استراتيجية العرض، وذلك بتحديد الأسلوب الذي سيتم فيه العرض، وما إذا سيكون في مجموعة كبيرة من الطلبة، أم مجموعة صغيرة، أم لطالب وحده "تعليم فردي"، وهل ستعرض على جدار أو شاشة...

- إعداد النص أو السيناريو، ويقصد به تنظيم المشاهد بشكل متسلسل وفق ترتيب وتنظيم الأهداف التعليمية.

وتتم عملية إعداد الشرائح في أربع خطوات رئيسة هي:

أ.   التصوير:

ويفضل استخدام الكاميرات المتطوّرة التي يمكن التحكم من خلال في الإضاءة وتحديد المسافات والمرونة، ويفضل الكاميرات التي تتضمن أفلام 35ملم.

ب. الإضاءة:

لابد من توفير مصدر قوي للإضاءة، لتكون الألوان قريبة من الطبيعة، ويفضل استخدام الفلاش الإلكتروني والعاكسات المعدنية ولا بد من توافر

تجهيزات إضافية مثل مقياس كثافة الضوء والحوامل الثلاثية لتثبيت الكاميرا، ومصدر إضاءة، وعدسات مقرّبة.

ج. التحميض:

ترسل الشرائح إلى معامل التحميض الخاصة، ويمكن إعداد مواد كيميائية للتحميض في معامل خاصة للتصوير في المؤسسات والكليات.

د. تركيب الشرائح:

ومن أجل تركيب الإطار الورقي للشرائح نحتاج إلى قفازات من القطن، ومكواة كهربائية وبطاقة مفتوحة، وشريط ورقي ملون يستخدم كدليل للبطاقة، ومقص، بالإضافة إلى الفيلم المطلوب تركيبه، حيث يحدد مكان الشريحة على الإطار ويقص ويكون بالمكواة الكهربائية، ويلصق الشريط الذي يحدد نوع الشريحة.

هـ. إعداد مجموعة الشرائح للعرض:

- تركب الشرائح على نطاق تجاري في أطر من ورق مقوى أو بلاستيك أو بين رقائق زجاجية وتخرج الشرائح من الأدراج والأوعية وتعاد إليها في أثناء العرض، دون أن تمسها الأيدي إلاّ في حالة ترتيبها وإعادة حفظها، وفي جميع الحالات يكون من الضروري حماية سطح الفيلم من الخدش جراء كثرة الاستعمال، وذلك بأن نلبس في أيدينا قفازاً قطنياً ناعماً.

ومن عيوب الشرائح ما يأتي:

● من السهل إضاعتها لأنها وحدات منفصلة.

● سهولة تغيير تسلسلها.

- صغر حجمها.

- سهلة الخدش.

وبعد أن تعرفنا على الشرائح والمقصود بها وغير ذلك من التفاصيل نأتي إلى جهاز عرض الشرائح الناطقة ذو شاشة العرض الذاتية:

وهذا الجهاز يتميز بأنه يحتوي على شاشة عرض ذاتية تجعل جسمه شبيهاً بجهاز الاستقبال التلفزيوني، حيث يتم العرض على الشاشة الذاتية دون تعتيم مكان العرض، كما يمكن العرض من هذا الجهاز على شاشة منفصلة، إضافة إلى ميزات التسجيل المتزامن مع العرض، وجهاز التحكم السلكي في جميع أجزاء الجهاز وهو أحدث أنواع أجهزة الشرائح. ويوضح الشكل رقم (4) صورة لجهاز عرض الشرائح الناطق.

ومن خصائص جهاز عرض الشرائح الناطقة ذو شاشة العرض الذاتية ما يأتي:

1. يعطي صوراً كبيرة ألوانها تطابق الأصل.
2. يعطي صورة حقيقة مكبرة مقلوبة، لذلك علينا أن نضع الصورة بشكل معكوس نحصل على صورة معتدلة، وكبر الصورة ووضوحها يعني كبر الأجزاء ووضوحها.
3. يحتاج إلى تعتيم يتناسب مع وضوح الصورة ومع شدة التعتيم، ولهذا التعتيم جانب إيجابي يشوق التلاميذ ويركز الأنظار على الصورة، وله آثار سلبية، العبث في الكتب أو اللعب الفردي أو الجماعي لاستغلال أنظمة وشرح المعلم أو الصوت المرافق للصورة.

4. يوضع الجهاز أحياناً في مؤخرة الصف، وأحياناً في منتصفه حسب نوع الجهاز وإمكانية تكبيره للصورة.
5. إمكانية جمع الشرح المسجَل بالمسجِل ليرافق عرض الشريحة أي مرافقة الصوت للصورة، ويعتبر هذا ثورة في تاريخ هذا الجهاز، ومكسباً لأجهزة الوسائل، وبخاصة بجهاز العرض المتزامن مع الصوت وبالتالي تصنيف ضمن الوسائل السمعية البصرية التي تستخدم حاستي البصر والسمع في آن واحد.

ومن أهم الملاحظات للمحافظة على هذا الجهاز ما يأتي:

- بعد الانتهاء من العرض نطفئ المصباح وتبقى المروحة شغالة مدة3-5د لتبريد مصدر الإضاءة.
- عدم تحريك الجهاز خلال استعماله وبعد الاستعمال لفترة للحفاظ على مصدر الإضاءة..
- مسك الشرائح بقفازات قطنية أو من طرف الشريحة أو إطارها لئلا تخدش أو تؤثر عليها البصمات والعرق.

مخروط الخبرات

لقد صنف ديل سنة 1969 في كتابه الوسائل التعليمية وتكنولوجيا التعليم الوسائل التعليمية على أساس درجة حسيتها، إذ وضع في قاعدة المخروط الخبرات المباشرة الهادفة، والتي يمكنها تزويد المتعلمين بخبرات واقعية مباشرة، ثم تليها الخبرات المباشرة (المقاطع، النماذج والعينات) سواء المكبرة منها أم المصغرة والسبب في ذلك هو تمثيل العينات والنماذج والمجسمات للواقع دون

كثير من التحريف أو التشويه ثم قربها منه، فضلاً على قدرتها على تزويد المتعلمين بخبرات محسوسة شبه واقعية.

وقد تدرج ديل ــ في تصنيفه ــ من المحسوس إلى المجرد حتى وصل إلى الرموز المجردة في رأس المخروط، فكلما كانت الخبرات قريبة لقاعدة المخروط تكون أقرب للحسية، حيث يستخدم المتعلم جميع حواسه لأنه يمارس العمل المباشر الهادف، كالصلاة والوضوء، ومشاهدة الزهرة أو الرئتين أو عملية تشريح حقيقته لأرنب أو ضفدع على سبيل المثال، ويأخذ العمل المباشر الهادف مساحة كبيرة في قاعدة مخروط الخبرات، ثم نتدرج هذه الخبرات من العمل المحسوس، إلى الملاحظة المحسوسة ثم البصيرة المجردة والتي تنقسم إلى رموز مصورة ورموز مجردة، وتأخذ مساحة حقيقية من المخروط، ورغم هذه المساحة الضيقة التي تحتلها في المخروط، إلاّ أنها مهمة لتوضيح كافة القطاعات من عمل مباشر إلى غير مباشر مروراً بالتمثيل والمشاهدات الواقعية فالرحلات إلى الوسائل السمعية البصرية المتحركة، ثم الوسائل السمعية الثابتة وصولاً إلى الرموز المجردة كما هو مبين في الشكل رقم (5).

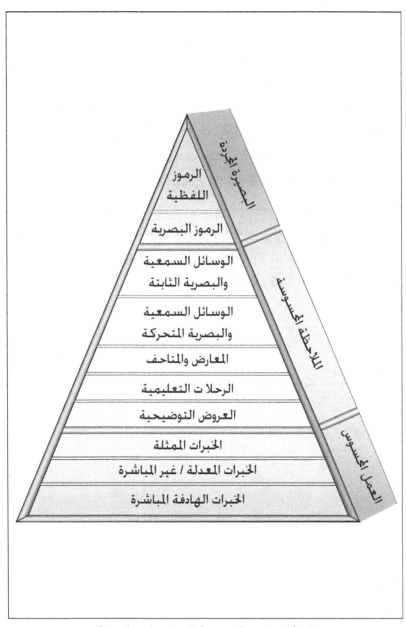

الشكل رقم 5 " مخروط الخبرات لادجارديل"

تصنيف الوسائل التعليمية وفق مخروط الخبرات:

يتم تصنيف الوسائل التعليمية في مخروط الخبرات إلى عدة مجموعات توضح هذه المجموعات توزيع الخبرات التي يمر فيها المتعلم أثناء عمليات الاتصال التعليمي، وهذه المجموعات تتمثل في الآتي:

أولاً : وسائل العمل المحسوس:

وهذه الوسائل تسمح للمتعلم باكتساب الخبرة من خلال ما يقوم به من ممارسة فعلية لأنشطة ومهام علمية واقعية تتطلب استخدام كافة حواسه السمع والبصر والذوق واللمس والشم، ومن المستويات التي تمثلها هذه المجموعة:

أ-   **الخبرة المباشرة الهادفة:**

تمثل هذه الخبرات مساحة واسعة في مخروط الخبرات وتمثل العمل المباشر الهادف، الذي يتفاعل فيه المتعلم من خلال استخدام كافة حواسه، ويتضمن الجوانب العملية أوالمنحنى العملي في التعلم وهي تلك الخبرات التي يكتسبها المتعلم نتيجة المشاركة الفعلية في جميع المهام والنشاطات العلمية بنفسه، وفي مواقف واقعية مباشرة. ومن الأمثلة على الخبرة التي تتيحها هذه الوسائل: الدراسات العلمية والنشاطات العملية كالصلاة والضوء في التربية الإسلامية ومشاهدة أو المشاركة في عملية التشريح، أو مشاهدة القلب أو الرئتين أو زهرة في مبحث العلوم، والتعامل بالنقود أثناء تعليم الرياضيات، أو ممارسة عملية الزراعة الحقيقية في مبحث التربية المهنية.

ب- **الخبرات غير المباشرة [المقاطع،النماذج،العينات]**

وتمثل ثاني المستويات في مخروط الخبرة، وتنتمي إلى المجموعة الأولى - وهي وسائل العمل المحسوس - حيث يلجأ المعلم والمتعلم إلى هذا النوع من الوسائل عندما يتعذر توافر وسائل الخبرة الهادفة المباشرة.

وهي تلك الخبرات التعليمية التي يكتسبها المتعلم نتيجة الاعتماد على وسائل تعليمية بديلة عن الوسائل الواقعية المباشرة.

ويلجأ إلى هذه الخبرات عندما يتعذر العمل المباشر الهادف، فيستعاض بنموذج للقلب، أو الرأس، أوالرئتين لصعوبة الوصول إلى هذه الأجهزة كما هي في الواقع، أو نموذج الكرة الأرضية، أو مقطع في الورقة أو الساق.

ويرى المتخصصون أن هذه الوسائل ـــ أي وسائل الخبرة البديلة ـــ تقل درجة عن مثيلتها الهادفة المباشرة؛ من حيث الواقعية، ومن حيث عمق التعلم الناتج عنها، ولكن هناك مواقف تعليمية يتحتم فهيا الاعتماد على الوسائل البديلة ويلاحظ أن الحواس المستخدمة فيها أقل من الحواس المستخدمة في العمل المباشر الهادف.

ج- **الخبرة الممثلة "الدرامية"**

وهي ثالث مستويات مخروط الخبرة لديل، وآخر المستويات التي تنتمي إلى المجموعة الأولى ـــ وهي وسائل المحسوس بالعمل ـــ حيث يعتمد المعلم والمتعلم عليها إذا تعذر توافر وسائل الخبرة المباشرة ووسائل الخبرة البديلة وتشمل الأعمال الدرامية والتمثيل وتقمّص الشخصيات لعرض أحداثاً تاريخية ماضية تقرب إلى أذهان المتعلمين من خلال خبرات ممثلة.

ويمكن تعريفها بأنها : تلك الخبرات التي يكتسبها المتعلم عن طريق ممارسته عملياً لمواقف تعليمية تعتمد على التمثيل والدراما.

ومن أمثلتها:

- لعب الأدوار.

- ألعاب المحاكاة.

- المسرحيات والتمثيليات التعليمية التي يشارك فيها المتعلم فعلياً.

ومع أن وسائل الخبرة الممثلة تقل واقعية عن الخبرة المباشرة والخبرة البديلة، فإنها تكون هي الأنسب في بعض المواقف التعليمية، وعلى كل حال فإن هذه الخبرات ــ بأنواعها الثلاثة ــ تشترك معاً في أنها تتيح للمتعلم التعلم عن طريق العمل.

أ. المجموعة الثانية: وسائل المحسوس بالملاحظة:

وتحتوي هذه المجموعة على مستويات خمسة من الوسائل التعليمية التي وردت في مخروط الخبرة، وهي عبارة عن الوسائل التي تمكن المتعلم من التعلم من خلال ما يشاهده أو يسمعه فقط، أو يشاهده ويسمعه في آنٍ واحد، وتتجلى هذه المستويات بالآتي:

أ- المشاهدة الواقعية:

وهي تلك التي تشمل جميع الأنشطة والأجهزة والمواد التعليمية التي يقوم المعلم بعرضها على المتعلم، بُغية إكسابه خبرات تعليمية محددة، أو من أجل توضيح الأفكار الغامضة.

وتتنوع العروض التوضيحية من حيث درجة واقعيتها، فيمكن للمعلم أن يجري عرضاً لتجربة عملية أمام الطلبة مستخدماً الأدوات والمواد الحقيقية، ويمكن له ــ أيضاً ــ أن يكتفي بعرض نماذج أو عينات أو قطاعات بديلة للأشياء الحقيقية، كما يمكن له أن يعتمد على تمثيل الخبرة دراميا معتمداً على قدرتهم التخيلية ويمكن أن يعرض المعلم تجارب علمية أمام تلاميذه ويقوم التلاميذ بالمشاهدة .

ب- المعارض والمتاحف التعليمية:

وهذه تقع في المستوى الخامس من مخروط الخبرة، وفي المرتبة الثانية من المجموعة الثانية ــ وهي مجموعة الملاحظة المحسوسة ــ حيث أنها تحتوي على كافة الأماكن التي يتم تجهيزها لعرض مواد أو مُنتجات تعليمية، سواء أكان ذلك بشكل دائم أم مؤقت وقد تكون داخل المدرسة أو خارجها على مستوى المديرية أو الوزارة، وقد تكون معارض محلية أودولية عالمية.

ج- الرحلات والزيارات الميدانية:

وقد تكون الرحلات مشياً على الأقدام كزيارة لمركز المحافظة أو البريد أو المستشفى أو تكون رحلات لأماكن أثرية، أو معارض أو متاحف أو معالم اقتصادية كالمصانع والشركات، ويفضل أن تكون هذه الرحلات من ضمن خطة المعلم ومنسجمة مع المناهج ومثرية لها.

وهذه الوسائل تتيح للمتعلم فرصة اكتساب الخبرات من خلال المشاهدة فقط ــ إن كانت متحركة صامتة ــ والمشاهدة والاستماع معاً إن كانت متحركة ناطقة، وتعد الوسائل التعليمية في هذا المستوى أكثر انتشاراً واستخداماً في العملية التعليمية، حيث تحقق المتعة والإثارة والدافعية للمتعلم خلال تعلمه إذا توفرت الحبكة الدرامية فيها.

د-   الوسائل السمعية والبصرية المتحركة:

وتشمل على التلفاز التعليمي والسينما وأشرطة الفيديو أو أفلام الرسوم المتحركة وتعتبر هذه الوسائل من وسائل الملاحظة المحسوسة، التي يستخدم فيها المعلم حاستي السمع والبصر في آن واحد. وهكذا نلحظ أن استخدام الحواس يقل كلما صعدنا جدران المخروط.

وهذه الوسائل تتيح للمتعلم فرصة اكتساب الخبرات من خلال المشاهدة فقط- ان كانت متحركة صامتة- والمشاهدة والاستماع معاً إن كانت متحركة ناطقة، وتعد الوسائل التعليمية في هذا المستوى أكثر انتشاراً واستخداماً في العملية التعليمية، حيث تحقق المتعة والإثارة والدافعية للمتعلم خلال تعلمه إذا توفرت الحبكة الدرامية فيها.

ه- **الوسائل السمعية والبصرية الثابتة:**

وتقع في المرتبة الأخيرة من الملاحظة المحسوسة ويستخدم المتعلم فيها حاسة واحدة فقط في الغالب أما السمع أوالبصر مثل الصور والرسومات واللوحات والخرائط والشفافيات والشرائح والأسطوانات وأشرطة الكاسيت والمسجلات... وهي من الوسائل المنتشرة بشكل كبير حيث تستخدم في كافة المواقع في البيوت والسيارات والرحلات وعلى كافة المستويات الاقتصادية والاجتماعية.

ثالثاً وسائل البصيرة المجردة

والوسائل التعليمية الواردة في هذه المجموعة الثالثة تقع في قمة مخروط الخبرة، وأكثر مستوياته تجريداً، حيث تخاطب العقل مباشرة، وتكسب المتعلم خبرات تعليمية ــ ليس عن طريق الممارسة أو الملاحظة ــ عن طريق سماعه لألفاظ مجردة أو رؤيته لكلمات ورموز ليس فيها صفات الشيء الذي تدل عليه. وتتمثل مستويات هذه المجموعة بما يأتي:

أ. **الرموز البصرية:**

وهي عبارة عن الأشكال والعلامات البصرية المجردة التي تنطوي على مدلولات لأشياء ومواقف محددة، دون أن تعرض صفات وخصائص هذه الأشياء أو تلك المواقف كالرسوم البيانية، والجداوي والمخططات والرسومات التوضيحية وإشارة المرور والرسوم الكاريكاتورية وغيرها.

ب. **الرموز اللفظية:**

وهذه الرموز تقع في قمة مخروط الخبرات، وبالذات في المستوى العاشر والأخير من هذا المخروط، وتعتبر ثاني أنواع الوسائل التعليمية في مجموعة البصيرة المجردة، في حين أن الرموز اللفظية تمثل أعلى مستويات التجريد.

في مخروط الخبرة، وتشمل الحروف والأرقام والكلمات المنطوقة والمطبوعة والمكتوبة.

ومن أمثلة هذه الرموز اللفظية:

- الحروف الهجائية باللغتين العربية والإنجليزية.

- الرموز الجبرية.

- الرموز الرياضية.

- الرموز الهندسية.

- الرموز الكيميائية.

- المعادلات الرمزية.

- القوانين الرمزية.

وعندما يسمع المتعلم أي من هذه الرموز ترسل الأذن إشارات إلى المخ لفك تلك الرموز وتحديد مدلولها على ضوء ما لديه من خبرات سابقة مخزونة في ذاكرته.

ورغم وقوعها في قمة المخروط وتجريدها العالي والمساحة الضيّقة التي تحتلها في مخروط الخبرة، إلا إنها مهمة لكافة القطاعات التي تسبقها... فالعمل المباشر الهادف، عندما يمارس المتعلم خطوات الصلاة أو الوضوء يحتاج إلى رموز

وألفاظ وكلمات توضحها ... وكذلك التمثيليات والمسرحيات والمعارض والرحلات المدرسية والوسائل السمعية البصرية المتحركة كالسينما والتلفاز والوسائل السمعية والبصرية الثابتة وكذلك الرموز المصورة تحتاج جميعاً للألفاظ والكلمات التي توضحها ... وعلى المعلم قراءة هذا المخروط، والوقوف على كافة مكوناته، حتى ينوّع في الوسائل التعليمية ويستخدم كافة الاستراتيجيات التي تناولها المخروط ليكون تدريسه أفعل وأدوم وأبقى أثراً في نفسية المتعلم، وبالتالي يؤدي إلى التعليم الذي يمثل التغيّر الإيجابي والفعّال في سلوك المتعلم.

تحذيرات عند دراسة مخروط الخبرة

لقد بينا فيما سبق مستويات وأنواع الوسائل التعليمية في مخروط الخبرة، ومن هنا فتجدر الإشارة إلى أن الفصل بين هذه المستويات وتلك الأنواع لا يعني أن كلا منها بمعزل عن الآخر.

فهناك تكامل بين تلك المستويات، ويمكن للمعلم أن يجمع بين كل أو بعض هذه الوسائل، حسبما يتوفر لديه منها، وحسب طبيعة الموقف التعليمي.

ومن الممكن أن يعتمد المعلم على الرموز باللفظية ـ أكثر الوسائل تجريداً ـ هذا إلى جانب اعتماده على الخبرة الهادفة المباشرة في آنٍ واحد؛ لشرح موضوع معين؛ بمعنى أن الموقف التعليمي قد يتطلب من المعلم الجمع بين وسائل تعليمية تمثل قمة المخروط وقاعدته، وعلى المعلم التنسيق بين هذه وتلك لكي يحقق أفضل النواتج العملية التعليمية.

الفصل الرابع

القواعد الأساسية

لاستخدام الوسائل التعليمية

- خطوات إنتاج وسيلة الاتصال.
- مستويات إنتاج الوسائل التعليمية.
- مراحل إنتاج برنامج تعليمي مستقل.
- معوقات استخدام الوسائل التعليمية في التعلم.

القواعد الأساسية لاستخدام الوسائل التعليمية

مقدمة:

لكي نقوم باستعمال فعّال وبناء للوسائل التعليمية ــ بمختلف أنواعها ــ لابد من مراعاة العديد من القواعد الأساسية التي تسهم في تحقيق ذلك الاستخدام الفعّال.

وهذه القواعد تمتاز بأنها لا تقتصر على جانب محدد من الوسائل، بل تتعلق في العديد من الجوانب التي تختص بالوسائل التعليمية، ومن هذه القواعد: كيفية التخطيط لتصميم وإنتاج الوسائل، وكذلك خطوات إنتاجها، إضافة إلى مستويات هذا الإنتاج، وعلاوة على مراحل إنتاج برنامج تعليمي مستقل، وأيضاً المعوقات التي تحول دون استخدام هذه الوسائل في عملية التعليم وكيفية الحد منها؟

ومن أجل تسليط الضوء على المسائل التي ذكرناها، سنقوم بتناول هذه الموضوعات بشكل متسلسل في الصفحات اللاحقة، وعلى الوتيرة الآتية.

خطوات إنتاج وسيلة الاتصال

هناك عوامل مشتركة ومبادئ عامة بين الوسائل تتلخص فيما يأتي:

1. ضرورة وجود حاجة حقيقية لإنتاج الوسيلة، تبدأ بحاجة حقيقية يشعر المتعلمون بضرورة إرضائها، كأن تكون الحاجة لتعلم مهارة سلوكية محدد، ويعد الشعور بالحاجة لابد من تحديدها بشكل دقيق وواضح.

2. تحديد الأهداف، فلابد من تحديد الأهداف السلوكية الأدائية التي يجب تحقيقها، أي ماذا يريد الطلبة "الفئة المستهدفة" معرفته أو تعلمه، وماذا يريد من الوسيلة والتقنية أن تحققه.

3. الفئة المستهدفة، فيجب الأخذ بعين الاعتبار طبيعة المتعلمين ومراحل نموهم وخلفيتهم الفكرية، وأبعادهم الشخصية، وأسلوب التعلم والإلمام بالمادة العلمية والرغبة في التعلم.

4. الحصول على بعض المساعدة. فعند التفكير في التصميم والإنتاج للوسيلة التعليمية يجب الأخذ بعين الاعتبار الأشخاص والجهات التي يمكنها تقديم المساعدة في عمليات التصميم والإنتاج.

5. تحديد الوسيلة، فيجب أن تقرر هل الوسيلة سمعية، أم بصرية أم مجسم.

6. جمع المادة العلمية، فبعد الحصول على المعلومات والخبرات والمهارات اللازمة تقوم بعمل ملخص لمحتويات الوسيلة، يشتمل على المعلومات المراد عرضها على أن تكون المعلومات خادمة للهدف المحدد والمراد تحقيقه، وأن تكون قادرة على توضيح وتغطية المادة التعليمية المراد عرضها في داخل الفصل الدراسي.

7. المعرفة بالمواد الخام "الأولية" التي يمكن استعمالها في إنتاج الوسيلة التعليمية.

8. المخطط التمهيدي الأولي، وذلك برسم المخطط لأبعاد الوسيلة ومحتوياتها والمعلومات التي يجب أن تحتويها، وتحديد مضمون الرسالة وترتيبها بشكل متسلل يتناسب مع الفئة المستهدفة.
9. وبعد الانتهاء من المخطط التمهيدي يتم تطويره إلى شكل قصة مصورة يتم فيها ترجمة الأفكار إلى رموز بصرية أو أصوات.
10. مخطوطة الإنتاج، حيث يتم في هذه الخطوة وضع تعليمات واضحة لجميع المشتركين في عملية الإنتاج النهائية، من مصور ورسام، وخطاط ومهني الصوت.. الخ.
11. تنفيذ ما جاء في مخطوط الإنتاج، فالإنتاج الفعلي للوسيلة التعليمية حسب الخطة المرسومة، من تصوير، ورسم وكتابة وتسجيل صوتي... الخ.
12. إنتاج الدليل، حيث يتم إعداد مرشد للاستخدام يشمل على المعلومات التالية:

- لمحة عن الموضوع.
- الجوانب التي عالجها.
- الأهداف.
- الفئة المستهدفة
- تاريخ الإنتاج
- إرشادات وتعليمات الاستخدام
- كلمات مفتاحية
- مصطلحات بحاجة إلى توضيح
- نشاطات مقترحة للمعلم والمتعلم
- نشاطات متتابعة
- مصادر لقراءات إضافية
- أية معلومات أخرى يشعر المخرج بأن المستخدم بحاجة إليها.

13. تجربة الوسيلة، حيث يتم تجربة الوسيلة على عينة من المتعلمين؛ بهدف تقويم مدى فعاليتها قبل اعتمادها واستخدامها.

مستويات إنتاج الوسائل التعليمية

أن الفائدة الرئيسة المراد تحقيقها من ابتكار مصادر تعليمية تكمن في اكتساب الخبرة التعليمية التي تتم عن طريق المشاركة وممارسة نشاطات المواقف التعليمية؛ حيث يقوم التلاميذ بعملية التخطيط والإنتاج والاستخدام للمصادر كوسائل اتصال مع الآخرين، لذلك فمن الضروري أن تكون لدى المعلم مهارات أساسية في عملية إنتاج الوسائل التعليمية كقص الورق والتلوين ومهارات أخرى تؤدي إلى الاستخدام والإنتاج الجيد للوسيلة التعليمية. ويمكن أن تتم عملية ابتكار وإنتاج المصادر التعليمية ضمن المستويات الثلاثة الآتية:

أولاً: مستوى الإنتاج التقليدي:

وهو الإنتاج الذي يتم تقليده عن إنتاج آخر؛ حيث يوجد هناك مبادئ وخطوات وإرشادات خاصة مكتوبة، ويكون النشاط المقلد مقتصراً على إتباع التعليمات والتقيد بها.

ثانياً: مستوى الإنتاج المعدل "التكيفي":

وهنا لا توجد تعليمات أو إرشادات مكتوبة يتبعها المنتج، بل توجد نماذج أولية أصلية، وما على المنتج إلاّ إجراء بعض التعديلات لتتناسب مع الظروف والمواقف التعليمية المستخدمة، وتبرز أهمية عنصر المبادرة والاجتهاد في هذا المستوى، أي أنه يقلد النموذج الموجود دون وجود تعليمات وإرشادات، ويتم إجراء تعديل وتكييف على الشكل الجديد للوصول إلى مستوى أفضل في الإنتاج.

ثالثاً: مستوى الإنتاج الابتكاري:

وفي هذا المستوى يتم إنتاج الوسيلة لأول مرة؛ وذلك اعتماداً على الخبرات السابقة، وبدون معلومات وإرشادات مكتوبة يتوجب اتباعها، ويتم ـــ في هذا المستوى ـــ التأكيد على تنمية التفكير الأصيل الذي يساعد على حل المشكلات، وإتباع الأسلوب المعتاد في حل المشكلات يتم عن طريق الخطوات الآتية:

أ. تعريف وتحديد المشكلة.

ب. المساهمة في تطوير الأفكار التي تساعد في حل المشكلة.

ج. العمل على اختيار البدائل المحتملة لاختيارها.

د. العمل على تقويم النتائج لكل محاولة.

هـ. الوصول إلى وضع خلاصة للحل الأمثل والمناسب.

ولابد أن يراعي المنتج المعايير الآتية:

- الاختيار الجيد.
- الإنتاج الجيد.
- مدى ملائمة الوسيلة للهدف والمحتوى.

مراحل إنتاج برنامج تعليمي مستقل

أن إنتاج البرنامج التعليمي يمر بالعديد من المراحل المتسلسلة التي تبدأ من مرحلة التصميم وانتهاء بمرحلة المتابعة والتطوير، ولإلقاء الضوء على هذه المراحل سيتم تفصيلها على هذا النحو:

أولاً: مرحلة التصميم

وهذه المرحلة تتضمن وضع خطة شاملة للبرنامج تعمل على تغطية جوانب البرنامج كافة، وتنقسم هذه المرحلة إلى عدة مراحل فرعية هي:

أ. اختيار الموضوع.

ب. صياغة الهدف العام، حيث يشكل الهدف العام كلاً من مضمون البرنامج واتجاهه نحو أغراض أخرى فرعية، وهو يحدد أيضاً فيه الأهداف التربوية خاصة.

ج. كتابة الأهداف الخاصة، وذلك على شكل إجرائي ـ سلوكي يترجم الهدف التربوي العام إلى أهداف تربوية خاصة للتأكد من طبيعة تحقيق الهدف العام، وتكتب الأهداف التربوية الخاصة في صيغة ما يتم توقعه من قبل الطلبة، والهدف من ترجمة البرنامج إلى أهداف خاصة هو:

1. تحديد المهمة وإزالة كل نوع من الغموض والصعوبات التي تكمن في التغير.

2. التأكد من إمكانية قياس وتقييم المهمات المطلوبة.

3. تحديد طريقة التدريب المناسبة.

4. إعطاء ملخص متكامل للبرنامج.

د. ترتيب الأهداف التربوية الخاصة ترتيباً مناسباً؛ بحيث يبدأ بتلك الأهداف التي يجب أن تحقق أولاً قبل غيرها من الأهداف، كما أن هذه الأهداف ترتبط بغيرها من أهداف قد حققت سابقاً، وما يحدد ترتيب الأهداف أيضاً الأهداف التي يعتقد تحقيقها إحدى متطلبات الأهداف الأخرى، ويجب أن ترتب بشكل متناسق.

هـ. خصائص المشاهدين: وهذه تشتمل على:

- المرحلة الدراسية.
- السنة الدراسية.
- مستوى الطلبة التعليمي.
- الفروق الفردية بينهم.

و. اختيار الوسيلة، حيث يتم اختيار الوسيلة المناسبة التي تريد بواسطتها تحقيق الأهداف التربوية الخاصة بناء على عدة أمور هي:

- طبيعة المهمة التربوية والمهارات التي تريد تحقيقها (إدراكية ــ معرفية ــ علمية).
- إمكانية إنتاج الوسيلة.
- خصائص الوسيلة "اللون ــ الصوت ــ الحركة".
- التكاليف.
- مستوى الدافعية التي تستطيع الوسيلة إثارتها.

ز. الاختبار البعدي، حيث يتطلب قياس معلومات الطلبة بتصميم اختبارين "قبلي وبعدي" وتقاس مدى فعالية البرنامج بحساب الفرق بين الاختبارين.

ثانياً: مرحلة الإعداد

وتنقسم هذه المرحلة إلى الخطوات الآتية:

أ. مرحلة الإعداد لتقديم الخبرة "التحضير قبل الاستخدام":

إعداد الوسيلة

وهنا يتعرف المعلم على الوسيلة التي تم اختيارها من قِبله، فيقوم بالعمل على الإحاطة بمحتوياتها وخصائصها، ونواحي القصور فيها، وبتجربتها.

إعداد المدرس لنفسه ورسم خطة عمل.

وبعد التعرف على الوسيلة التي تم اختيارها من قِبل المعلم يقوم المعلم بالتخطيط لكيفية تقديم هذه الوسيلة وعرضها وما يتعلق بذلك من نشاطات أخرى.

إعداد المدرس للتلاميذ وتهيئة أذهانهم.

وذلك عن طريق المناقشة المتبادلة بين المعلم وتلاميذه، بغية إعطاء صورة عن موضوع الوسيلة التي سيتم استخدامها، ومدى علاقتها بخبراتهم السابقة وغير ذلك من الأمور المتعلقة بها.

إعداد المكان لتقديم الخبرة

وهذا يتمثل في تجهيز الغرفة المراد عرض الوسيلة فيها، وتجنب الأمور التي تؤدي إلى فشل عرض الوسيلة؛ سواء كان ذلك يتعلق بمدى شدة الإضاءة، أو عدم وصول التيار الكهربائي أو بُعد الوسيلة عن التلاميذ وغير ذلك.

ولذلك فمن الضروري أن يقوم المعلم ـ قبل البدء في عرض الوسيلةـ بتهيئة المكان المراد عرضها فيه؛ وذلك للحصول على عملية عرض ناجحة مفيدة ومحققة لأهداف عرضها وأن يجربها للتأكد من أنها صالحة.

توفير الوسائل والأدوات

والمواد والأجهزة في غرفة الدرس قبل البدء لكي لا يضطر المعلم إلى ترك الصف أو إرسال بعض الطلبة للحصول عليها.

ب. مرحلة الاستخدام أو تقديم الخبرة.

وتتمثل مسؤولية المعلم في هذه المرحلة في الجوانب الآتية:

1. تهيئة المناخ المناسب للتعلم، وذلك بالتأكد من كل شيء يسير على ما يرام أثناء استخدام الوسيلة.

2. تحديد الغرض من استخدام الوسيلة في كل خطوة أثناء سير الدرس.

ويتطلب استخدام الوسيلة من المعلم ما يأتي:

- كفاءة خاصة بعملية تصميم وإنتاج الوسائل التعليمية، كما يتطلب منه أن يكون ذا كفاءة خاصة بعملية التعليم.

- أن يكون ملماً بالمادة التي يقوم بتدريسها والمنهاج المدرسي.

- الفهم الكامل لدور الوسائل التعليمية في العملية التربوية، بحيث يعرف أنواعها وخصائصها، ومصادر الحصول عليها، وكيفية إنتاج بعضها وأن يكون واعياً بأهميتها ووظيفتها.

- تجريب الوسائل التعليمية قبل استخدامها.

- تهيئة الظروف والإمكانيات المناسبة لاستخدام الوسيلة.

- ربط المشاهد بالتساؤلات، وذلك عن طريق إثارة مشكلات أو تساؤلات أمام المتعلمين، وتوجيه نظرهم إلى أن الحلول موجودة في الوسيلة ذاتها.

- استخدام الوسائل التعليمية فيما يجري من مناقشات؛ بغرض التفسير أو الاستنتاج.

ثالثاً: مرحلة التقييم "ما بعد الاستخدام أو العرض"

وحتى يتأكد المعلم من تحقيق الوسيلة للهدف الذي وضعت من أجله، لابد أن يقوم المعلم بتقييم ذلك بعد استخدام الوسيلة، ويمكن أن يتم ذلك من خلال المناقشة والكتابة.

رابعاً: مرحلة المتابعة والتطوير

وهنا لابد أن يقوم المعلم بتهيئة مجالات الخبرة لاستكمال واستمرار عملية التعلم، ولذا يعقب استخدام الوسيلة التعليمية الكثير من المناقشة والحوار للإجابة عما أثير من أسئلة، وتوضيح مفاهيم جيدة وجديدة وربطها بالخبرات السابقة عن طريق بيان أوجه الشبه والاختلاف بينهما.

أما بالنسبة للتطوير فإنه يشتمل على العديد من الأمور التي تتمثل بالآتي:

- أهداف البرنامج.

- المعارف السابقة.

- اختيار برنامج أعلى.

-

-    تنظيم البرنامج.

-    اختيار أسماء ومجموعات التلاميذ.

-    اختيار وتحضير المواد والوسائل.

-    تنظيم الوقت الرسمي.

-    تحديد أساليب ووسائل العرض.

-    تحديد أساليب ووسائل التقويم.

-    تحديد وضبط بيئات التعلم.

معوقات استخدام الوسائل التعليمية في التعلم

على الرغم من حاجتنا إلى استخدام الوسائل التعليمية لمواجهة مشكلاتنا اليومية، إلاّ أن هناك معوقات تحول دون استخدامها في مدارسنا.

وأولى هذه المعوقات ناشئ عن النظرية الجزئية التي يُنظر فيها إلى الوسائل التعليمية على أنها مجرد أجهزة وأدوات، أو مجرد برامج. إلاّ أن النظرة إلى تكنولوجيا التعليم نظرة شاملة متكاملة تراعي تكامل مكوناتها من جهة، وتفاعلها مع الطرائق والوسائل والأهداف التعليمية من جهة أخرى، يمكن أن يسهم في حل مشكلة الوسائل التعليمية، ويحفز المعلمين لاستخدامها ــ لا على أنها الأفضل في العملية التعليمية ـ بل لكونها إحدى مكوناتها الأساسية، وجزءاً لا يتجزأ منها.

وتضاف إلى العوائق السابقة العديد من المعوقات التي تتجلى في الآتي :

1. عدم قدرة المعلم على التخلص من الأسلوب اللفظي في التدريس أو البعد عن الطرق التقليدية المتكررة بحكم العادة؛ لأنه يُعلم كما يتعلم.

2. الخوف من المبادأة أو محاولة المشاركة في تجارب جديدة.

3. عدم كفاية الساعات المخصصة لتدريب مادة الوسائل التعليمية أو تكنولوجيا التعليم، والنقص الواضح في إعداد المعلم عملياً لاستعمال الأجهزة والأدوات، أو لإنتاج الوسائل البسيطة، أو تصميم دروس تكون الوسائل التعليمية جزءاً متكاملاً مع بقية نظام الدرس.

4. النقص الواضح في استعدادات كثيرة في المباني المدرسية ـ وبخاصة القديم منها ـ وانعدام أماكن الإظلام في الغرف الصفية، وعدم وجود قاعة للاجتماعات أو العروض الضوئية بضمها.

5. زيادة نصاب المدرس من ساعات التدريس، إلى جانب تعدد الأعمال الإضافية والمسؤوليات المكلف بها؛ مما يجعله يحجم عن بذل الوقت والجهد لتحضير دروس بوسائل متعددة.

6. الزيادة الواضحة في كثافة الحجرات الدراسية؛ بحيث تُشغِل مقاعد التلاميذ جميع فراغ الحجرة.

7. التعقيدات الروتينية التي تفرضها القوانين الإدارية في المدارس، وذلك فيما يختص بالعهدة، ونقل الأجهزة والأدوات وإجراءات الإصلاح والصيانة والاستهلاك.

8. عدم تخصيص معظم المدارس بميزانية مناسبة لإنتاج الوسائل التعليمية الأساسية التي تحتاجها أو لاستخدامها أو شراء المناسب منها.

9. قلة الحوافز المادية والأدبية التي تخصص لتشجيع الابتكار والتجديد في المدارس أو لاستخدام الوسائل الرخيصة المحسنة من البيئة المحلية.

10. عدم تخصيص نسبة من درجات التقديرات الفنية السنوية للمدرسين لكفايتهم في استعمال الوسائل التعليمية الملائمة.

ويمكن التخفيف من حدة المعوقات-والتغلب عليها-بتبني النظرة النظامية الشاملة للعملية التعليمية، وكذلك استخدام التعليم غير النظامي، والتعليم اللانظامي، والتعليم المفتوح، والتعليم المستمر داخل المدرسة وخارجها؛ لأن وسائل الإعلام وأنظمة المعلومات غزت جميع مرافق حياتنا المعاصرة، ولابد للتعليم النظامي من مواكبة أنظمة الإعلام والمعلومات والتقنيات المتقدمة في البيئة.

الفصل الخامس

التعريف بالفئة المستهدفة

واختيار الوسائل التعليمية

- التعريف بالفئة المستهدفة.
- اختيار الوسائل التعليمية.
- تطوير الوسائل التعليمية.
- طرق تقويم الوسائل التعليمية.

التعريف بالفئة المستهدفة

مقدمة:

يتناول مفهوم الفئة المستهدفة فئات التربية الخاصة، وبالذات الإعاقة العقلية، وكذلك البصرية، وأيضاً السمعية والحركية، إضافة إلى الإعاقة ـ الاضطرابات ـ الانفعالية.

يضاف إلى ما سبق أن هذا الفصل يتناول أسس اختيار الوسائل التعليمية، وذلك من أجل اختيار الوسيلة الجيدة التي تعمل على إفادة الطلبة وتحقيق أهداف عملية التعليم والتعلم.

أيضاً يُبين طرق تطوير الوسائل التعليمية لكي تنجح في مجاراة التطورات التكنولوجية المتلاحقة والمذهلة التي نعيشها في هذا العصر.

علاوة على بيان طرق تقويم الوسائل التعليمية لكشف مدى النجاح الذي حققته الوسائل التعليمية ـــ التي تم عرضها على الطلبة ـــ والفائدة التي اكتسبها هؤلاء الطلاب؛ وذلك عن طريق عدة أساليب وطرق يتم التأكد بها من ذلك.

وتأسيساً على ما سبق، سنتناول في هذا الفصل العديد من النقاط ذات الصلة بهذا الموضوع، والتي تتمثل في تحديد معنى الفئة المستهدفة، وكذلك اختيار الوسائل التعليمية، وتطويرها، وطرق تقويمها.

التعريف بالفئة المستهدفة "فئات التربية الخاصة"

ينطبق مفهوم فئات التربية الخاصة على عدة أنواع من الاحتياجات الخاصة لدى الأفراد، والتي تتمثل في: الإعاقة العقلية، وأيضاً البصرية، وكذلك السمعية، بالإضافة إلى الإعاقة الحركية، والإعاقة المتمثلة بالاضطرابات الانفعالية.

أولاً: الإعاقة العقلية

يعرف التخلف العقلي بأنه: الانحراف الشديد أو الإعاقة للوظيفة العقلية مع وجود ـــ أو مرافقة ـــ عدم تكيف أو انحراف في السلوك التكيفي للفرد، ويظهر هذا من خلال مراحل نمو الفرد وتطوره، ويشير هذا التعريف بوضوح إلى أربعة نقاط مهمة هي:

أ. وجود الإعاقة أو الانحراف في الوظيفة العقلية.

ب. تكون الإعاقة العقلية شديدة واضحة.

ج. تنطوي الإعاقة العقلية على انحراف أو عدم تكيف في السلوك الاجتماعي.

د. تظهر هذه الانحرافات خلال مرحلة النمو ومن ثم تستمر.

ثانياً: الإعاقة البصرية

يشير التعريف القانوني للإعاقة البصرية إلى أن الشخص الكفيف ـــ من وجهة نظر الأطباء-هو ذلك الشخص الذي لا تزيد حدة إبصاره عن7/20 قدم في أحسن العينين أو حتى باستعمال النظارة الطبية.

وتفسير ذلك أن الجسم المرئي الذي يراه الشخص العادي في إبصاره على مسافة مائتي قدم يجب أن يقرب إلى مسافة 20 قدم حتى يستطيع الشخص الذي يعتبر كفيفاً أن يراه. أما التعريف التربوي فيشير إلى أن الشخص الكفيف: هو ذلك الشخص الذي لا يستطيع أن يقرأ أو يكتب إلاّ بطريقة برايل.

ثالثاً: الإعاقة السمعية:

هناك عدة تعريفات منها الطفل الأصم كلياً: هو ذلك الطفل الذي فقد قدرته السمعية في السنوات الثلاث الأولى من عمره، وكنتيجة لذلك فلم يستطيع اكتساب اللغة، ويطلق على هذا الطفل مصطلح الطفل الأصم الأبكم.

أما الطفل الأصم جزئياً فهو: ذلك الطفل الذي فقد جزءاً من قدرته السمعية، وكنتيجة لذلك فهو يسمع عند درجة معينة، كما ينطق اللغة وفق مستوى معين يتناسب ودرجة إعاقته السمعية.

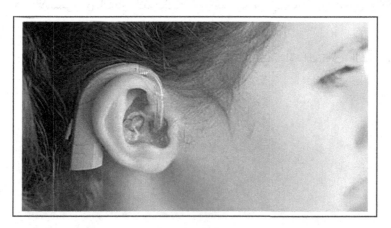

رابعاً: الإعاقة الحركية:

يندرج تحت مفهوم الإعاقة الحركية مظاهر الاضطرابات الحركية أو الإعاقة الحركية التي تستدعي الحاجة إلى خدمات التربية الخاصة، منها حالات الشلل الدماغي، وحالات الضمور العقلي، والتأخر العقلي، والصرع.

خامساً: الإعاقة "الاضطرابات" الانفعالية

تتعدد المصطلحات التي تشير إلى موضوع الإعاقة الانفعالية، كالاضطرابات الانفعالية؛ والاضطرابات السلوكية، ومهما كانت المصطلحات التي تدل على موضوع الإعاقة الانفعالية، فإنها تمثل أشكالاً من السلوك الانفعالي غير العادي، والتي تستدعي معها الحاجة إلى التربية الخاصة.

ويعرف الأفراد الذين يظهرون اضطرابات انفعالية بأنهم أولئك الأفراد الذين يظهرون اضطراباً في واحدة أو أكثر من المظاهر الآتية:

أ. صعوبة القدرة على التعلم، والتي تُفسر بأسباب عقلية أو حسية أو جسمية، وهناك مراكز خاصة وغرف مصادر تعلم لهذا الغرض.

ب. صعوبة القدرة على بناء علاقات اجتماعية ناجحة مع الآخرين.

ج. صعوبة التعبير عن المواقف الاجتماعية المختلفة بطريقة مناسبة.

د. الاستمرار في إظهار الانفعالات غير المناسبة أو في حالة من الحزن والإكتئاب والسوداوية المستمرة.

هـ. الاستمرار في إظهار الأعراض الجسمية المرضية، أو المخاوف الشخصية أو المدرسية.

اختيار الوسائل التعلمية

يعود نجاح أي موقف تعليمي تعلمي يساعد المتعلم على تحقيق الأهداف المخططة إلى حسن اختيار المعلم للوسائل التعليمية ـ التعلمية التي تنظم عملية التعليم، تيسر لهم بلوغ الأهداف الأدائية بدرجة عالية من الإتقان.

فأي موقف تعليمي تعلمي هو عبارة عن: نظام متكامل من العناصر، التي تتفاعل فيما بينها، ويؤثر كل منهما في الآخر بديناميكية مستمرة، لذا لا نستطيع أن ننظر للوسائل التعليمية التعلمية بمعزل عن العناصر الأخرى كالأهداف السلوكية، ومهارات المعلم وقدراته، وخصائص المتعلم، والمحيط أو البيئة والتقويم والأنشطة الإثرائية.

أولاً: معايير اختيار الوسائل التعليمية

ومن أهم معايير اختيار الوسيلة التعليمية ـــ التعلمية أن:

1. تعبر الرسالة المراد نقلها إلى المتعلم وعلاقة محتواها بالموضوع.
2. ترتبط بالهدف أو بالأهداف المحددة المطلوب تحقيقها من خلال استخدام تلك الوسيلة. حيث يلعب الهدف السلوكي دوراً مهماً في اختيار الوسيلة المناسبة لتحقيقه فالهدف يحدد النشاط والمحتوى والوسيلة وأسلوب التقويم.
3. تلائم أعمار المتعلمين، وخبراتهم، وظروفهم البيئية، وحالتهم الاجتماعية والاقتصادية والتحصيلية وخصائصهم من حيث قدراتهم العقلية إضافة إلى أن اختيار الوسيلة التعلمية يتوقف على خصائص جسمية، ومعرفية

ووجدانية وعقلية ومستواهم الاجتماعي والاقتصادي وخصائصهم النفسية واتجاهاتهم وميولهم السائدة.

4. أن تتوافق طريقة التعليم والنشاطات المراد تكليف المتعلمين بها.

5. تكون المعلومات المتضمنة في الوسيلة التعليمية ـ التعلمية صحيحة علمياً ودقيقة لغوياً وحديثة ومتطورة.

6. أن تكون الوسيلة التعليمية بسيطة وواضحة، وغير معقدة وخالية من المؤثرات التشويشية والدعائية بعيدة عن المحتوى المنهاج المرتبطة به، والتعقيد يؤدي بطبيعة الوسيلة المستخدمة إلى تشتيت انتباه الطلبة، وصرفهم عن المادة التعليمية، وكلما زادت بساطة الوسيلة التعليمية زاد تأثيرها في الطلبة، شريطة أن لا تخل هذه البساطة بقدرتها وفاعليتها في عملية التعليم.

7. تكون الوسيلة التعليمية في حالة جيدة.

8. تعمل الوسيلة التعليمية على جذب انتباه الطلاب وتثير اهتمامهم.

وذلك عن طريق استخدام الألوان، وأن تكون طريقة عرض المعلومات متسلسلة من السهل إلى الصعب، ومن المعلوم إلى المجهول، ومن البسيط إلى المركب ومن المحسوس إلى المجرد وتعمل على تقريب الطلبة من الموضوع، أو استخدام الوسائل المتحركة، أو التي تضع المعلم في موقف مثير للتفكير.

9. تتناسب قيمة الوسيلة التعليمية مع الجهد والمال الذي يصرف للحصول عليها.

10. نأخذ بعين الاعتبار توافر المكان الذي يستخدم فيه هذا الجهاز بكفاية وإمكانية صيانته وإصلاحه.

11. تضيف الوسيلة التعليمية التعلمية شيئاً جديداً إلى ما ورد في الكتاب المدرسي، وإلاّ فلا فائدة لها.

12. تنمي اتجاهات المعلم ومهاراته.

13. يتوفر في الوسيلة المستخدمة عنصر الجمال والمنطقية؛ وذلك لتحقيق كل من الجاذبية والتشويق، حتى تؤثر في نفوس الطلبة وأذهانهم، شرط ألاّ يطغى شكلها أو لونها على الهدف التعليمي المصممة من أجله.

يتوفر فيها عنصري الأمن والأمان، فتطبيق بعض التجارب الكيمائية في المختبر قد يسبب الخطورة على المتعلم؛ بسبب خروج غازات سامة من التفاعل، لذا ينصح باستخدام برنامج المحاكاة في الحاسوب الذي تسمح بتنفيذ مثل هذه التجارب.

ثانياً: قابلية الوسيلة للتطبيق:

من المفروض أن يقوم المعلم بدراسة مدى كون الوسيلة عملية في ضوء المواد التعليمة التي يرغب في استخدامها، والأجهزة التعليمية اللازمة لذلك، وعندما يصل الأمر إلى المواد التعليمية فلا يفاجأ المعلم إذا كانت مدرسته لا تملك كثيراً من الوسائل التعليمية المتنوعة، وإذا تكن هذه المواد متوفرة ما هو الوقت وما هي التكلفة للحصول عليها أو إنتاجها؟ وهل من المحتمل أن يوافق الإداريون في مدرسته على التكلفة.؟

ثالثاً: خصائص الطلبة

من المهم للمعلم ــ عند التفكير باستخدام وسيلة تعلمية ــ أن يأخذ بعين الاعتبار مدى مناسبتها للطلبة، وأحد هذه العوامل الواجب اعتباره هو اتجاه الطلبة نحو الوسيلة التعليمية.كما أنه من المهم أيضاً أن يأخذ المعلم بعين الاعتبار معارف الطلبة ومهاراتهم في مجال معين، وما الذي يعرفه الطلبة عن المحتوى الذي تعالجه الوسيلة التعليمية، والمهارات ذات العلاقة بالمحتوى.

وعلى المعلم أن يأخذ بعين الاعتبار العامة للطلبة وخصائصهم فإذا كان المعلم يتعامل مع متعلمين من ذوي التحصيل امنخفض أن القدرات، فيختار الوسيلة التعليمية التي تثري الطلبة في مهارات القراءة، والكتابة، وأن يختار الوسيلة التي تفتح مجالات للتفكير والاستقصاء وحل المشكلات لذوي التحصيل المرتفع.

رابعاً: النشاطات التعليمية

أن مسألة إمكانية استخدام وسيلة تعليمية معينة يجب دراستها أيضاً في ضوء النشاط التعليمي المقصود عرضه، إذ تختلف الوسائل من حيث قدرتها على عرض النشاطات التعليمية والنشاطات قد تكون تعليمية، عندما يقوم بالنشاط المتعلم، وتكون النشاطات تعليمية عندما يقوم بها المعلم.

كما أن الوسائل التعليمية ــ إضافة إلى الاختلاف في قدرتها على عرض المعلومات وتقديم الأمثلة ــ تختلف غالباً في طرق عرضها للنشاطات التعليمية مما يزيد من خبرات المتعلمين، حيث تعرّف الخبرة بأنها علاقة تأثير وتأثير بين المعلم والمتعلم والمادة التعلمية والوسيلة التعليمية، والنشاط جهد عقلي يقوم به المتعلم لتحقيق الأهداف.

تطوير الوسائل التعليمية

حتى نحصل على وسائل تعليمية متطورة، لابد من قيام المعلم بإتباع العديد من الخطوات عند تصميم الوسائل التعليمية ـــ التعلمية وإنتاجها، وتتمثل هذه الخطوات بما يأتي:

أولاً: تحديد الأهداف التعليمية العامة من الوسيلة

تكمن أهمية تحديد الأهداف التعليمية العامة في أنها تساعد المصمم على الانطلاق في اختيار محتوى الوسيلة "الرسالة" وتنظيمه وترتيبه بطريقة تتفق واستعداد المتعلمين وقدراتهم ومستوياتهم التحصيلية، وخلفيتهم الاجتماعية والاقتصادية، الأمر الذي يساعد المتعلم على بلوغ الأهداف التعليمية بأقل جهد وأقصر وقت. وقد تكون الأهداف التعلمية العامة التي نسعى إلى تحقيقها لدى المتعلم من خلال الوسيلة معرفية أو انفعالية أو مهارية التي في ضوئها يتم تحد الخصائص والمحتوى والأنشطة.

ثانياً: تحديد خصائص الفئة المستهدفة:

يأتي بعد تحديد الأهداف التعليمية، عملية تحديد خصائص المستفيدين من الوسيلة؟ ما مستواهم، وما خصائصهم ما تحصيلهم؟

ويجمع خبراء تكنولوجيا التعليم على أن هناك عدداً من خصائص للمتعلمين يمكن اعتبارها عند تصميم الوسائل التعليمية ـــ التعلمية، وتقع هذه الخصائص في أربع مجموعات هي:

- خصائص جسمية: كالطول والوزن.

- خصائص اجتماعية واقتصادية: كالعلاقات الاجتماعية مع الأقران، والتعامل في المجموعات.

- تربوية معرفية: كالحقائق والمفاهيم والتعميمات والمبادئ والنظريات.

- نفسية سيكولوجية: كالفروق الفردية وخصائص التعلم.

- ولكن يعتبر تحديد كل هذه الخصائص بالتفصيل لأي متعلم كان، من الأمور الصعبة، لا بل المستحيلة، ولكن من المهم أن نعترف بوجودها، ونعتبرها عند تصميم الوسائل التعليمية التعلمية.

ثالثاً: تحليل المحتوى التعليمي:

بعد تحديد الأهداف، ومعرفة الصف الذي تستخدم فيه الوسيلة، لابد من تحليل المحتوى التعليمي "الدرس" من جميع الجوانب "المفاهيم والحقائق والتعممات والقوانين والمبادئ والمهارات" وذلك من أجل بيانها وتوضيحها في الوسيلة، ويمكن الاستعانة بدليل المعلم أو الخطوط العريضة للمناهج في ذلك، وعملية تحليل المحتوى تساعد المصمم في تحديد مكونات الوسيلة التعليمية "عناصر الرسالة"

رابعاً: تحديد الأهداف السلوكية "الأدائية" الخاصة.

بعد تحليل المحتوى التعليمي يمكن للمصمم أن يحدد الأهداف الخاصة "معرفية ــ انفعالية ــ نفسحركية" التي تسعى الوسيلة التعليمية لتحقيقها لدى

الطلبة بعبارات سلوكية قابلة للملاحظة والقياس، وهذا من شأنه المساعدة في تحديد مكونات الرسالة التي تحملها الوسيلة بشكل أدق.

والهدف السلوكي"الخاص هو: وصف تفصيلي لما سيتمكن المتعلم من عمله بعد إنهائه لدرس ما، والآن أين موقع الأهداف السلوكية من نموذج تصميم الوسائل التعليمية ـــ التعلمية؟

ويمكن أن تأتي الأهداف السلوكية مباشرة بعد الأهداف التعليمية العامة، أو بعد تحليل المحتوى التعليمي، وذلك لكي تكون هذه الأهداف مشتقه مباشرة من المحتوى التعليمي، ومطابقة للمعرفة والمهارات التي يشتمل عليها ويفضل أن تأتي الأهداف السلوكية بعد تحديد الأهداف التعليمية العامة؛ وذلك لضمان التوافق بين الأهداف العامة والأهداف الخاصة.

وهناك من يفضل أن تصاغ الأهداف السلوكية بعد تحليل المحتوى التعليمي المراد تصميم الوسائل التعليمية له، وذلك لضمان الدقة والشمول، وللتأكد من أن جميع المهارات أو مفاهيم المحتوى التعليمي قد غطيت بالأهداف السلوكية.

خامساً: تحديد الاستراتيجية المستعملة في التعليم "استراتيجية استخدام الوسيلة"

ومن أجل تحديد استراتيجية التعليم لابد من مراعاة حجم المجموعة، ومن الناحية المثالية هناك ثلاثة أنماط من المجموعة الصفية تستخدم في عملية التعلم والتعليم هي:

أ. العرض عن طريق المعلم.

ب. الدراسة المستقلة "الذاتية" عن طريق المتعلم.

ج. التفاعل بين المعلم والمتعلم، أو بين الطلبة في المناقشات الجماعية أو حصص تتم فيها الأسئلة والأجوبة وغير ذلك.

سادساً:

تحديد محتوى الوسيلة "الرسالة التي تحملها" والمادة المصنوعة منها.

سابعاً:

عمل المخطط الأولي للوسيلة وتحكيمه ومن ثم إنتاج الوسيلة التعليمية التعلمية وتجريبها.

ثامناً: التقويم والمتابعة

ويعتبر التقويم والمتابعة من العناصر الهامة في الموقف التعليمي، وعلى من سيقوم هناك طرق متنوعة يمكن أن تستخدم في عملية تقويم الجوانب المختلفة للتعلم، إضافة إلى عوامل مختلفة بشرية، ومالية وقانونية وبيئية يمكن أن تعمل على عملية التقويم.

أما بالنسبة للمتابعة، فتضمن ألوان النشاط التي يمكن أن يمارسها المتعلم بعد استخدام الوسيلة لزيادة استيعاب محتواها، والاستفادة منها، ولإحداث مزيد من التفاعل بين المرسل والمستقبل.

وينبغي خلال مرحلة الإعداد أن يضمن مصمم الوسيلة مقترحات ببعض الأنشطة التي يمكن أن يقوم بها الدارسون بعد استخدامهم للوسيلة وذلك من خلال التقويم الذاتي، أو التواصل بين المرسل والمستقبل.

ومن أنشطة المتابعة كتابة الطلبة للتقارير عن محتوى الوسيلة، وربطه بخبراتهم السابقة، وإقامة المعارض التي تحتوي على عينات وأشياء مما جمعوه أثناء تفاعلهم مع محتوى الوسيلة وعرض الوسائل على شكل أركان تعليمية في الغرفة الصفية، لمتابعة الاستفادة منها أثناء تقويم الطلبة.

طرق تقويم الوسائل التعليمية

من الضروري أن يكون التقويم متسقاً مع أهداف البرنامج المصمم، أي أن يقوم على نفس التصورات التي يقوم عليها البرنامج، والتي تحصل بما ينبغي إنجازه.

ولما كان لتصميم البرنامج من تحليل وتركيب ترتكزان على نمو شخصية المتعلم، لذا فإن عملية التقويم ينبغي أن تقلل من الفروق الفردية في الأداء وتكثر من المقارنات الجماعية، لهذا كان من الضروري بيان الأهداف بعبارات سلوكية قابلة للملاحظة والقياس واستعمال أدوات قياس مختلفة كالاختبارات، والملاحظة والأداء ما، فلا يكون الهدف قياس ما تعلمه المتعلم فقط بل أن للأهداف وظائف تؤديها في مراحل مختلفة.

وتعتبر عملية التقويم جزءً أساسياً من الموقف التعليمي؛ وذلك بهدف زيادة فاعليتها في تحقيق الأهداف التعليمية عن طريق تعديلها، وتحسين المواد المستخدمة في إنتاجها، أو طريقة تصميمها أو إنتاجها، ولهذا فإن التقويم لا يكون في مرحلة معينة، بل هو تقويم مستمر يبدأ من تحديد الأهداف وأثناء تنفيذ الموقف التعليمي،وبعد الانتهاء من الموقف التعليمي.

وتمر عملية تقويم الوسيلة التعليمية بعدة مراحل هي:

1. مرحلة تحديد الأهداف السلوكية.
2. مرحلة التخطيط لإنتاج الوسيلة.

3. مرحلة تصميم الوسيلة.

4. مرحلة الإنتاج للوسيلة.

5. مرحلة تجربة الوسيلة على عينة استطلاعية من مجتمع الدراسة.

6. مرحلة تعديل وتطوير الوسيلة بعد مرحلة التجربة ضوء التغذية الراجعة من خلال التطبيق على العينة الاستطلاع عنه

7. مرحلة ما بعد الاستخدام على المجتمع الأصلي الذي سيستفيد من الوسيلة.

وهناك العديد من الأسس التي لابد من مراعاتها عند عملية تقويم الوسيلة أن نلاحظ من خلال سلم التقدير الآلي:

أ. مدى مساهمتها في تشجيع التفكير الناقد.

ب. مدى صحة الحقائق والمعلومات التي تعرضها الوسيلة.

ج. مدى مطابقة الوسيلة للواقع.

د. مدى جدة المعلومات والوسيلة.

هـ. مدى مساهمتها في توضيح الأفكار.

و. مدى مناسبتها من حيث المعلومات لمستوى التلاميذ.

ز. مدى مناسبتها من حيث اللغة لمستوى لغة التلاميذ.

ح. مدى جودة الوسيلة من الناحية الفنية:

- وضوح القراءة.

- وضوح الصورة أو الصوت أو اللون أو الإضاءة.

- التناسق.

- التنظيم.

- المتانة.

ط. مدى مناسبة التكاليف.

ي. مدى قابليتها للتعديل والتطوير.

ك. مدى مناسبتها للاستخدام في البيئة التعليمية.

ل. مدى توفير عنصر الأمان.

الفصل السادس

الأسس النفسية والوسائل التعليمية

- الإدراك.
- الوسائل التعليمية والدافعية.
- الوسائل التعليمية والفهم والتفكير.
- الوسائل التعلمية وإثارة النشاط العقلي.
- الوسائل التعلمية والتذكر والنسيان.

الأسس النفسية والوسائل التعليمية

مقدمة:

أن للتفاعل ــ الذي يحصل ما بين التلاميذ والوسائل التعليمية التي يتم عرضها لهم ــ أثراً على هؤلاء التلاميذ من ناحية نفسية، فهناك العديد من الجوانب التي تتأثر بشكل كبير عند عرض الوسائل التعليمية، ومن أهمها: الإدراك، وكذلك الدافعية، وأيضاً الفهم والتفكير، وإثارة النشاط العقلي، والتذكر والنسيان.

ومن أجل ذلك فكلما كانت الوسائل التعليمية محققة للأهداف المرجوة من عرضها للتلاميذ، كان أثر ذلك كبيراً عليهم من النواحي النفسية؛ وبالتالي كان إدراكهم وفهمهم لهذه الوسائل فضل، وإثارة التفاعل العقلي "النشاط العقلي" كبيراً، وتتم تقوية مهارة التذكر والتقليل من آفة النسيان لديهم.

والسبب الذي يكمن وراء الفوائد النفسية الإيجابية لعملية عرض الوسائل التعليمية على الطلاب هو أنها ترتبط بالبنية المعرفية للتلاميذ، وبالتالي فإنها في الذاكرة فترة طويلة، الأمر الذي يجعلها الاحتفاظ بها أكثر ديمومة من المعلومات التي يحصل عليها التلاميذ بدون عرض الوسائل التعليمية الموضحة لها وبالتالي يصبح المتعلم أكثر أثراً ورسوخاً في أذهان المتعلمين.

ومن هنا ستتناول في هذا الفصل العديد من المسائل المتعلقة بالأسس النفسية كالإدراك، والدافعية، واستشارة النشاط العقلي والتذكر والنسيان.

الإدراك

الإدراك هو أن يعي الإنسان ما حوله في هذا العالم باستخدام الحواس للفهم الأحداث والأشياء، وتعد العين والأذن وأطراف الأعصاب تحت الجلد من أول وسائل اتصال الإنسان بالبيئة، وهي تمثل ــ مع باقي الحواس ــ أدوات الإدراك، فالحواس منافذ المعرفة إلى العقل، وبدونها لا يتم الإدراك.

ومن المفيد أن نعرف عن الإدراك أن:

أ. الحدث المدرك يتركب من عدد من الرسائل المحسوسة، والتي لا تقع منفصلة عن بعضها، ولكنها ترتبط وتتشابك وتتلاحم بصورة شديدة التعقيد، وتشكل في مجموعها أساس معرفة الإنسان بالعالم من حوله.

ب. أن الإنسان الواحد يتفاعل في الوقت الواحد مع جزء ضئيل من كل ما يحدث في بيئته، إذ أنه ينقي جزءاً من الحدث الذي يلفت انتباهه ويعزله عن بقية الأحداث أو الذي يريد تجربته في وقت معين، ومن هنا تبرز حاجتنا إلى ضرورة تصميم الوسائل التعليمية التي تجذب اهتمام المتعلم وتثيره، مع التأكد من أن اختيار الموضوع سليم ومناسب لعملية التعليم، فالتصميم الجيد الجاذب يضفي عملية الإدراك ويوجهه باتجاه الوسيلة، لتصبح بؤرة عملية الإدراك.

والإدراك عملية فردية، فكل شخص فريد في مستوى إدراكه وبالتالي هناك عدد من الاستنتاجات للإدراك منها:

1. يؤدي الإدراك إلى ارتباط كل هذه بسلوك عند المتعلم، والسلوك السابق له علاقة بالسلوك الحالي ثم المستقبلي.

2. الإمدراك لا يكون في فراغ بل يرتبط بالبيئة التي يعيش فيها المتعلم ولا ينفصل عنها.

3. الإدراك عملية فردية تميز شخص عن آخر.

4. يرتبط الإدراك بالتجربة الشخصية الماضية ويكون لها أثر على الإدراك الحالي.

طبيعة الإدراك:

أن الإدراك نشاط عقلي واعٍ يقوم به الفرد، ويوصف الإدراك أحياناً بأنه العملية التي يعرف بواسطتها الشخص العالم من حوله، وبها يُحقق تكيفاً مع بيئته. وبهذا يؤدي الإدراك إلى المعرفة والتوافق، والإدراك يترجم إلى وعي وفهم الأشياء والأحداث.

وتعتبر الوسائل هي أدوات اتصال الإنسان بالأشياء والحوادث، فالعين تستجيب للمثيرات البصرية، والأذن تستجيب للمؤثرات السمعية، والجلد ـ موضع الإحساس- يستجيب لمثيرات الضغط والحرارة والبرودة، واللسان يستجيب للأطعمة ويتذوقها، والأنف يستجيب للروائح المتنوعة، فالحواس إذن هي النوافذ التي يتعرف الإنسان ـــ عن طريقها ـــ على العالم من حوله، وتشكل الخبرات الحية أساس معرفة الإنسان للعالم من حوله.

وبالتالي فالوسائل التعليمية عندما تكون جاذبة ومشوّقة تساعد في الإدراك لها وتحرر التلاميذ بخبرات إدراكية واقعية وعملية وتحقق الفهم والتعلم الذي يغير في سلوك المتعلم، وكما تشير المدرسة السلوكية، فلكل مثير استجابة تؤدي إلى التعلم. فالوسيلة كمثير.. تؤدي إلى ردة فعل من قبل المتعلم.

وتؤدي إلى الفهم والقبول مما يؤدي جعل العملية التعليمية مدركة بشكل فعّال من قبل المتعلم.

مبادئ الإدراك

هناك العديد من المبادئ التي يخضع لها الإدراك، لذا ينبغي على كل معلم أو مشتغل في مجال تصميم الوسائل التعليمية وإنتاجها أن يكون على وعي بها، لكي يستخدم الوسيلة استخداماً فعالاً في عملية التعليم والتعلم، وأهم هذه المبادئ هي:

1. أن إدراك الإنسان نسبي وليس مطلقاً:

ومن هنا، فيتوجب على المعلم أو منتج الوسيلة التعليمية مراعاة الأمور الآتية:

- تحديد نقطة مرجعية يمكن أن ينسب إليها الشيء المزمع إدراكه، من خلال ربط شيء مألوف لدى المتعلم بشيء غير مألوف والتدرج المعروف يربط السهل بالصعب والمعلوم بالمجهول وهكذا.

- تصميم الوسائل بحيث يستطيع المتعلم استقبال الرسالة التي تضمنها بسرعة، ويتم ذلك من خلال وضوح الرسالة البصرية التي تحويها، بعيداً عن اللفظية والرموز المجردة وتضمنها على فكرة واحدة.

2. أن إدراك الإنسان انتقائي:

أن الدماغ ينتقي من المثيرات التي تحيط به ما يجذب اهتمامه، ويثير دافعيته، وهذا يتطلب من مصمم الوسيلة أن يستبعد الموضوعات الجاذبة والمرتبطة بفكرة واحدة رئيسية.

3. الوسائل تجذب اهتمام الإنسان وتوجهه:

يختلف الأفراد في نظرتهم للأشياء، فالإدراك لديهم عملية انتقائية، ولذلك على مصمم الوسائل التعليمية إخراجها بطريقة تؤدي غلى اتفاق عام عليها من

قبل معظم المشاهدين أو المستقبلين لها ومن هنا تبرز أهمية الوسائل التعليمية في توجيه الانتباه أو جذبه أو الإبقاء عليه لفترة أطول.

ومن أهم الوسائل التي تحقق هذا التوجيه أو الجذب أو الإبقاء للانتباه ما يأتي:

- استخدام العناوين والكلمات واللافتات، بحيث تكون واضحة ومثيرة لاهتمام المتعلمين، وحروفها ذات حجم مناسب وملوّن يسهل قراءتها من بعيد، وتتناسب ومستويات المتعلمين المعرفية.

- توضيح الأجزاء المهمة للأشياء التي تعرضها الوسيلة التعليمية من خلال استخدام الأسماء والإشارة إليهما.

- وضع دائرة حول الشيء المهم المراد إبرازه وإعطاؤه لوناً مميزاً، الأمر الذي يساعد على توجيه انتباه المشاهد إليه؛ لأن اللون من عوامل جذب الانتباه، وهو يربط بين عناصر الشيء المعروف.

- ترتيب مكونات الوسيلة، يمكن جذب انتباه المتعلمين من خلال ترتيب الأشياء التي تحتويها الوسيلة، وقد يكون هذا الترتيب تبعاً لاختلاف حجمها أو الاختلاف ألوانها... الخ.

- الحداثة أو الجدة في الوسيلة. فعلى المصمم أن يعمل على تصميم الوسيلة بحيث تبرز الحداثة، والجدة دون مبالغة في ذلك، وهذا من شأنه جذب انتباه اهتمام المشاهدين لها.

- استخدام الحركة في الوسيلة. فالشيء المتحرك في مجال رؤية المشاهد يسهل ملاحظته عن أي شيء آخر أو ثابت، والعكس صحيح.

4. إدراك الإنسان منظم:

أن الوسيلة التعليمية كلما كانت أكثر تنظيماً في محتواها كان ذلك أفضل وكان إدراك المتعلمين ـــ وفهمهم لهذا المحتوى ـــ أيسر وأسرع.

ومن العوامل التي تساعد على تنظيم الإدراك ـــ عند تصميم الوسيلة التعليمية ـــ ترقيم الخطوات ببساطة في سلاسل من الأحداث؛ الأمر الذي يساعد كل من عمليتي الإدراك والتذكر، والترميز باستخدام رموز مألوفة يسهل فكها وفهمها من قبل المتعلم، فالمعلومات لا يقبلها الدماغ إلاّ منظمة متسلسلة مرتبة، ويرمزها كذلك، مما يُسهّل عملية استرجاعها عند الحاجة.

5. أن الإدراك يتأثر بالاستعداد:

أن الإنسان يدرك الأشياء بسرعة وسهولة كلما كان مستعداً لذلك، ويمكن أن تثير اهتمام المتعلم للوسيلة وتجعله مستعداً لإدراك ما فيها، من خلال التنبيه اللفظي الذي يسبق عرض الوسيلة، والذي يشمل الأسئلة التي تثير تفكير المتعلمين واستعداداتهم وتشد انتباههم، ويفضل في هذه الحالة إعطاء فكرة سابقة كلية عن الوسيلة إذا كان هناك معلومات سابقة، ليسهل الربط مع البنية المعرفية للمتعلمن أما إذا كانت المعلومات جديدة، فيفضل تقديم منظمات متقدمة كما أشار ذلك (أوزبل) لترتبط في البنية المعرفية للمتعلم.

6. الإدراك يتأثر بالعمر

أن إدراك الأفراد يختلف حسب فئاتهم العمرية، ولذلك على مصمم ومنتج الوسائل التعليمية أن يراعي الخصائص العمرية للفئة المستهدفة ومستواهم الأكاديمي، فالأطفال يدركون الأشياء بشكل كلي، كما يشير النظرية الجشتالتية،

ثم يبدأ الطفل بإدراك التفصيلات مع تقدم العمر، والدماغ يدرك الأشياء بشكل جزئي وبشكل كلي في آن واحد.

7. الإدراك الحسي:

يعتمد الإدراك الحسي على استخدام الإنسان لحواسه المختلفة، وذلك من أجل التعرف على الأشياء التي تحيط به.

فالحواس هي منافذ المعرفة للعقل والتي تقوم بجمع المعلومات وإرسالها إلى الجهاز العصبي، والذي بدوره يرسلها إلى الدماغ، حيث تتحول التأثيرات التي تقع على الجهاز العصبي إلى سلسلة نبضات كهربائية وكيمائية "كهروكيماوية" في الدماغ، ونتيجة لذلك يتكون الوعي بالشيء.

إذن يتم الإدراك نتيجة تنبه الحواس، فالانتباه يسبق الإدراك وهو ضرورة من ضرورات الإدراك، فالمنبه هو الذي يثير الحاسة المعنية، فالمنبه السمعي يثير حاسة السمع، والتذوق يثير حاسة الذوق، والبصري يثير حاسة البصر.... وهكذا.

أن قوة المنبه أو ضعفه لها علاقة مباشرة بالإدراك الحسي، إذ أنه إذا كان المنبه قوياً ساعد ذلك في الإدراك الحسي، فمثلاً الصوت القوي يُعد منبهاً يساعد المستمع أو المتعلم على إدراك وسماع ما يقوله المتكلم أو المعلم، وأما إذا كان صوت المتكلم ضعيفاً ـ أو منخفضاً ـ فعندئذٍ يتعذر الاستماع إليه.

ويتكون الدماغ كما هو معروف من ملايين الخلايا الدماغية التي تتصل مع بعضها بوساطة الوصلات العصبية، فعندما يمر المثير القادم من الحواس(البصرية أو السمعية أو اللمسية...إلخ) يصل إلى الدماغ، ثم تبدأ عملية الإدراك، ثم التميز والحفظ إما في الذاكرة قصيرة المدى، إذا كان المثير مشكلة تحتاج إلى حل،

أما إذا كان المثير معلومات، فتخزن في الذاكرة طويلة المدى، وتنتقل المعلومات من خلية إلى أخرى عن طريق فرق الجهد ومن خلال النبضات" الكهروكيماوية" ثم تسترجع هذه المثيرات عند الحاجة، كما هو الحال في الاختبارات المدرسية.

العوامل المؤثرة في الإدراك

تنقسم العوامل المؤثرة في الإدراك إلى: عوامل ذاتية، وعوامل خارجية، وذلك على هذه الوتيرة:

العوامل الذاتية وتشمل هذه العوامل:

1. حاجات الفرد واهتماماته وميوله ورغباته، فشعور المتعلم بالحاجة وازدياد اهتمامه، وميله لها يساعد على الإدراك والعكس صحيح.

2. الاستعداد الذهني والعقلي للفرد.

3. القيم التي يؤمن بها الفرد والاتجاهات التي يتبناها نحو الأشياء موضوع الإدراك. فالفرد يهتم بالأشياء والحوادث التي يميل لها، وينمي اتجاهاً إيجابياً نحوها، وفي الوقت نفسه يتجاهل ويهمل الأشياء والحوادث التي لا يميل لها، ويطور اتجاهاً سلبياً نحوها، ومن هنا تأتي أهمية مساعدة المتعلمين على تطوير اتجاهات إيجابية نحو المواد الدراسية التي يدرسونها ويتحمل المعلم مسؤولية وذلك من خلال العلاقة الإنسانية والديمقراطية في تعامله مع تلاميذه.

4. الانفعالات النفيسة حيث يرى الشخص الأشياء والحوادث حسب حالته النفسية من تفاؤل أو تشاؤم، وقبول أو أعراض، وتشكك واتهام، أو ثقة وتصديق.

فالمتفائل يرى الأشياء جميلة، والمتشائم يرى عكس ذلك، ومن هنا تأتي أهمية الحرص على بث روح الأمل والثقة بقدرات الطالب وتعزيزها.

5. البيئة أو الوسط الذي يعيش فيه الشخص أو يتم فيه المتعلم، ومن هنا يتوجب على المعلم أن يحرص على توفير المناخ الصفي والنفسي والاجتماعي المشجع، والذي تسوده روح التقبل والاحترام المتبادل بين المتعلمين، وروح المشاركة والشفافية في التعامل بين المتعلمين وبين المتعلمين والمعلم والإدارة الديمقراطية للمناخ الصفي، أفضل من الإدارة التسلطية أو الإدارة التسيبية، فالمتعلم يزداد تفاعله ومشاركته مع الأفراد الذين يشعر أنه مقبول لديهم، ويبادلونه الاحترام وأنه موضع ثقة ومودة، وعكس ذلك صحيح.

6. مستوى التعليم وثقافة الفرد وأسرته، فكلما زاد المستوى الاقتصادي للفرد والمتعلم، زادت ثقافته، لكثرة المثيرات التي تتولاها الأسرة من صحف، ومجلات وكتب وتلفاز....

7. الخبرات السابقة للمتعلمين، وهي خبرات متفاوتة بينهم، ولها أثر في الإدراك وفي الاتجاهات التي يتبناها الطلبة نحو الأشياء والحوادث، ولا

يبنى تعلم جديد إلاّ على تعلم سابق، فالتعلم كما يقول "برونر" حلقات متسلسلة مستمرة متتابعة متكاملة

8. قوة الحواس وضعفها، والتي لها علاقة مباشرة بالإدراك بشكل كبيرة كحاسة السمع والبصر... تعطى أوزاناً أفضل في حالة كون السمع والبصر سليمين.

9. العمر يختلف الإدراك باختلاف العمر فالطفل يدرك الكليات ثم يبدأ بالتفصيلات.

10. الاستعدادات الفردية ولهذه الاستعدادات علاقة بالبيئة والوراثة.

11. الثقة التي يكنها المستقبِل للمرسِل ومدى تصديقه واحترامه له تؤثر أيضاً في عملية الإدراك لأن الثقة تولد الإقناع وبالتالي يتم الإدراك بسهولة.

من المؤكد أنه كلما كانت الوسائل التعليمية التي يستخدمها المعلم تجسد واقع الحياة وخبراتها كانت أكثر فائدة للمتعلم، كونها تتصف بالمصداقية ومطابقة الواقع، وهي تزيد انتباه المتعلم واهتمامه بالمادة التعليمية.

وعلى هذا الأساس فالمعلم الذي يستخدم العينات الحقيقية والزيارات الميدانية والمعارض والمتاحف ومصادر البيئة المحلية يكون أكثر نجاحاً وتأثيراً في المتعلم من ذلك المعلم الذي يستخدم الطرق التقليدية في التعليم، أو يستخدم وسائل تعليمية أقل تمثيلاً للواقع أو أقل إشارة للمتعلم.

ومن هنا يمكن القول أن استخدام العينات الحقيقية والزيارات الميدانية ومصادر البيئة المحلية أفضل من مشاهدة أفلام الصور المتحركة، كما أن مشاهدة

أفلام الصور المتحركة أفضل من مشاهدة الصور الثابتة، ومشاهدة هذه الأخيرة أفضل من مشاهدة الرسوم التخطيطية للمتعلم؛ ذلك أنه كلما كانت الوسائل التعليمية أكثر واقعية كانت أصدق تمثيلاً وأفضل تأثيراً في المتعلم، وكلما ازداد عدد المناطق المتنبهة في الدماغ كان ذلك أفضل في التعلم والتذكر على السواء، وهذا يؤكد أهمية استخدام وسائل وتقنيات في تحقيق الإدراك وتعزيز المتعلم لدى المتعلم وهذا ما أشار إليه "أدجارديل" في مخروط الخبرات الذي تم الإشارة إليه، فكلما فعلت الوسيلة أكثر من حاسة كان التعلم أدوم وأبقى أثراً.

ومن هنا فإن الدور الذي يتولاه المعلم على درجة من الأهمية، وبالتالي عليه أن يكون على وعي بالعوامل التي تؤثر على الإدراك؛ وذلك حتى يتمكن من كشف الاستعدادات العقلية والنفسية للمتعلم نحو المواد التعليمية، حتى يعمل على تصميم الوسائل التعليمية المناسبة والخبرات التعليمية التي تخاطب ميول المتعلمين واتجاهاتهم؛ ليعزز من انتباههم وإدراكهم وبالتالي تعلمهم، كما ينبغي ــ على المعلم دراسة العوامل الخارجية السلبية التي تؤثر على الإدراك، وذلك باستخدام التقنيات التعليمية بمفهومها وفق الأسلوب النظامي في التعلم.

والجدير بالذكر أن استخدام المعلم للوسائل التعليمية ـ التي تناسب الأهداف المتوخاة ـ يعمل على تفعيل دور المتعلم ومشاركته في العملية التعليمية.

وهذا يتفق مع المفهوم الشامل للتقنيات التعليمية التي تؤكد على أن المتعلم هو محور العملية التعليمية وهدفها، وأنه كلما زادت مشاركة المتعلم في العملية التعليمية ازداد تحصيله، وازداد بالتالي اهتمامه بالمادة الدراسية.

فالمعلم الذي يستخدم التدريس المباشر كأسلوب وحيد، هو يخاطب قناة تعليمية واحدة، وهي السمع، والمعلم الذي يؤمن بأنه قد انتقل منه الدور كمحور للعملية التعليمية إلى أن المتعلم، حيث تنادي كل النظريات التربوية الحديثة، بأن المتعلم هو المحور إذا اقتنع المعلم بذلك، فينتقل من التدريس المباشر إلى حل المشكلة الاستقصاء، التفكير الناقد، التعلم التعاوني، وبالتالي يزيد من إدراك المتعلم للمادة والمحتوى، لأن المتعلم مشارك نشط فعال يعرض ويؤدي المهارات من خلال الأنشطة، ويكتسب الخبرات من خلال التفاعل والتأثر والتأثير مع المعلم والمادة و الوسيلة التعليمية، وبالتالي ينتقل دور المعلم من الدور التقليدي الملقن والمحاضر إلى الدور الجديد والذي يكون فيه ميسراً مسهلاً مرشداً موجهاً إلى المتعلمين، وهذا يحتاج إلى إدراك أن أسلوب المحاضرة كأسلوب وحيد هو غير فعال، ولا بد من تقليل استخدام المعلم للوسائل اللفظية التي لا تؤدي إلى تكوين المعنى الدقيق لكثير من الأشياء والمفاهيم التي يتعلمها الطالب إذا لم تكن مسبوقة بخبرة حسية؛ لأن عدم توافر خبرة حسية سابقة يؤدي إلى إدراكات خاطئة.

ومن هنا تأتي أهمية استخدام المعلم للوسائل التعليمية المتنوعة والتي تعمل على تكوين إدراكات صحيحة، وتوفير خبرات حسية صادقة وواقعية أو ممثلة تمثيلاً سليماً للواقع، وهذا بالتالي يعزز الإدراك الصحيح للأشياء والحوادث وتزيد من فرص التعلم عند المتعلمين.

العوامل الخارجية. وتشمل الآتي:

- اللون، فالألوان المشرقة أكثر جاذبية وإثارة للانتباه من الألوان الداكنة فتستخدم في الوسائل الألوان الرئيسة (أحمر، أزرق، أصفر) مع تدرج هذه الألوان.

- الحجم، فكلما ازداد الفرق بين أحجام الأشياء ازداد الانتباه، ومن ثم ازدادت إمكانية الإدراك، والعكس صحيح فالحجم المتوسط، الواضح يثير الدافعية والانتباه أكثر من الوسائل ذات الحجم الصغير.

- السرعة، فكلما ازداد الفرق في السرعة بين جسمين ازداد الانتباه وازدادت قوة الإدراك، والعكس صحيح.

- الشكل والأرضية. فكلما ازداد الفرق بين الشكل والأرضية ازداد الانتباه وقوي الإدراك، مثال ذلك: أن الأرضية الرمادية لا تساعد على جذب الانتباه، وبالتالي لا تساعد على الإدراك، بينما إذا كان هناك تضاد في الألوان بين الأرضية والصورة فهذا يساعد على الانتباه ويقوي الإدراك ففي إنتاج الوسائل يفضل التضاد اللوني، أكثر من الانسجام.

- درجة الوضوح. حيث يساعد التسلسل والترابط والموضوعية في الوضوح، والعكس صحيح.

- التناسق والتنظيم والإخراج، وهذه عبارة عن عوامل تعمل على شد انتباه المتعلم، وعدم توافرها يشتت انتباه الطالب ولا يساعد على الإدراك.

الوسائل التعليمية والدافعية

أن استثارة الدافعية لدى المتعلم وتعميق اهتمامه وميوله نحو المادة التعليمية يعبر عن دافع داخلي، الأمر الذي يشجع الطالب على المبادرة بالتعلم؛ لأنه يشبع حاجة لديه.

فالوسائل التعليمية توفر خبرات غنّية وحية ومشوقة ومتعددة تستجيب لاهتمامات المتعلمين وميولهم المختلفة، وهي تشد انتباههم وتفعّل من مشاركتهم ومناقشتهم، وبالتالي ينعكس ذلك على التحصيل والتذكر.

و الدافعية هي ما يحض الفرد على القيام بنشاط سلوكي ما، وتوجيه هذا النشاط وجهة معينة والدافع كما هو معروف في علم النفس خارجي بينما الحافز داخلياً. وللدافعية أهمية كبيرة من الوجهة التربوية، إضافة إلى أنها تعتبر هدفاً تربوياً في ذاتها، علاوة على أن استثارة دافعية الطلبة وتوجيهها، وتوليد اهتمامات معينة لديهم تجعلهم يقبلون على ممارسة نشاطات داخل المدرسة وخارجها.

كما تتبدى أهميتها من الوجهة التعليمية في كونها وسيلة يمكن استخدامها في سبيل إنجاز أهداف تعليمية معينة على نحو فعّال؛ وذلك من خلال اعتبارها أحد العوامل المحددة لقدرة المتعلم على التحصيل والإنجاز؛ لأن الدافعية على علاقة بميول المتعلم.

فتوجه انتباهه إلى بعض النشاطات دون الأخرى، وهي على علاقة باحتياجاته، فتجعل من بعض المثيرات معززات تؤثر في سلوكه وتحثه على المثابرة والعمل بشكل نشط وفعّال.

إذن الدافعية هي التي توجه سلوك الفرد وجهة محددة، وتحفزه على النشاط، وبالتالي على التعلم، وقد يعزى إخفاق المتعلمين وتسربهم إلى عدم توافر الدافعية اللازمة للتعلم لديهم، لذلك تغيير المقاعد المدرسية يعتبر نوعاً من الدافعية تعتيم الصف، تغيير نمط التدريس من التلقين إلى حلّ المشكلة يثير الدافعية.

وبذلك، فعلى المعلم عندما يريد أن ينتج وسيلة تعليمية ـــ أن يراعي في تصميمها؛ بحيث توفر خبرات غنية وحية ومشوقة بالنسبة للمتعلمين الكبار، الأمر الذي يضمن توافر دافعية قوية للتعلم لديهم، كما أن جدة الوسيلة التعليمية وحدثتها تثير دافعيتهم نحو التعلم.

وحتى تكون الوسائل التعليمية مثيرة للداعفية فلا بد من توفر شروط منها:

- أن تكون مناسبة للموضوع الذي يراد شرحه وتعليمه للتلاميذ، ولها علاقة مباشرة بموضوع الدرس.
- أن تكون ألوانها متناسقة وجذابة ومشوقة ويفضل الألوان الأساسية والمتضادة.
- أن تكون حجمها مناسباً بحيث يراها جميع التلاميذ.
- أن يطلع المتعلمين على الهدف من وراء استخدامها.
- أن تكون سهلة الاستخدام أو (التشغيل).
- أن تحترم أهداف الدرس وتثري المادة المطروحة.
- ألاّ تشكل أي خطر على التلاميذ أثناء تجربتها وتشغيلها.

فعلى سبيل المثال، قد تحضر معلمة العلوم للصف الثالث في قفص دجاجة كبيرة وكتكوت صغير... لتوضيح مفهوم النمو، بينما قد تستخدم معلمة أخرى صور الأطفال أنفسهم منذ الولادة حتى الصف الثالث أو استخدام ملابسهم لتوضح هذا المفهوم، أي مفهوم النمو... وتثير دافعيتهم نحو هذا الموضوع.

وفي درس المغناطيسية للصف نفسه، قد تستخدم المعلمة أسلوب حل المشكلة لتوضح هذا المفهوم .... فتعرض في وعاء زجاجي علف الدجاج مخلوطاً بالمسامير والدبابيس.وتطلب من التلاميذ مساعدتها لفصل القطع المعدنية الضارة عن العلف... للتوصل إلى مفهوم المغناطيسية... وبالتالي على المعلم أن ينوع في الوسائل التعليمية المطروحة لإثارة التلاميذ للدرس، وعلى أن تكون هذه الوسائل مرتبطة ارتباطاً كبيراً بالدرس ومحققة لأهدافه.

الوسائل التعليمية والفهم والتفكير

أن الخبرات الإدراكية ضرورية للفهم، حيث يأتي الفهم نتيجة للخبرة الواقعية الإدراكية للأشياء والحوادث في البيئة الخارجية، وهي أساس التفكير والنشاط العقلي، ولاشك أن الوسائل التعليمية توفر الإمكانات المناسبة والمتنوعة لتزويد المتعلم بالخبرات الإدراكية لتحقيق الفهم والتعلم.

ولقد حققت الجهود العلمية التي بذلت خلال العقدين الماضيين ــ في دراسة الدماغ ـ نتائج مذهلة للغاية، وقد استخدمت وسائل مستحدثة للاستكشاف والتركيز على إمكاناته الكامنة في كل مجال من مجالات الأبحاث البيولوجية والسيكولوجية، وقد أسفرت هذه الاكتشافات عن نتائج تفوق الحصر بالنسبة للإنسان العادي، وإذا ما تم تطبيقها بصورة صحيحة فمن شأن هذه الرؤى العلمية الجديدة في كيفية أداء العقل لوظائفه ومضاعفة قدرته العقلية.

ما هي الفروق العشرة بينهما

وبتطبيق هذه الاكتشافات المذهلة يصبح من الممكن تحقيق مضاعفات هائلة هي:

- قوة التعلم.

- قوة التذكر.

- قوة القراءة.

- قوة الإنصات.

- قوة التفكير.

وقد يبدو هذا مبهراً، غير أن العلم نجح بالفعل في اكتشاف وسائل جديدة تنوب عن الإنسان بعمل كل ذلك، بل وأكثر منه. فعلى سبيل المثال: تدل الأبحاث ــ كما تقول "جين ستاين سنة 2002" ــ : «أنه في غضون ساعة يطمس النسيان 60% من كل ما يتعلمه الإنسان، وعلى 80% بعد شهر واحد».

وتلعب الوسائل التكنولوجية الحديثة دوراً هاماً باعتبارها من الوسائل التعليمية ــ في عملية التفكير داخل المنهاج أو المحتوى الدراسي، حيث ينحصر دور التعليم بالحاسوب في تعليم المحتوى العلمي، وهناك وجه آخر للتعليم يحسن الالتفات إليه وهو تعليم المهارات أو العمليات وفي هذا الاتجاه ظهر عدد غير قليل من برمجيات المحاكاة والألعاب التربوية الحاسوبية التي تتناول بعض هذه العمليات، وبرغم أن غالبية هذه البرمجيات لم تصمم لتعليم هذه العمليات تحديداً، إلاّ أن نتائج التجربة تشير إلى أن طبيعتها تساعد في تنمية عمليات التعلم عند المتعلم.

وهناك طريقة أخرى لتيسير تعلم التفكير بالحاسوب، وهي استخدام إحدى لغات البرمجة، وبخاصة لغة (Logo) وبهذا الاتجاه قدم "إبلسون وديبزا" تطبيقات هامة للغة لوغو في تعليم العلوم، وذلك بتطوير "سلحفاة ديناميكاً" في بيئة لغة لوغو الأم التي أنشأها "سيمور بابرت" في معهد ماشوستن للتقنية (MIT).

كما أشارت دراسة وايت التي استخدمت برمجة محاكاة بلغة لوغو في تعليم الفيزياء - لطلبة المرحلة الثانوية - إلى أن الطلبة الذين استخدموا محاكاة بالسلحفاة - في مواقف لدراسة قوانين نيوتن في الحركة - يتفقون في حل المسائل المرتبطة بالقوة والحركة على أقرانهم الذين لم يستخدموا المحاكاة في تعلم تلك المفاهيم.

وأكدت الدراسة أيضاً على أن الطريقة - المحاكاة - تُحسن من استيعاب المتعلم للمفاهيم العامة في الحركة، وذلك في ضوء المقابلات التي أجريت مع الطلبة الذين أقاموا بحل المسائل بنجاح.

الوسائل التعليمية وإثارة النشاط العقلي

تلعب الوسائل التعليمية دوراً كبيراً في عملية إثارة النشاط العقلي للمتعلمين، وذلك أثناء عملية عرض هذه الوسائل وشرحها وكذلك تقويمها. فالمعلم قبل أن يقوم بعرض الوسيلة التعليمية يُعطي تقديماً موجزاً عن هذه الوسيلة يساعد على فهم الطلاب لهذه الوسيلة أثناء عملية عرضها وشرحها، ويمكن أن تستخدم الوسيلة التعليمية كنشاط استهلالي بتمهيد في الدرس فعلى سبيل المثال إذا قام المعلم باصطحاب تلاميذه برحلة ميدانية إلى منطقة أثرية أو معلم حضاري أو اقتصادي،، فإنه قبل أن يصل هذه المنطقة يعطي فكرة عامة ـ أو خطوط عريضة عن هذه المنطقة التي سيزورها. وهذه الفكرة أو التمهيد أو النشاط الاستهلالي من شأنه أن يحقق فوائد عدة منها:

1. مساعدة التلميذ على استيعاب المعلومات التي سيتلقاها فيما بعد، لأنه يكون بذلك قد حصل على المعلومة على مرحلتين الأولى تمهيدية وموجزة، والثانية شاملة ومفصلة وذلك في مرحلة التنفيذ أو العرض.

2. المطابقة والمقارنة ما بين الجانب النظري والعملي، فيقوم المتعلم ـــ شرح الموضوع بشكل تمهيدي، بمقارنة ما سمعه من قبل مع ما يتم عرضه أمامه. وبالتالي فهذه العملية من شأنها أن تتيح للطالب تحسر الفجوة بين الجانبين النظري والأعملي.

3. إنّ ربط التعليم الجديد بالتعلم السابق يسهم في استثارة النشاط العقلي والتفكير بالوسيلة وبأهميتها، إلى ربط هذه الوسيلة بتفكيره وبنيته المعرفية

وتصبح جزءاً من المعلومات والمفاهيم المخزنة في الدماغ. والبحث عن المعنى فطري عند الإنسان.

فالمتعلم بالفطرة، عنده استعداد للتعلم، ولذلك على المعلم أن ينوع في الوسائل التعليمية المستخدمة لمناسبة خصائص المتعلمين والتي تكونت عندهم بالفطرة، فهناك متعلم متميز يفهم الرموز المجردة وآخر يحتاج إلى الحركة واستخدام الوسائل البصرية الحسية، وآخر تستثيره الانفعالات والمشاعر، وبالتالي فالوسائل التعليمية المتنوعةوالتي تراعي تفريد التعليم، والفروق الفردية بين المتعلمين سواء كانت حركية أو انفعاليةأو عقلية تثير التفكير وتحفز المتعلم على التعلم بفعالية ونشاط.

فالعقل البشري يتضمن 14 مليون خلية دماغية والإنسان لا يستخدم من هذا الكم الهائل سوى 15% فقط من قدرته الدماغية، والدماغ يعمل كباقي أجهزة الجسم حتى أثناء النوم، لذلك على المعلم أن ينوع في الوسائل التعليمية وينوع في المثيرات البصرية السمعية الذوقية الشمية واللمسية حتى يفعل العقل ويثريه.

الوسائل التعليمية والتذكر والنسيان

أن الوسائل التعليمية تزيد من مشاركة المتعلم في المواقف التعليمية وتساعده على التذكر، فالتعلم عن طريق الحفظ أو التذكر الآلي ربما يخلو من المعنى، وسرعان ما يتعرض للنسيان؛ لأن الدور الأكبر فيه للمعلم، بينما تجعل الوسيلة التعليمية للمتعلم دوراً أكبر.

وتؤكد الدراسات التي أجريت على الوسائل التعليمية أنها تقلل من النسيان وتزيد من كفاية التعلم والتذكر، فيزداد ــ بذلك ــ التحصيل العلمي ويقوى التذكر باستخدام الوسائل التعليمية؛ لأنها تجعل التعلم ذا معنى؛ ولأنها تثير اهتمام المتعلم وتزيد من نشاطه ومشاركته. ففي كل موقف تعليمي هناك مثير وهناك استجابة، فالمثير هو ما يمكن استقباله بإحدى الحواس، والاستجابة هي رد فعل لذلك المثير، ومن هنا على المتعلم ــ في العملية التعليمية ــ أن يستقبل المثير ويقوم بإدراكه وفهمه حتى تكون الإستجابة صحيحة.

كذلك فإن الطالب عندما يتم عرض الوسيلة التعليمية له، فإنه سيعمل على تخزين المعلومات التي حصل عليها في ذاكرته، وهذه المعلومات ستكون أكثر تركيزاً من غيرها، وبالذات تلك التي تم توصيلها للطالب بالطرق التقليدية أو التلقين والحفظ، وبعد تخزينها سيعمل الطالب على حفظ هذه المعلومات مع الصورة التي تم عرضها ـ وهي الوسيلة التعليمية ـ وشرح مضمونها ومحتواها له، ومن هنا فإن هذه المعلومات والصورة التي تعززها تكون قد التصقت في ذاكرة الطالب، وبذلك فإنها ستكون ـــ إلى حد كبير ـــ أكثر رسوخاً من المعلومات التي تلقاها الطالب بالطريق التقليدي. ومن هنا فإن للوسائل العملية علاقة بالتذكر والنسيان، وذلك بالاعتماد على الذاكرة، ولذا تم الاهتمام بدراسة الذاكرة وكيف عملها وعلاقتها بالتذكر والنسيان والإبداع وغير ذلك من الأمور.

وقد قام عالم النفس الكندي "إندل تولفينج" بالاهتمام بهذه الأعمال، حيث أجرى دراسات وتجارب، ومن هذه التجارب ما عرف بـ "خرائط الذاكرة" حيث أعطى مائة بطاقة مطبوع على أحد وجيهها عدة كلمات، وطلب من أحد الفريقين تذكر الكلمات، ومن الفريق الآخر تنسيقها في تصنيفات منطقية بالنسبة لهم.

وبعد ذلك قام "تولفينج" باختبار مدى تذكر كلا الفريقين للكلمات المائة، فكانت النتيجة أن الذين قاموا بتنسيق الكلمات دون بذل أي مجهود في تذكرها ـ سجلوا نقاطاً مماثلة للذين ركزوا على تذكرها...

فتقوم فكرة الخرائط المفاهيمية لدى "تولفينج" على وتيرة مفادها تضمين الذاكرة كلمة أساسية أو فكرة رئيسية من شيء ترغب في تذكرها، وذلك في مركز الخريطة المفاهيمية، أما الأفكار الفرعية فتكتب بجوارها في دوائر أو مربعات ويتم التوصيل بينها وبين الفكرة الأساسية بخطوط، وأنهم أما الأفكار التي تتصل بالفكرة أو الأفكار الفرعية فتدون بسرعة مع التوصيل بينها بخط مميز. ويوضح الشكل رقم (6) صورة لخريطة مفاهمية تعمل على تفسير المثال الذي تحدثنا عنه:

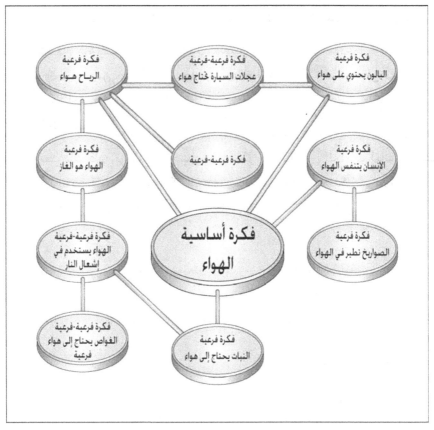

الشكل رقم (6) يمثل خريطة مفاهيم للتذكر

ومن المفيد استخدام هذه الطريقة لتخزين المعلومات، فهي مفيدة للفصول التعليمية والفيديو، والشرائط الصوتية، وذلك لأنه يتم جمع المعلومات ونقلها بالصوت والصورة.

والخرائط المفاهيمية مفيدة؛ لأنها تتم في أثناء عملية تدوين المفاهيم الأساسية ورسم الاتصالات التي تجول بالخاطر مع تقييم المعلومات أثناء نقلها في صورة مصطلحات، وفي هذه الحالة يمكنك شخصياً الربط بينها، وهي مفيدة ــ كما تقول "جون ستاين" ــ لمن يتمتعون بذكاء بصري ويشعرون بالتقيد بالحاجة إلى شرح بشكل خطي، ولكن هذه الفكرة بسيطة وفعالة بالنسبة لأي شخص.

ومن الجدير بالذكر أن الخريطة المفاهيمية ينبغي أن تبدأ بالمركز حيث "الفكرة الأساسية" أو "الفكرة الأم" وبعد ذلك ستتضح الأمور، وبعد ذلك تتبع الخطوط المتباعدة حتى تنتهي عند الأفكار الفرعية "وهي الدرجة الثانية من خريطة الذاكرة". ومن هذه الأفكار الفرعية تتفرع الخطوط إلى أفكار فرعية ـ فرعية، وهذه هي"الدرجة الثالثة من خريطة الذاكرة" وبعد ذلك تتبع الخطوط التي توصل إلى الأفكار الفرعية ـ الفرعية ـ الفرعية وهذه هي "الدرجة الرابعة من الخريطة". إذن الخريطة المفاهيمية تقوم على أربعة درجات تبدأ من الدرجة الأولى وهي الفكرة الأساسية، أو الأم ومن ثم تتدرج حتى تصل إلى الفكرة الفرعية ـ الفرعية ــ الفرعية، وهي الدرجة الرابعة من الخريطة، مع الأخذ بعين الاعتبار المرور بالدرجة الثانية "الفكرة الفرعية" والدرجة الثالثة "الفكرة الفرعية الفرعية".

ويمكن تطبيق هذه الخريطة على الوسائل التعليمية وكيفية الاستفادة منها، فلو أخذنا خريطة الوطن العربي كمثال توضيحي، فإن هذه الخريطة تمثل الفكرة

الأساسية، وبعد ذلك أخذنا كل قطر من الوطن العربي كفكرة فرعية، وبداخل كل قطر أخذنا محصول زراعي معين داخل هذا القطر "كفكرة فرعية فرعية"، وبعد ذلك أخذنا أماكن تركز كل محصول في داخل هذا القطر...

فمن ذلك كله تتوصل إلى الاستفادة من خريطة الذاكرة في بيان مدى أثر الوسائل التعليمية على عملية التذكر والذكرة، وكيف تحول هذه الخارطة دون النسيان، وتعمل على تركيز المعلومات في ذاكرة الطلبة، بشكل متسلسل ومنطقي يسهل في عملية بتويب المعلومات وفي سهولة الرجوع إليها، وهذه الطريقة أي "الخريطة المفاهمية" يمكن تعميمها على الوسائل التعليمية والاستفادة منها بشكل عام .

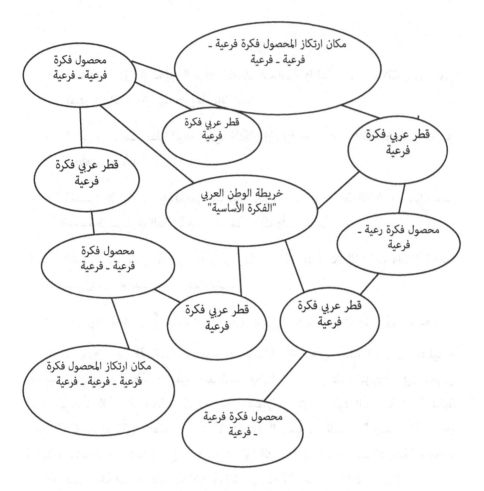

الشكل رقم (7) يوضح كيفية الاستفادة من الخرائط المفاهمية في استخدامالوسائل التعليمية

أن خريطة الذاكرة تعد من العوامل القوية في إثراء الذاكرة لأنها تعمل على عدد من المستويات في وقت واحد، وذلك كما يأتي:

- المستوى الأول: تحول المعلومات التوضيحية "بيانات الدخل" إلى تصورات وصور ذات معنى.

- المستوى الثاني: التدوين السريع للأفكار الأساسية والإشارة إلى الصلات بينها، فهي تظهر البيانات وترتبها بطريقة ذات معنى.

- المستوى الثالث: نظراً لوجود حيز لأفكار إضافية واتصالات، فإنك تضطر للنظر في اتجاهات جديدة.

- المستوى الرابع: تنسق المعلومات تبعاً لإدراك الطالب لترابط الأفكار، وهذا يسهل عملية تركيزها في الذاكرة وعملية استعادتها واسترجاعها.

- المستوى الخامس: تحليل المعلومات بشكل واعٍ، بدلاً من الإنصات والقراءة، مما يسهل عملية تذكر هذه المعلومات.

- المستوى السادس: أن ربط الأفكار بطريقة غير خطية يثري الذاكرة إلى حد بعيد.

ولتوضيح الخريطة السابقة نقوم بطرح مثال آخر على علاقة الوسائل التعليمية بعملية التذكر بواسطة خريطة الذاكرة، وهذا المثال يتعلق بزيارة إلى معرض للمستخرجات البحرية، وهذه المستخرجات البحرية تمثل الفكرة الأساسية أو "الفكرة الفرعية"، ومن ثم تأتي كيفية استخراجها "الفكرة الفرعية ــ الفرعية" وبعد ذلك تكوّن كيفية الاستفادة من هذا النوع أو ذاك "الفكرة الفرعية ــ الفرعية ــ الفرعية" وهكذا، وسنقوم بيان ذلك على خريطة الذاكرة في الشكل رقم (8) على هذا النحو البياني:

الشكل رقم (8) يوضح كيفية الاستفادة من الوسائل التعليمية في التذكر على خريطة الذاكرة

الفكرة الرئيسة: ماذا تحتاج البذور حتى تنمو [للصف الثالث الأساسي]

الأفكار الفرعية: ماء، تربة، هواء حرارة أشعة شمس، ظلام.

الأفكار الفرعية- الفرعية: تنمو البذور بدون تربة، تنمو البذور في الثلاجة، تنمو البذور في النسيج، تنمو البذور في الورق، تنمو البذور في البولسترين.

أفكار فرعية- فرعية- فرعية:

لماذا تكون النباتات التي تنمو في الظلام مائلة للصفرة.

حاول زراعة البذور في خزانة مظلمة، في ثلاجة.

الفصل السابع

إنتاج وتصنيع اللوحات التعليمية

أنتاج وتصنيع اللوح المغناطيسي.

أنتاج وتصنيع اللوحة الكهربائية.

أنتاج وتصنيع لوحة الجيوب الطي.

أنتاج وتصنيع المكعبات الدوارة.

أنتاج وتصنيع اللوحة القلابة.

اللوحات التعليمية

اللوحات التعليمية من أكثر الوسائل انتشارا، لكثرة أنواعها وسهولة اعدادها واستخدامها، وسرعة تآلف الطلبة والمعلمين معها، وقدرتها على تحقيق الأهداف المرجوة منها.

وتعتبر اللوحات التعليمية من الوسائل الشمولية، أي عدم ارتباطها بمنهاج أو مادة دراسية واحدة، فهي قابلة للاستخدام للعديد من المنهاج والمواد الدراسية مثل اللغة العربية والإنجليزية والرياضيات والجغرافيا وغيرها.

ومن هذه اللوحات، اللوح المغناطيسي، اللوحة الكهربائية، لوحة الجيوب، اللوحة الوبرية، وهذا الكتاب سيتفرد بإضافة العديد من اللوحات، منها لوحة المكعبات الدوارة، لوحة الجيوب المجسمة.

وفي هذا الفصل سيتم التعرف على كيفية تصنيع هذه اللوحات خطوة بخطوة، مدعماً بالشرح والرسم التوضيحي الذي يساعد المعلم على إنتاج وتصنيع هذه اللوحات بسهولة ويسر.

اللوح المغناطيسي

يستخدم اللوح المغناطيسي بكثرة في المدارس، والكليات، والمؤسسات، والشركات الخاصة، والعامة، ولكن استخدامه مقتصراً على أنه بديل للسبورة وبدلاً من الطباشير التي تثير الغبار، يستخدم أقلام قابلة للمسح بسهولة، وذات ألوان متعددة.

وهناك أنواع متعددة من الألواح بعضها له حامل يمكن سحبه من مكان إلى آخر، وبعضها ثابت على الجدار، وبعضها خفيف الوزن، وصغير الحجم، يمكن وضعه على طاولة أمام الطالب.

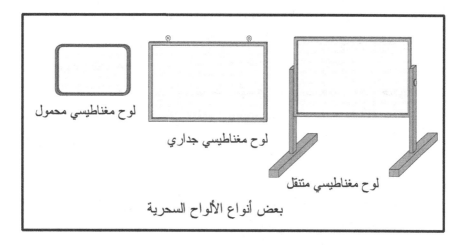

لوح مغناطيسي محمول

لوح مغناطيسي جداري

لوح مغناطيسي متنقل

بعض أنواع الألواح السحرية

لكننا هنا لا نريد أن نكتب على اللوح بل نريد أن نعلق عليه أجزاء وسيلتنا، والحقيقة أنه يمكن الاستغناء عن اللوح بأي صفيحة من معدن الحديد، وليس بالضرورة أن يكون أملس أو أبيض. وأفضل أنواع هذه الصفائح هي تلك المستخدمة في جسم الثلاجات (البرادات) المنزلية، ونقصد بـ "أفضل" هنا سهولة الحصول عليها وألوانها المتعددة وخشونة سطحها وسعرها المعقول.

إنتاج وتصنيع اللوح المغناطيسي

يتكون هذا اللوح من صفيحة من معدن الحديد على أحد أوجهه المطلي باللون الأبيض والأملس، والوجه الثاني من الفورمايكا الأملس أيضاً وبينهما قطعة من الخشب لتزيد صلابته.

يمكن تصنيع اللوح المغناطيسي بكل سهولة، فهو عبارة عن لوح من الحديد المصقول كما وضح سابقاً، ومن أجل حمايته ضع خلفه لوح من الخشب. ولحماية أطرافه، ضع إطاراً مناسباً له. ويمكن أن تصنعه بحيث يعلق على الجدار، وبالتالي أن تضع له قطع للتعليق، أو يتم نقله من مكان لآخر، ويفضل أنّ يصنع له حامل. وبإمكانك أن تضع له صفيحة ثانية من الحديد على الجهة الثانية و(الخلفية) وبالتالي يصبح لديك لوحين مغناطيسيين.

ومن الصعوبة بمكان صنع هذه اللوح المدرسة،ولكن صنعه في مدرسة صناعية، أو لحداد أو نجار في السوق المحلي.

الجزء الثاني المهم في وسيلتنا هو المغناطيس، وهناك أنواع كثيرة من المغانط وأشكال كثيرة أيضاً. ويهمنا منها المسطح فقط، وهي تكون إما على شكل متوازي مستطيلات أو اسطواني، وسماكة الشكلين لا تتجاوز (1) سم

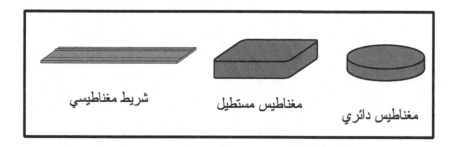

شريط مغناطيسي   مغناطيس مستطيل   مغناطيس دائري

يمكن الحصول عليها من أماكن متعددة، فالاسطوانية منها نجدها في العاب الأطفال أو في تلك التي تشتريها ربات البيوت وتكون على شكل فاكهة أو

خضراوات وتثبت على الثلاجة (البراد)، لكن أفضلها وأقصد بـ "أفضل" هنا شدة المجال المغناطيسي تلك المستخدمة في سماعات (مكبرات الصوت) الراديو أو الكمبيوتر ويمكن الحصول عليها من محلات صيانة الأجهزة الكهربية (نشتري المستعمل والمعطل من السماعات منها ولا نشتري الجديد) إذ يمكن خلعها عن السماعة بكل سهولة بواسطة ضربها بـ "المطرقة" مثلاً، ولهذا النوع من المغانط أحجام مختلفة حسب حجم السماعة.

أما متوازي المستطيلات فأفضلها تلك المستخدمة في ابواب الخزائن ويمكن شراؤها من محلات مواد البناء واستعمالها بعد نزع الغلاف البلاستيكي عنها.

وهناك نوع ثالث وهو يأتي على شكل شريط مغناطيسي وهو المستخدم في الثلاجات (البرادات) المنزلية ويمكن شراؤه من محلات صيانة الثلاجات. ويقص الطول الذي نريد بواسطة سكين.

أظن أن فكرة الوسيلة أصبحت واضحة الآن، فكل ما علينا أن فعله هو الصاق ما نريد من كلمات أو صور ...ألخ على قطعة من الكرتون المقوى أو البلاستك بالنسبة لبعض الوسائل -أو قطعة أخرى سنأتي على ذكرها عند التطرق لأمثلة وتطبيقات على هذه الوسيلة- وعلى الوجه الآخر نلصق مغناطيس ثم استخدام اللوح لتثبيتها عليه مستفيدين من سهولة حركة المغناطيس على اللوح المغناطيسي. وإليك فيما يلي بعض التطبيقات على استخدام هذا اللوح، علماً أن استخدامه يمكن القول أنه غير محدود، لأن معظم الدروس، خاصة في المرحلة الأساسية يمكن تحويلها إلى وسائل يكون اللوح المغناطيسي عاملاً مساعداً فيها لا يمكن الاستغناء عنه.

مثال تطبيقي (صورة وكلمة)

المواد والأدوات المستخدمة:

الرقم	المادة	العدد	المواصفات	ملاحظات
1	صور حيوانات	5	15×20 سم	
2	كرتون مقوى	10	15×20 سم	
3	مغناطيس	10	مستطيل مسطح	
4	مادة لاصقة	علبة		

خطوات تصنيع الوسيلة:

1. لنفرض أننا نريد أن نعلّم الكلمات التالية: قلم ، كتاب، قط ، عصفور، أرنب. أحضر صوراً جاهزة لهذه الحيوانات أو أطبعها على ورق والصقها على قطع الكرتون المقوى إذا كنت تستخدم الكمبيوتر (خمس قطع).
2. اطبع الكلمات التي تعبر عن الصور والصقها على قطع الكرتون المتبقية
3. بواسطة المادة اللاصقة الصق كل مغناطيس على خلفية قطع الكرتون العشرة.

الصور والكلمات التي تعبر عنها، تلصق على قطع من الكرتون المقوى، وفي الخلف تلصق المغناط

4. ضع الصور والكلمات على اللوح المغناطيسي.

ضع الكلمة المناسبة أمام الصورة المقابلة لها

قط عصفور قلم أرنب كتاب

والمطلوب هنا أن يوجه المعلم الأطفال إلى ترتيب كل صورة وما يقابلها من الكلمة التي تعبر عنها.

وبذلك نكون قد انتهينا من صنع الوسيلة.

ملاحظة (1): يمكن استخدام قطع البلاستك الشفاف بدلاً من الكرتون المقوى، لأنها أفضل وتدوم زمناً طويلاً وتكون الصور والكلمات خلف قطعة البلاستك وليس في الأمام كما في الكرتون المقوى وبالتالي لا تتعرض للاتساخ أو التمزق، إلا أن عملية قصه تكون أصعب من الكرتون.

ملاحظة (2): إذا أردت أن تضع خمس صور بدل الصور السابقة وبالتالي خمس كلمات فهذا يعني أنك ستلصق الصور والكلمات الجديدة مكان أو فوق القديمة، وهذا يعني ضياع الجهد الذي بذل سابقاً، أو ستضطر إلى صناعة قطع كرتون مع مغانط جديدة وهذا يعني زيادة في التكلفة وجهداً كبيراً خاصة إذا علمت أن الكلمات التي نعلمها للأطفال في مرحلة رياض الأطفال والصف

الأول تبلغ مئات الكلمات، وقد قامت إحدى معلمات الصف الأول الأساسي بجمع ما يقارب 360 كلمة لتعلم الأطفال مواضع الأحرف.

إذاً لا بد من تصميم يوفر علينا الجهد والمال، وتوصلت لهذا التصميم من خلال الجيب. فما هو الجيب وكيف نصنعه أو نحصل عليه.

خطوات صنع الجيب واستخدامه في الوسائل ؟

الشكل التالي يوضح الجيب الذي نريد، إذ يمكن إدخال قطع البلاستك أو الكرتون المقوى التي ألصقنا عليها الكلمات والصور ذات السماكة 3 ملم داخل هذا الجيب. وإذا أردت أن توفر الوقت والجهد بإمكانك أن تشتريها من محلات بيع الالمنيوم أو من عند الخطاطين، وهي تلك التي تستخدمها بعض الشركات أو المؤسسات لكتابة اسم المكتب او الشركة ... ألخ).

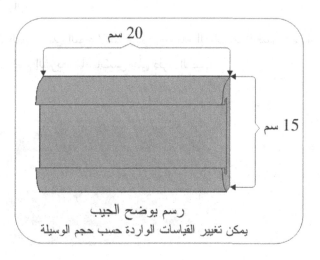

رسم يوضح الجيب
يمكن تغيير القياسات الواردة حسب حجم الوسيلة

وكل ما علينا هو طباعة الصور والكلمات على ورق وإلصاقها على كرتون مقوى أو بلاستك وإدخالها في الجيب.

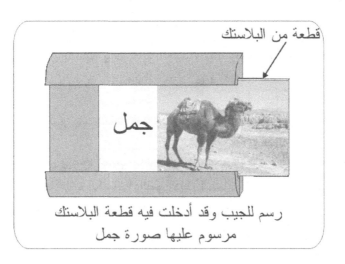

رسم للجيب وقد أدخلت فيه قطعة البلاستك
مرسوم عليها صورة جمل

وبهذه الطريقة نحافظ على ما قمنا بطباعته من صور وكلمات، بالإضافة إلى توفير الجهد والمال والوقت.

يثبت الجيب على اللوح المغناطيسي بواسطة إلصاق مغناطيس على الجهة الخلفية، ويفضل وضع نوع الشريط المغناطيس على طول الجيب.

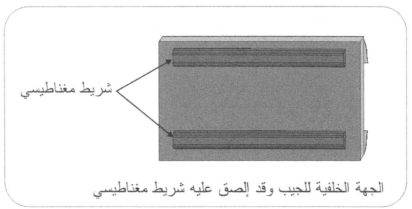

الجهة الخلفية للجيب وقد إلصق عليه شريط مغناطيسي

ولكن دعنا نطرح السؤال التالي:

هل كل الوسائل التي نستخدم فيها اللوح المغناطيسيـ تحتاج إلى جيوب؟ لنصنع الوسيلة التالية لنتأكد أن الإجابة هي لا.

مثال تطبيقي (الصور المركبة)

- **المستوى:** من 8 - 10 سنوات.

- **الهدف من الوسيلة** : تعلم اسم وشكل الاقطار العربية في قارة افريقيا ، وموقع كل قطر بالنسبة للآخر.

المواد والأدوات المستخدمة:

الرقم	المادة	العدد	المواصفات
1	صور للأقطار العربية	5	15×20 سم
22	كرتون مقوى	1	طبق
3	مغناطيس	10	مستطيل مسطح
4	مادة لاصقة	علبة	

الوسيلة تهدف لتعليم الطلاب أقطار الوطن العربي وموقع كل قطر بالنسبة للآخر، وللتبسيط اخترنا الأقطار العربية الواقعة في قارة أفريقيا. وتقوم هذه الوسيلة على فكرة " الصور المركبة" أو " التركيب" عما يتعارف الأطفال على هذه التسمية.

خطوات تصنيع الوسيلة:

1. ارسم الأقطار العربية الواقعة في قارة إفريقيا، ويفضل استخدام الحاسوب في ذلك.

2. الصق الرسم على كرتون مقوى.

3. قص كل قطر لوحده

4. ثبت مغناطيس على خلفية كل قطر.

5. ضع الصور على اللوح المغناطيسي بشكل مبعثر.

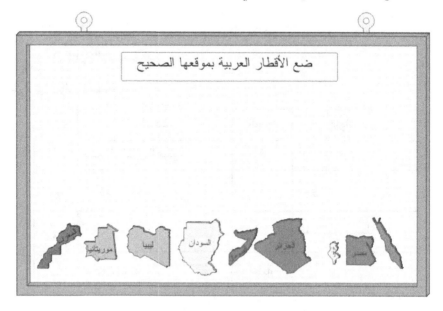

ضع الأقطار العربية بموقعها الصحيح

والمطلوب هنا أن يوجه المعلم الأطفال إلى ترتيب كل صورة (خارطة قطر) بمكانها الصحيح بالنسبة لبقية الأقطار.

لاحظ أنه لا يمكن استخدام الجيب لمثل هذه الوسيلة، هذا يعني أن الجيب يستخدم للأشكال المنتظمة، وهي كثيرة جداً بطبيعة الحال.

وتجد مزيداً من التطبيقات في فصل الألعاب التربوية.

إنتاج و تصنيع اللوحة الكهربائية

تعتمد هذه اللوحة في عملها على تصميم دائرة كهربائية مبسطة تغلق أثناء الاستعمال، فيضيء مصباح أو يسمع صوت جرس أو موسيقى خفيفة.

تستخدم هذه الوسيلة للربط بين شيئين، والكتب المدرسية مليئة بما يشبه هذه الوسيلة، ويكون الدرس بالعادة تحت عنوان " اربط بين كذا وما يقابله من كذا".

كذلك البرامج المحوسبة وتكون بالعادة بالنقر على خيار وما يقابله من الإجابة الصحيحة. ويسمع صوت يشجع الطفل مثل أحسنت أو أنت عبقري وما يشبه هذه الجمل عند الإجابة الصحيحة أو يطلب منه المحاولة من جديد عند الاجابة الغير صحيحة.

وفيما يأتي طريقة صنع اللوحة الكهربائية:

المواد والأدوات المستخدمة:

المواصفات	العدد	المادة	الرقم
0.5×70×100 سم	1	قاعدة خشبية	1
2 م	1	اسلاك كهربية رفيعة	2
	10	وصلات كهربية (سوكة)	3
1.5 فولت	2	بطارية	4
	1	لمبة صغيرة (3 فولت)	5
10×20 سم	10	جيب من الألمنيوم	6
طبق	1	كرتون مقوى	7

خطوات تصنيع الوسيلة:

سنتعلم كيف نصنع وسيلة اللوحة الكهربائية لخمسة خيارات، ولن تختلف الطريقة إذا أردت أن تزيد هذه الخيارات أو تنقصها. نحتاج في هذه الوسيلة أن نثبّت بعض القطع من الأمام أي الجزء الذي يظهر أمام الطلبة، وبعض القطع من الخلف وهي لا تكون ظاهرة للطلبة.

أولاً: الجهة الأمامية:

1. ارسم مستطيلات بالأبعاد الموضحة في الشكل أدناه

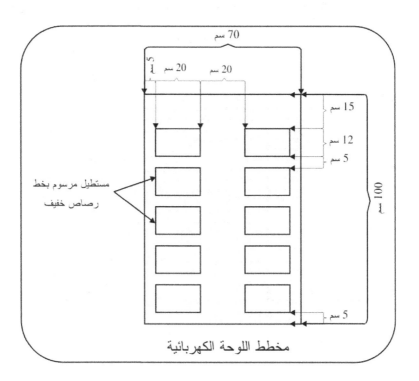

مخطط اللوحة الكهربائية

2. ثبت المصباح الكهربائي مع قاعدته في أعلى اللوحة الكهربية ويمكن استبدال المصباح بدائرة كهربية بسيطة يمكن أخذها من ألعاب الأطفال أو من بطاقات المعايدة، حيث تصدر هذه الألعاب أو البطاقات أصواتاً بالعادة تكون موسيقية أو جزءاً من أغنية للأطفال. وعندما نكمل الوسيلة سنرى أنه عند الاجابة الصحيحة سيضيء المصباح أو نسمع صوت الموسيقى.

3. أثقب ثقبين على جانب المصباح الكهربائي، وضع بهما وصلتين كهربائيتين .

4. ثبت سلكين كهربائيين مع هاتين الوصلتين أما الأطراف الثانية للسلكين فسيكونان متحركين ، لأنهما الجزء الذي سيحركه الطالب ليحصل على الإجابة الصحيحة.

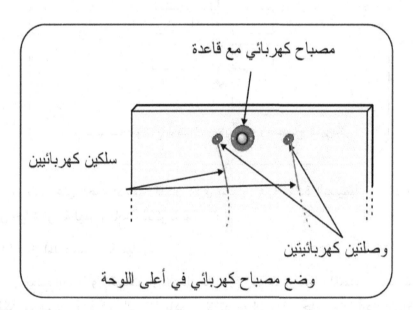

مصباح كهربائي مع قاعدة
سلكين كهربائيين
وصلتين كهربائيتين

وضع مصباح كهربائي في أعلى اللوحة

5. أثقب بجانب كل مستطيل، ثم ثبت الوصلات الكهربية في الثقوب (هذه الوصلات تسمى "أنثى" ، ويفضل وصلات كهربية خاصة تستخدم في المختبرات العلمية تسمى وصلات بنانا).

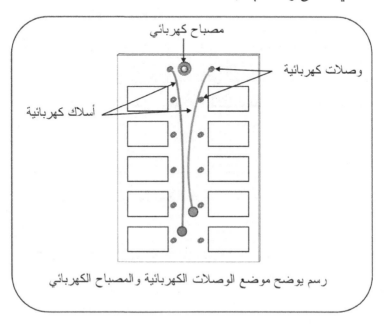

رسم يوضح موضع الوصلات الكهربائية والمصباح الكهربائي

يبقى على الجهة الأمامية المكان الذي سنعلق عليه المادة التعليمية، وهناك أكثر من خيار/طريقة لهذه الغاية، سأذكر ثلاثة منها:

(أ) لصق المادة التعليمية مباشرة

تطبع الصور أو الكلمات، أو الأعداد على ورق، ثم تلصق مكان المستطيلات مباشرةً، ولكن في هذه الحالة فإن الوسيلة بأكملها لا تصلح إلا لمرة واحدة، وإذا أردنا أن نضع عليها مادةً تعليمية جديدة فعلينا أن نلصق هذه المادة فوق الأولى، أو أن نمزق الأولى، ونضع المادة الجديدة، وفي الحالتين فإننا سنخسر الجهد والمال.

لذلك لا نفضل هذه الطريقة حتى لو كان الهدف منها أن نقدم هذه الوسيلة ضمن مساق جامعي ولغايات العلامة فقط.

(ب) استخدام صفائح الحديد والمغناطيس وقطع البلاستك

وذلك كما يلي:

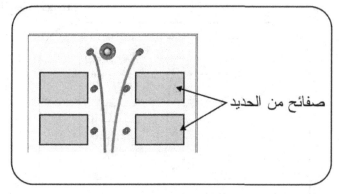

صفائح من الحديد

1. ثبت صفيحة من الحديد على المستطيلات.
2. قص قطعاً من البلاستك أو الكرتون المقوى (سماكة 3 ملم) بمساحة المستطيلات التي رسمتها على الوسيلة.
3. الصق الصور والكلمات أو الأعداد على أحد أوجه قطع البلاستك في الجهة الثانية (الخلفية) الصق شريط مغناطيسي.

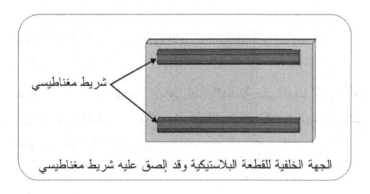

شريط مغناطيسي

الجهة الخلفية للقطعة البلاستيكية وقد إلصق عليه شريط مغناطيسي

4. ضع القطع البلاستيكية على اللوحة الكهربية (لاحظ أن هذه الطريقة أصبحت تشبه اللوح المغناطيسي، ولكن بدلاً من أن يكون لوحاً كاملاً وضعنا صفائح من الحديد).

(ج) استخدام الجيوب وقطع البلاستك:

لقد تطرقت للجيوب في صفحات سابقة من هذا الكتاب وسأكتفي برسم يوضح ذلك، وكل ما عليك القيام به هو إلصاق الجيوب مكان المستطيلات التي رسمناها في مخطط اللوحة الكهربية.

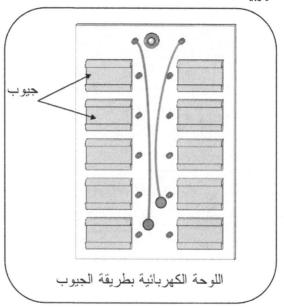

اللوحة الكهربائية بطريقة الجيوب

وبذلك نكون قد انتهينا من الجزء الأول (الجهة الأمامية) للوسيلة.

ثانياً: الجهة الخلفية

بعد أن قمنا بصناعة الجزء الأمامي من الوسيلة بقي لدينا الجزء الخلفي لكي تكتمل، وكل ما علينا القيام به هو توصيل الأسلاك الكهربية بين الوصلات التي ثبتناها سابقاً في الجهة الأمامية وذلك كما يلي:

1. ثبت بطارية مع قاعدتها ويفضل أن تكون بجانب أطراف قاعدة المصباح.

2. صل أحد أطراف البطارية مع أحدى الوصلات التي ثبتت بجانب قاعدة البطارية والطرف الثاني مع أحد أطراف قاعدة المصباح.

3. صل الطرف الثاني لقاعدة البطارية مع الوصلة الأخيرة التي تقع بجانب هذه القاعدة.

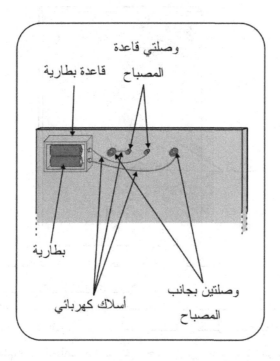

4. الوصلات الكهربية التي ثبتناها من الأمام سيظهر طرفها الثاني من الخلف صل بين هذه الوصلات بوسطة الأسلاك الكهربية، وترقيم هذه الوصلات يساعد في معرفة أين نضع الخيار، وأين نضع إجابته الصحيحة، وفي وسيلتنا، فإن الأرقام ستكون من (1-10) حيث الخيارات تحمل الأرقام من (1-5) والإجابات من (6-10) فإذا وصلت النقطة (1) مع النقطة (7) فهذا يعني أن ما تضعه على المنزلقة في الجيب

رقم (1) من صورة مثلاً ستكون الإجابة الصحيحة المرتبطة به على الوصلة التي تحمل الرقم (7). وإذا وصلت النقطة (2) مع النقطة (10) فهذا يعني أن ما تضعة في المنزلقة (2) ستكون اجابته على المنزلقة (10). من جهة ثانية يجب أن تكون الأسلاك الكهربية سهلة الحركة، أي أن نغير خيارات الاجابات بسهولة لأن الطلاب يحفظون مواقع الخيارات وما يرتبط بها.

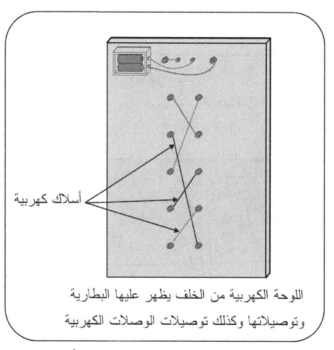

أسلاك كهربية

اللوحة الكهربية من الخلف يظهر عليها البطارية وتوصيلاتها وكذلك توصيلات الوصلات الكهربية

وبذلك نكون قد انتهينا من صناعة وسيلتنا. والشكل أدناه يظهر الشكل النهائي للوسيلة من الأمام، ومن الخلف. مع تطبيق لأحد دروس الجمع لمادة الرياضيات.

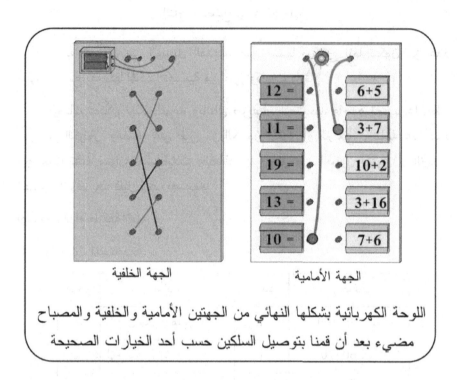

الجهة الخلفية   الجهة الأمامية

اللوحة الكهربائية بشكلها النهائي من الجهتين الأمامية والخلفية والمصباح مضيء بعد أن قمنا بتوصيل السلكين حسب أحد الخيارات الصحيحة

واستخدامات هذه الوسيلة كثيرة، فيمكن استخدامها لمواد اللغة العربية واللغة الإنجليزية والاجتماعيات والرياضيات والعلوم.... إلخ. ولكن فكرتها ثابتة وهي كما ذكرت سابقاً هي عملية الربط بين شيئين مترابطين.

إنتاج و تصنيع لوحة الجيوب

لوحة الجيوب من الوسائل القديمة، ومن اسمها نستنتج أنها تتكون من عدة جيوب، توضع بداخلها المادة التعليمية من صور وكلمات وأرقام.

وهناك شكلان لهذه اللوحة وبالتالي طريقتان لتصنيعها، واحدة تعتمد على طي طبق من الكرتون، والصاقه على طبق من الكرتون المقوى أو التربلاي. والثانية على صنع مجسمات تشبه متوازي مستطيلات والصاقها على طبق من الكرتون المقوى أو التربلاي أيضاً وسنتعرف بعد قليل كيف نصنعهما.

أولاً: باستخدام طريقة الطي

المواد والأدوات المستخدمة:

المواصفات	العدد	المادة	الرقم
70×100 سم	1	كرتون مقوى ملون	1.
60×70 سم	1	لوح من الخشب	2.
علبة	1	مادة لاصقة (آغو)	3.
عرض 3 سم	3 متر	اطار	4.

خطوات تصنيع الوسيلة:

سنقوم بصناعة وسيلة تحوي على أربعة جيوب، وبإمكانك أن تغير المقاييس التي سترد بعد قليل لزيادة أو نقصان عدد الجيوب.

1. أحضر طبقاً من الكرتون، وسطر عليه خطوطاً خفيفة بقلم الرصاص.

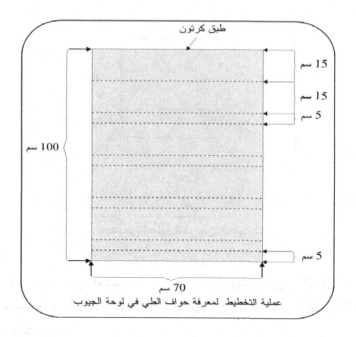

طبق كرتون

15 سم

15 سم

5 سم

100 سم

5 سم

70 سم

عملية التخطيط لمعرفة حواف الطي في لوحة الجيوب

2. أطوِ الكرتون على الخطوط الخفيفة .

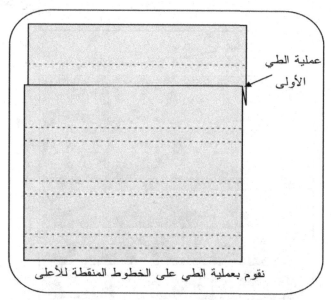

عملية الطي الأولى

نقوم بعملية الطي على الخطوط المنقطة للأعلى

3. تابع عملية الطي، حسب التصميم بهذا الكتاب ستكرر عملية الطي 4 مرات.

رسم توضيحي لعملية الطي من الجانب الأيمن

4. بعد الانتهاء من عملية الطي، حيث يصبح ارتفاع طبق الكرتون (60سم) أما عرضه فيبقى كما هو (70سم) الصق بواسطة المادة اللاصقة طبق الكرتون على لوح خشبي.

5. وضع اللوحة إطاراً مناسباً ثم أثقب ثقبين في وسط اللوح من الأعلى وضع خيط التعليق.

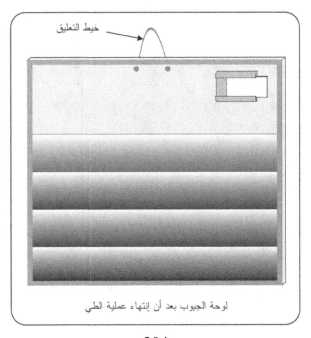

خيط التعليق

لوحة الجيوب بعد أن إنتهاء عملية الطي

مثال تطبيقي على لوحة الجيوب

المواد والأدوات المستخدمة:

الرقم	المادة	العدد	المواصفات
1	كلمات وصور مطبوعة على ورق	5	15×20 سم
2	كرتون مقوى	1	طبق
3	مادة لاصقة	علبة	

خطوات تصنيع الوسيلة:

1. اطبع الكلمات والأحرف الناقصة وألصقها على قطع من الكرتون المقوى، ويفضل وضع صور بجانب الكلمة الناقصة.

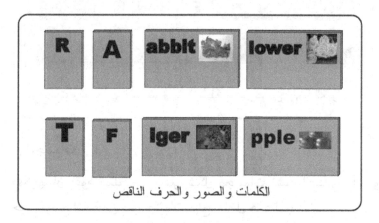

الكلمات والصور والحرف الناقص

2. ضع هذه الكلمات والأحرف داخل الجيب، لاحظ الكلمات والصور والأحرف تلصق على الجزء العلوي، وذلك لأن جزءاً منها سيكون مخفياً داخل الجيب.
3. أكتب أسم الوسيلة في أعلى اللوحة، ولكي تستخدم اللوحة لأكثر من موضوع ضع جيب خاص في أعلى اللوحة يمكن أن ندخل فيه اسم

الوسيلة/ الموضوع ونغيره كلما تطلبت الحاجة إلى ذلك وستجد وصفاً لعمل مثل هذا الجيب في وسيلة اللوح المغناطيسي.

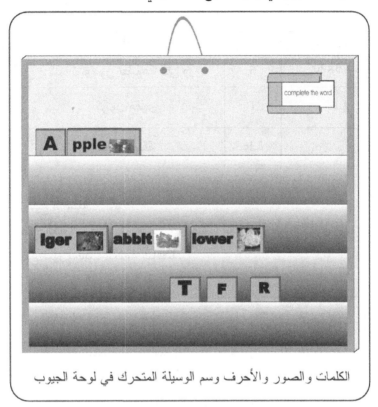

الكلمات والصور والأحرف وسم الوسيلة المتحرك في لوحة الجيوب

ثانياً:

باستخدام المجسمات

وفكرتها أن نقوم بصنع جيب على شكل مجسمات تشبه الصندوق المفتوح من الأعلى، حيث توضع المادة من صور وكلمات...إلخ، داخل هذه المجسمات.

وهي أفضل من الجيوب المصنوعة بطريقة الطي؛ لأنّ سعتها للمواد أكثر، وسيتضح ذلك بعد قليل.

المواد والأدوات المستخدمة:

الرقم	المادة	العدد	المواصفات
1	كرتون مقوى ملون	2	70×100 سم
2	لوح من خشب	1	70×100 سم
3	مادة لاصقة (آغو)	1	علبة
4	اطار	3 متر	عرض 3 سم

خطوات تصنيع الوسيلة:

1. قص قطعة من الكرتون 30 × 27 سم وأرسم عليها خطوطاً كما في الشكل أدناه.

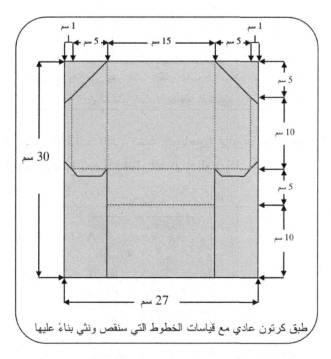

طبق كرتون عادي مع قياسات الخطوط التي سنقص ونثني بناءً عليها

2. قص من عند الخطوط المتصلة

3. بعد عملية القص نحصل على الشكل أدناه حيث الخطوط المنقطة تمثل مناطق الثني، والمناطق ذات اللون المنمش مناطق التصميغ.

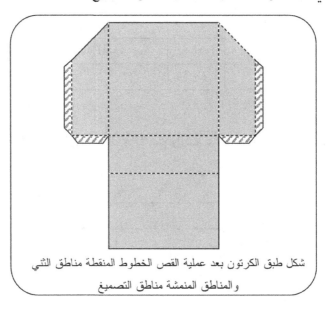

شكل طبق الكرتون بعد عملية القص الخطوط المنقطة مناطق الثني
والمناطق المنمشة مناطق التصميغ

4. قم بثني الأطراف (التي تشبه الجناحين) بزاوية 90 درجة وكذلك مناطق التصميغ وصمغ بعضها (أنظر الشكل أدناه).

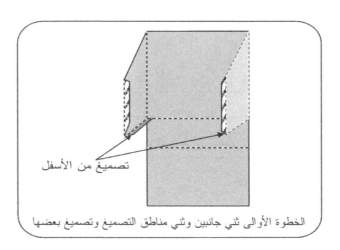

تصميغ من الأسفل

الخطوة الأولى ثني جانبين وثني مناطق التصميغ وتصميغ بعضها

5. قم بثني القاعدة بمقدار 90 درجة وألصقها مع مناطق التصميغ التي صمغتها سابقاً، وصمغ المنطقتين المتبقيتين.

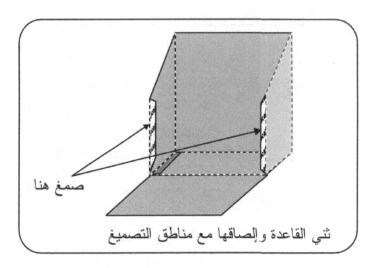

صمغ هنا

ثني القاعدة وإلصاقها مع مناطق التصميغ

6. إثن الوجه بمقدار 90 درجة أيضاً وألصقه مع مناطق التصميغ التي صمغتها سابقاً لتحصل على صندوق كما في الشكل

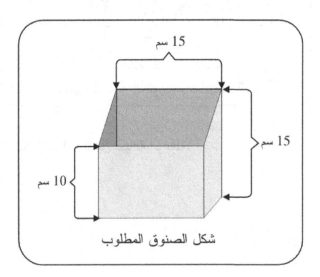

15 سم

15 سم

10 سم

شكل الصنوق المطلوب

7. اصنع مجموعة من الصناديق مختلفة الأحجام ثم علقها على لوح خشبي وذلك حسب ما يتطلبه الدرس.

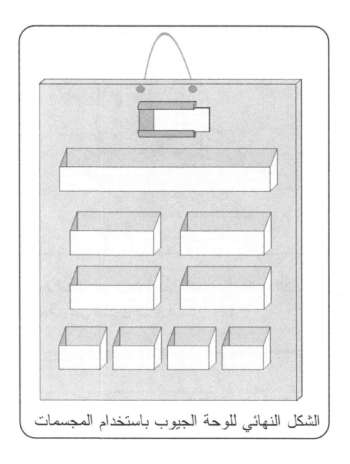

الشكل النهائي للوحة الجيوب باستخدام المجسمات

وبذلك نكون قد انتهينا من صناعة الوسيلة.

وإذا طبقنا المثال السابق، الذي طبقناه على لوحة الجيوب بطريقة الطي، أي على تكملة الحرف الناقص، تصبح الوسيلة بهذا الشكل.

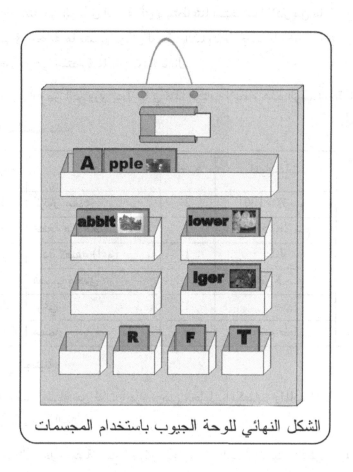

الشكل النهائي للوحة الجيوب باستخدام المجسمات

إنتاج و تصنيع المكعبات الدوارة

هذه الوسيلة من الوسائل العامة، أي باستطاعتنا استخدامها لأكثر من مادة دراسية. يوجد في الأسواق المحلية ما يشبهها ولكن للأسف الشديد لا يوجد ما يخص اللغة العربية أو مواضع أخرى. وهي مقتصرة على رياض الأطفال.

ولهذا نرى أنه من الضروري إدراجها في هذا الكتاب لإعطاء هذه الوسيلة حقها.

المواد والأدوات المستخدمة:

الرقم	المادة	العدد	المواصفات
1.	كرتون مقوى	2	70×100 سم
2.	قطعة من الخشب	2	2×15×60 سم
3.	مادة لاصقة (آغو)	1	علبة
4.	قضيب معدني	3 متر	عرض 3 سم
5.	برغي	1	
6.	مسمار	6	3 سم طول

خطوات تصنيع الوسيلة:

تصنع هذه الوسيلة من ثلاث أجزاء، وهي الحامل، المكعبات والمادة التعليمية من صور وكلمات وأرقام ... ألخ.

وسنقف الآن على كيفية صنع الجزئين الأوليين، أما الثالث فسيتم التطرق إليه عند الحديث عن التطبيقات على هذه الوسيلة.

أ . الحامل

1. ثبت القطع الخشبية كما في الشكل

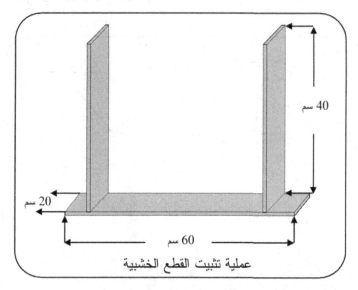

عملية تثبيت القطع الخشبية

2. اثقب ثفبين على الحامل الخشبي

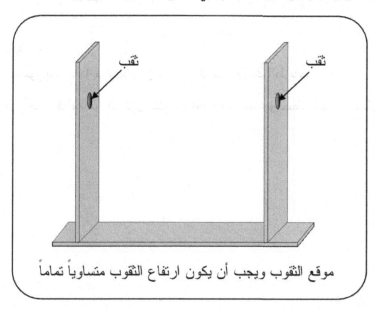

موقع الثقوب ويجب أن يكون ارتفاع الثقوب متساوياً تماماً

3. أدخل القضيب المعدني في الثقب، وثبت برغي التثبيت عند الثقب الثاني، ويجب أن يكون هذا القضيب سهل التثبيت والفك، لأنه في الحصة الواحدة قد تحتاج إلى استبداله مع المكعبات أكثر من مرة، ولا يجوز تضييع الوقت في عملية فك وتركيب القضيب والمكعبات.

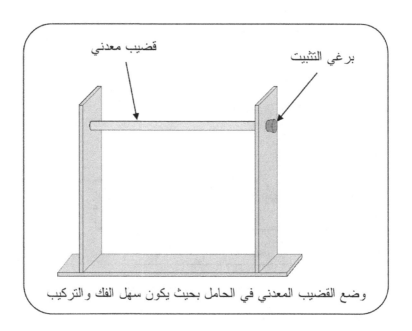

وضع القضيب المعدني في الحامل بحيث يكون سهل الفك والتركيب

ب. المكعبات

ستقوم بصناعة 4 مكعبات من الكرتون المقوى وإليك الطريقة:-

1. أحضر قطعة من الكرتون المقوى (60 × 45 سم) وخططها كما في الشكل

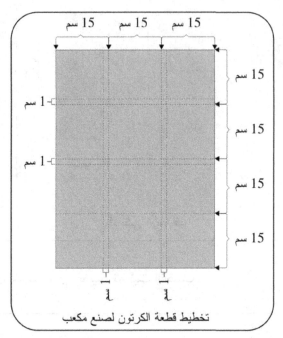

تخطيط قطعة الكرتون لصنع مكعب

2. اثقب المكعبات من الوسط ومن الطرفين، بحيث يمكن إدخال القضيب من خلالها.

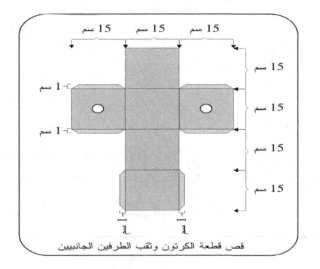

قص قطعة الكرتون وثقب الطرفين الجانبيين

3. أكمل المكعب كما في الشكل

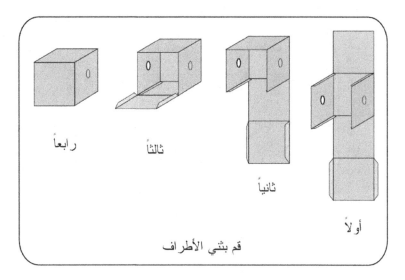

رابعاً   ثالثاً   ثانياً   أولاً

قم بثني الأطراف

4. أدخل المكعبات في القضيب ثم ثبت القضيب

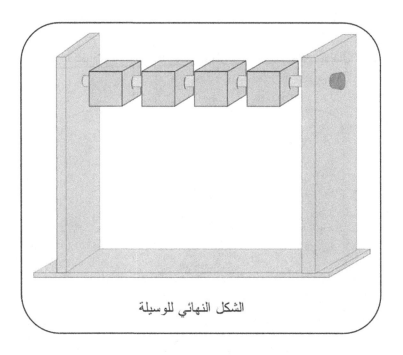

الشكل النهائي للوسيلة

لكن يجب أن نعلم أننا لا نحتاج دائماً إلى أربعة مكعبات متساوية ولتوضيح ما نقصده لنطبق المثال التالي على استخدام هذه الوسيلة:

لنفرض أننا نريد أن نعلم الطلاب عواصم الدول التالية : فرنسا، روسيا، ايطاليا، ألمانيا.

1. نطبع الجمل والإجابات على كرتون مقوى

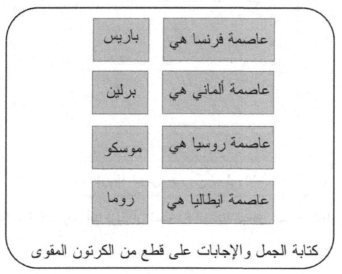

عاصمة فرنسا هي	باريس
عاصمة ألماني هي	برلين
عاصمة روسيا هي	موسكو
عاصمة ايطاليا هي	روما

كتابة الجمل و الإجابات على قطع من الكرتون المقوى

2. نصنع مكعباً ومتوازي مستطيلات وبالأحجام التي تناسبنا (طريقة صنع متوازي المستطيلات لا تختلف عن طريقة صنع المكعب وكل ما علينا هو أن نغير طول القاعدة وللمزيد - راجع فصل المجسمات).

3. نلصق الجمل والإجابات على المكعب ومتوازي المستطيلات، ومختصر طريقة الاستخدام أن يقوم الطالب بتدوير متوازي المستطيلات ليختار أحد الجمل ثم يدور المكعب ليقرر على الإجابة الصحيحة.

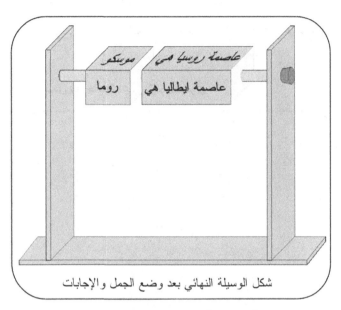

شكل الوسيلة النهائي بعد وضع الجمل والإجابات

مثال (2) لنفرض أننا نريد أن نستخدم الوسيلة لبعض عمليات الطرح البسيطة

وهي:

- 5 – 3 = 2
- 6-1 =5
- 12 – 8 = 4
- 7 – 3 = 4

يمكن أن نستخدم هذه الوسيلة في طريقتين الأولى إما أن نصنع مكعباً ومتوازي مستطيلات وبعد كتابة (طباعة) المسألة والإجابة بحيث تكون عملية المطابقة بين المسألة والإجابة والشكل التالي يوضح ما نقصده:-

الخيارات تكون بين المسألة والإجابة

والثانية أن نصنع خمس مكعبات نطبع كل رقم وإشارتي الطرح والمساواة ونلصقها على قطع من الكرتون المقوى والذي سيكون عددها أي القطع الكرتونية (20) قطعة مساحة كل قطعة تساوي مساحة وجه المكعب ثم نلصقها على المكعب، وفي هذه الحالة تكون الحالة أصعب من السابقة إذ على الطالب أن يكون المسألة ثم يختار الإجابة من بين الخيارات المتاحة (يفضل أن يكون طالب المسألة وآخر يجد الإجابة).

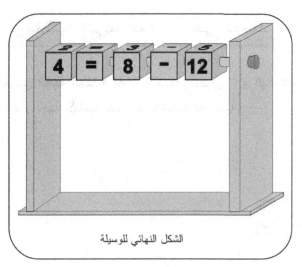

الشكل النهائي للوسيلة

لا بد انك لاحظت أننا سنحتاج إلى عدد كبير من المكعبات لكل درس، وهذا يعني مزيداً من التكلفة والجهد والوقت ناهيك عن توفير المكان المناسب لحفظ هذه المكعبات، لذلك سنلجأ إلى طريقة الجيوب أو المغناطيس، وهاتين الطريقتين تم التطرق إليهما بالتفصيل في الوسائل السابقة وسأكتفي هنا بالرسم ليوضح كيف نستخدم هاتين الطريقتين لهذه الوسيلة.

أولاً: باستخدام المغانط

وذلك كما يلي:

أفضل أنواع المغانط لهذه الغاية هو الشريط المغناطيس، رغم أنه بالإمكان استخدام أنواع أخرى.

1. ثبت بواسطة مادة لاصقة جيدة شريطاً مغناطيسياً على أوجه المكعبات.

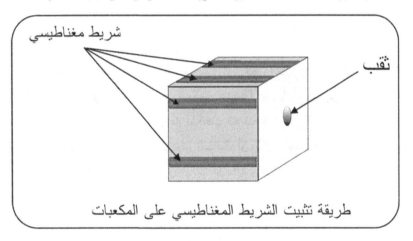

طريقة تثبيت الشريط المغناطيسي على المكعبات

2. ثبت على الجهة الخلفية لقطع الكرتون المقوى - أو البلاستك - صفيحة من الحديد (الجهة الأمامية يثبت عليها المادة التعليمية)

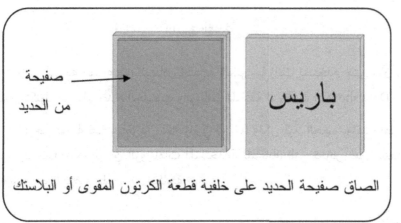

صفيحة ← باريس
من الحديد

الصاق صفيحة الحديد على خلفية قطعة الكرتون المقوى أو البلاستك

ثانياً: باستخدام الجيوب وقطع البلاستك

1. اصنع جيوباً بعدد أوجه المكعبات والصقها على هذه الأوجه

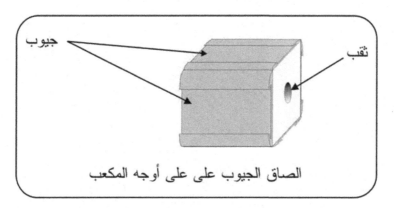

جيوب ← ← ثقب

الصاق الجيوب على على أوجه المكعب

2. قص قطعاً من الكرتون المقوى أو البلاستك بحجم الجيب المذكور في الخطوة السابقة. ويجب أن تكون هذه القطع قابلة للدخول في الجيب والخروج منها بكل سهولة.

وكما في وسيلة اللوحة الكهربية فإن وظيفة القطع الكرتونية أو البلاستيكية إلصاق المادة التعليمية التي نريد تعليمها للطلبة عليها.

وبذلك نكون قد انتهينا من صناعة وسيلتنا.

اللوحة القلابة

تعتبر اللوحة القلابة من الوسائل القديمة ولكنها ما زالت تستخدم حتى الآن رغم
التقدم التكنولوجي واستخدام الحاسوب والوسائط المرافقة له خاصة الـ Data show .

اللوحة القلابة هي عبارة عن دفتر زنبركي (سلك) ولكن كبير الحجم، وتفتح بطريقة
طولية وقد تجد شكلاً لها في الروزنامات المستخدمة للدعاية، التي تعرض صوراً متعددة
لمنتجها، وبعضها يوضع على سطح الطاولة.

إنتاج و تصنيع اللوحة القلّابة

لنفرض أن لديك 5 رسومات لجسم الإنسان في مادة الأحياء وتريد أن تصنع لها وسيلة اللوحة القلابة:

المواد والأدوات المستخدمة:

الرقم	المادة	العدد	المواصفات
1	رسومات لمادة الأحياء	5	70×100 سم
2	حلق معدني أو بلاستيكي	4	نق = 1 سم تقريباً
3	مثقب	1	

خطوات تصنيع الوسيلة:

1. أحضر اللوحات الخمسة ورتبها فوق بعضها البعض تماماً
2. بواسطة مثقب اثقب الرسومات من الأعلى أربعة ثقوب (أو أكثر).

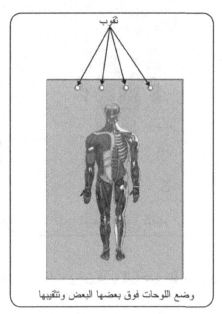

وضع اللوحات فوق بعضها البعض وتثقيبها

3. أحضر حلقاً معدنياً أو بلاستيكياً كالتي تستخدم في الستائر، وبواسطة منشار أو قطاعة اقطع الحلق.

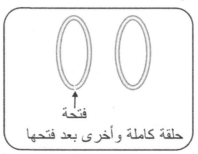

فتحة

حلقة كاملة وأخرى بعد فتحها

4. أدخل الحلق في الرسومات

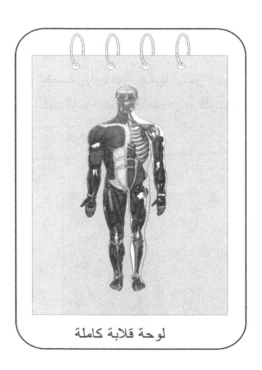

لوحة قلابة كاملة

وبذلك يكون لدينا رسومات يمكن قلب الواحدة تلو الأخرى.

ملاحظة: يوجد في معظم المكتبات آلة ثقب وقطعة بلاستك جاهزة، بإمكانك استخدام هذه الآلة، وهي تلبية لحاجة الطلاب وخاصة طلاب الجامعة عند تسليم الأبحاث.

في العادة يكون لهذه اللوحة حامل، والحوامل متعددة الأشكال وله غرض واحد هو حمل اللوحة بحيث يسهل قلب الرسومات ويمكنك شراء هذا الحامل أو تقوم بصناعته والشكل التالي للوحة قلابة مع حاملها.

لوحة قلابة مع حامل خشبي

وبذلك نكون قد انتهينا من صناعة اللوحة القلابة.

إنتاج و تصنيع اللوحة الدوارة

لقد وضعت هذه الوسيلة إلى جانب اللوحة القلابة لأنها تشترك معها في الهدف، حيث امكانية عرض أكثر من رسم أو شكل أو حتى نصوص في لوحة واحدة.

وقد جاءت فكرتها من توفر مواد في السوق المحلي لم تكن متوفرة سابقاً وستعرف ماذا نقصد بعد قليل عند التطرق إلى طريقة صناعتها.

المواد والأدوات المستخدمة:

الرقم	المادة	العدد	المواصفات
1	لفة (رول) ورق	1	0.90× 6 م
2	خمس رسومات	5	0.70× 1 متر
3	انبوبة بلاستيكية	2	طول 1 م ، نق 0.02 م
4	حامل خشبي	1	
5	برغي	3	
6	مقبض	1	معدني
7	مادة لاصقة قوية	علبة	آغو

لنفرض أننا نريد أن نصنع لوحة دوارة تتسع لخمسة رسومات لمادة الأحياء (علماً أن هذه الوسيلة يمكن أن تتسع لعدد كبير من الرسومات) وطول كل لوحة 1م وعرضها 70سم أيضاً. وبما أننا افترضنا أن لدينا 5 لوحات فهذا يعني أننا نحتاج لورقه طولها 5 متر وعرضها 1 متر ولكن نتيجة للحاجة إلى مساحة إضافية للصق وفراغ بين الرسم والآخر جعلنا طولها في الجدول أعلاه 6 متر.

خطوات تصنيع الوسيلة:

1. حدد موضع الرسومات على لفة الورق

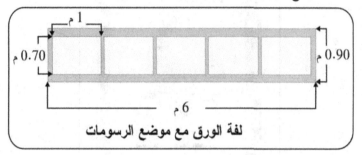

لفة الورق مع موضع الرسومات

2. ارسم ما تريد وكما ترى فقد قمت برسم خمسة لوحات لأعضاء جسم الإنسان.

لفة الورق مع الرسومات

3. بواسطة المادة اللاصقة الصق أحد أطراف الورق (الرول) مع احدى الأنابيب البلاستيكية.

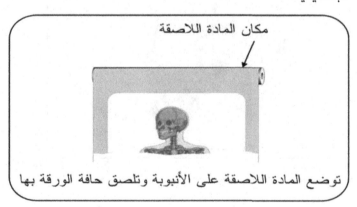

مكان المادة اللاصقة

توضع المادة اللاصقة على الأنبوبة وتلصق حافة الورقة بها

4. وبعد أن تجف المادة اللاصقة لف الرول على الأنبوبة ثم ألصق الطرف الثاني مع الأنبوبة الثانية

اللوحة الدوارة مكتملة

5. ولكي تسهل حركة الصور لا بد من حامل مناسب، والشكل أدناه تصميم لأحد هذه الحوامل، والذي يتكون من قاعدة خشبية وبرغيين قابلين للدوران في مكانيهما، ومقبضين لتحريك الرسومات للأعلى أو للأسفل.

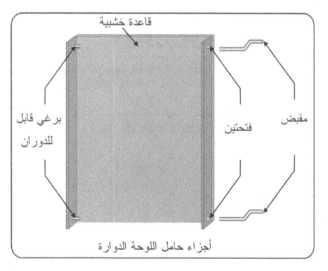

أجزاء حامل اللوحة الدوارة

6. ثبت الأنبوبين ثم المقبضين لتنهي العمل بهذه اللوحة. والشكل أدناه يمثل اللوحة بشكلها النهائي.

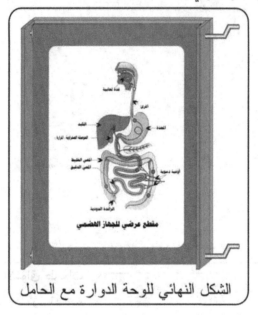

الشكل النهائي للوحة الدوارة مع الحامل

وبذلك نكون قد انتهينا من صناعة الوسيلة.

ملاحظة مهمة: يمكن استبدال الورق بالبلاستك وأفضل الأنواع هي الفلكس المستخدم عند الخطاطين لصناعة الآرمات.

تطوير للوسيلة:

إذا استبدلت الورق بالفلكس فيمكن وضع إنارة تماماً كما في الآرمات ، إذ تضفي هذه الإنارة مزيداً من الوضوح وشد إنتباه الطلاب.

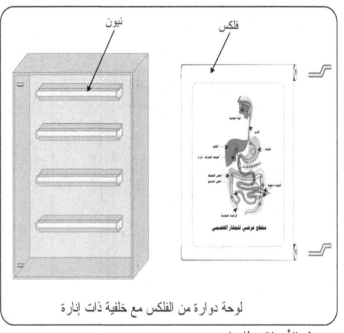

لوحة دوارة من الفلكس مع خلفية ذات إنارة

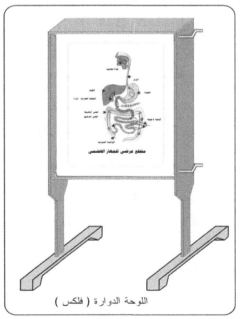

اللوحة الدوارة (فلكس)

ويوجد في الأسواق طابعات كبيرة (Plotter) يمكن تصميم الرسومات على الحاسوب ثم طباعتها على الفلكس وبعد ذلك استخدامها في اللوحة الدوارة. ويمكن تعليقها أو صناعة أرجل لتسهيل نقلها من مكان لآخر.

الفصل الثامن

الأجهزة الضوئية

- أجهزة العرض .
- جهاز الفانوس السحري .
- جهاز الصور المعتمة (الأوبك) .
- جهاز المسلاط (overhead pro).
- تكبير الرسومات .

أجهزة العرض

هناك العديد من أجهزة العرض، سنتعرف على ثلاثة منها وهي:

1. جهاز الفانوس السحري (البروجكتر : Projector)

2. جهاز الصور المعتم (الأوبك: Opaque)

3. المسلاط (الافرهيدبروجكتر : Overhead projector)

وستعرف بعد قليل لماذا وضعت هذه الأجهزة معاً وما هو الشيء المشترك بينها
وذلك عندما نتطرق إلى تركيبها وأجزائها. وستتعلم كيف تصنع اثنين منها وهما جهازي
الاوبك والبروجكتر، لأن ذلك سهل والمواد متوفرة بالسوق المحلي وبأسعار زهيدة.

جهاز الفانوس السحري (البروجكتر : Projector)

مكونات وأجزاء جهاز الفانوس السحري (البروجكتر)

يتكون هذا الجهاز كما هو مبين في الشكل من الأجزاء التالية، وتشترك كافة الأجهزة مهما اختلف تصميمها من هذه الأجزاء:

1. عدسة محدبة ذات بعد بؤري كبير نسبياً(من 5 إلى 10 سم) وهذا يعتمد على تصميم الجهاز ، ووظيفة هذه العدسة هي التكبير، و لن نتطرق إلى كيفية التكبير ، ولكن لمن يريد أن يعرف ذلك يوجد الكثير من المراجع. بعضها بسيط ويفي بالغرض مثل الكتب المدرسية.

2. أنبوبة تحمل العدسة وقابلة للحركة (أي للابتعاد أو الاقتراب من الشريحة)

3. حاجز فيه فتحة مستطيلة الشكل مساحة هذه الفتحة تساوي مساحة الشريحة - الفلم (Slide).

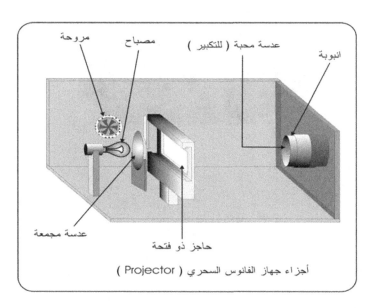

أجزاء جهاز الفانوس السحري (Projector)

4. عدسة محدبة سميكة بعدها البؤري صغير (1.5 – 2 سم) . ووظيفة هذه العدسة تجميع الضوء ليسقط بشكل مكثف ومتساوي على الشريحة – الفلم (بعض الأجهزة فيها عدستين متلاصقتين بدل واحدة، ولكن لهما نفس الوظيفة)

5. مصباح ذو إنارة قوية يصل بعضها إلى 500 واط، ويسبب ذلك ارتفاع في درجة حرارة الجهاز ، وعلينا أن نكون حذرين في التعامل مع المصباح.

6. مروحة ووظيفتها طرد الهواء الساخن، ليحل محله هواء بارد، وذلك لكي لا يتلف المصباح ولكي لا ترتفع درجة حرارة الجهاز كثيراً.

7. محول كهربائي متصل بالمصباح و المروحة.

8. أما حامل الشرائح فذلك يعتمد على شكل هذه الشرائح، فبعض الأجهزة مصمم لشرائح متصلة أي لا يتم تقطيع الفلم، وبعضها مصمم لعرض شرائح منفصلة وهذه بالعادة يكون للشريحة إطار يحويها.

لمزيد من المعلومات:

هناك العديد من التصاميم لهذا الجهاز وذلك يعتمد على الشركة المصنعة فالأجهزة المصممة للشرائح المنفصلة وهي الأكثر انتشاراً، بعضها يأخذ شريحة شريحة ، وبعضها ثلاث شرائح ويصل البعض الآخر إلى خمسين شريحة معاً. وحركة الشرائح قد تكون يدوية أو آلية، أي قد تضطر أن تحرك الشرائح يدوياً أو تضغط على زر خاص لتحريك الشريحة.

وهناك أجهزة تحتوي على أداة تسجيل صوتي، يعرف الجهاز عندها بالمتزامن، وأداة التسجيل تشبه المسجلة العادية، فلها شريط كاسيت ، ولها أيضاً ميكروفون. والتوظيف الأمثل للمتزامن عندما يكون لدينا درس (أو أي مادة)

يحتاج لأكثر من شريحة، على سبيل المثال قد يكون الدرس عن الطيات في مادة الجيولوجيا، وتحتاج لكل نوع من أنواع الطيات شريحة خاصة به.

وفائدة المتزامن أنك تستطيع أن تسجل الشرح التوضيحي المتعلق بشريحة ما، وبالتالي لا تحتاج لإعادته أكثر من مرة هذا من جهة ومن جهة ثانية يكون الشرح موحداً للجميع. لكن عليك الانتباه في عملية الضبط بين الشريحة والصوت، لأن أي خلل في التزامن (والذي قد ينتج عن الترتيب الخاطئ للشرائح أو عدم ضبط شريط الكاسيت) يصبح الصوت عن شيء والشريحة عن شيء آخر.

وأنا هنا لست بصدد توضيح كيفية التسجيل المتزامن مع الشريحة، فهذا تجده في الدليل المرافق مع كل جهاز. وفيما يلي صوراً فوتوغرافية لعدد من الأجهزة مختلفة التصميم.

تصاميم مختلفة لجهاز البروجكتر

إنتاج وتصنيع جهاز الفانوس السحري (البروجكتر)

ستقوم بصناعة نموذج لجهاز بروجكتر ، أي تستطيع أن تكبر به الشرائح ولكن ليس بمواصفات الأجهزة المباعة في الأسواق، وذلك لكي تتعلم مبدأ صناعة هذه الأجهزة، والتصميم الذي ستقوم بصناعته يصلح لأن يقوم ضمن نشاط مدرسي أو مشروع لطالب كلية وقد تدرب العديد من المعلمين وطلبة المدارس على صناعة هذا الجهاز وكان الزمن اللازم للانتهاء منه ما بين 4 إلى 6 ساعات.

المواد والأدوات المستخدمة:

الرقم	المادة	العدد	المواصفات
1	عدسة محدبة	1	ع = 10 سم نق = 2.5 سم
2	مصباح يدوي	1	قوي الإنارة (6 أو 9 فولت)
3	كرتون مقوى	1	طبق
4	انبوبة بلاستيكية	1	نق داخلي 2.5 سم ، 6 سم طول
5	مواد لاصقة(آغو)	1	علبة

خطوات تصنيع الوسيلة :

تتكون صناعة هذا الجهاز من ثلاث مراحل بسيطة، وهي صناعة الصندوق أو جسم الجهاز، ثم الحاجز ذو الفتحة وأخيراً تركيب الأجزاء معاً.

أ. الصندوق أو جسم الجهاز،

1. أحضر قطعة مربعة الشكل من الكرتون المقوى ولتكن 60 × 60 سم، ثم خططها كما في الشكل

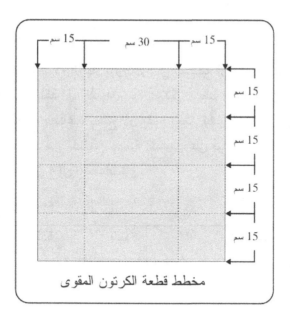

15 سم — 15 — 30 سم — 15 — 15 سم

15 سم

15 سم

15 سم

15 سم

مخطط قطعة الكرتون المقوى

2. قص على بعض الخطوط لتحصل على قطعة كما في الشكل أدناه ثم أثقب دائرتين على الجانبين، واحدة قطرها يساوي قطر الأنبوبة البلاستيكية التي ستثبت بداخلها العدسة المحدبة والثانية قطرها يساوي قطر المصباح اليدوي. ثم اعمل فتحتين على الجانبين الطوليين بطول 5 سم وعرض 1 سم، كما في الشكل أدناه.

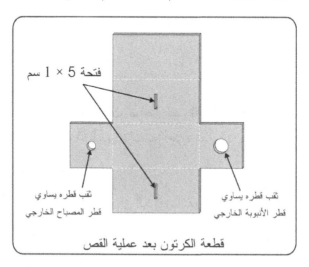

فتحة 5 × 1 سم

ثقب قطره يساوي قطر المصباح الخارجي

ثقب قطره يساوي قطر الأنبوبة الخارجي

قطعة الكرتون بعد عملية القص

238

3. بواسطة المشرط حزز على الخطوط المنقطة دون أن تقص، وذلك كي يسهل طي الكرتون على استقامة واحدة. ثم اثن الجانبين بشكل قائم مع مستوى طبق الكرتون.

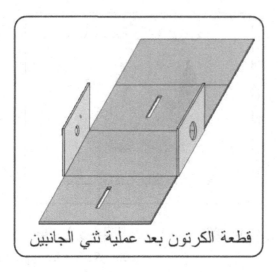

قطعة الكرتون بعد عملية ثني الجانبين

4. اصنع حاجزاً كما في الشكل أدناه، ووظيفة هذا الحاجز تحديد منطقة سقوط الضوء.

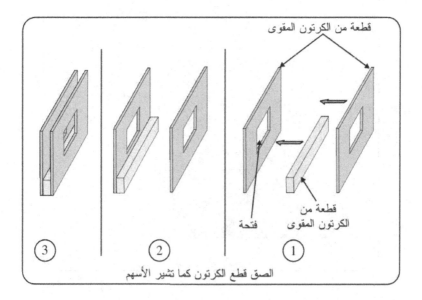

قطعة من الكرتون المقوى

قطعة من الكرتون المقوى

فتحة

الصق قطع الكرتون كما تشير الأسهم

5. ثبت العدسة المحدبة داخل الأنبوبة البلاستيكية كما في الشكل أدناه

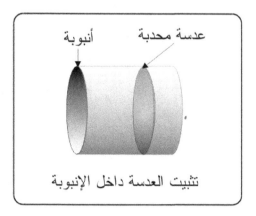

أنبوبة   عدسة محدبة

تثبيت العدسة داخل الإنبوبة

6. ثبت كلاً من الحاجز (بوسطة المادة اللاصقة) والأنبوبة التي تحمل العدسة والمصباح اليدوي كما في الشكل أدناه.

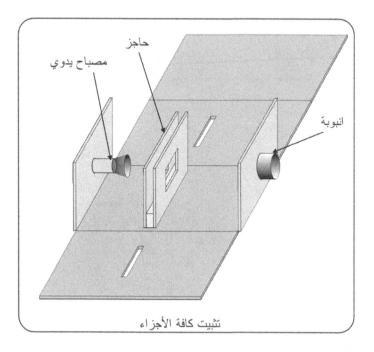

حاجز

مصباح يدوي

انبوبة

تثبيت كافة الأجزاء

7. قم بثني بقية جوانب الصندوق ليتم إغلاقه تماماً والصقها بواسطة المادة اللاصقة.

ملاحظة مهمة: يجب أن يكون مركز العدسة والفتحة ومصدر الضوء على استقامة واحدة، وإذا لم نتقن ذلك فإن هناك احتمال كبير لحصول تشويهات غير مرغوب بها.

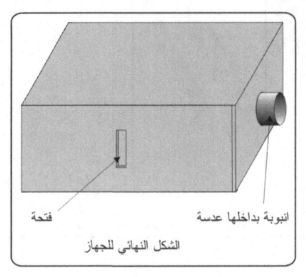

فتحة

انبوبة بداخلها عدسة

الشكل النهائي للجهاز

وبذلك نكون قد انتهينا من صناعة الجهاز ، وبقي أن نصنع حامل الشرائح وإليك هذا التصميم الذي يتسع لثلاث شرائح معاً، والشكل التالي والذي يوضح ثلاث خطوات بسيطة لصناعة هذا الحامل، وأعتقد أن الخطوات واضحة ولا تحتاج إلى شرح.

ب. حامل الشرائح

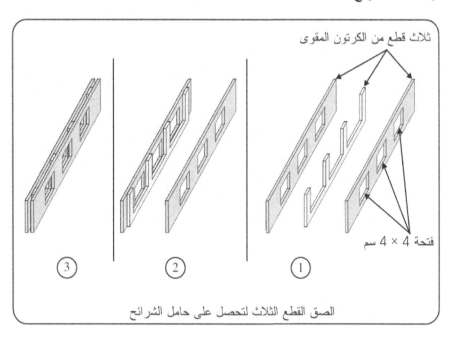

ثلاث قطع من الكرتون المقوى

فتحة 4 × 4 سم

③ ② ①

الصق القطع الثلاث لتحصل على حامل الشرائح

والآن احضر ثلاث شرائح، وضعها في حاملها، ثم أدخلها من الفتحة الخاصة بها، عتم الغرفة ثم سلط الضوء على حاجز مثل حائط أبيض، واضبط العدسة بتحريكها للأمام أو الخلف حسب بعد الحاجز حتى تحصل على صورة واضحة.

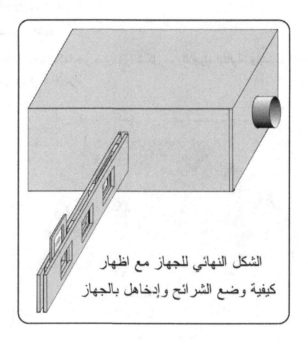

الشكل النهائي للجهاز مع اظهار
كيفية وضع الشرائح وإدخاله بالجهاز

ملاحظة:

1. إذا ظهرت الصور مقلوبة على الحاجز فهذا يعني أنك وضعت الشرائح دون أن
تقلبها.

2. وإذا أردت مزيداً من التكبير ابعد الجهاز عن الحاجز ثم أعد ضبط العدسة.
وبذلك تكون قد انتهيت من صناعة الجهاز .

جهاز الصور المعتمة (الأوبك: Opaque)

جهاز الأوبك يستخدم لتكبير الصور المطبوعة على ورق وليس الأجسام الشفافة كما في البروجكتر والأفرهيدبروجكتر.

أجزاء جهاز الصور المعتم:

يتكون هذا الجهاز كما هو مبين في الشكل من الأجزاء التالية، وتشترك كافة الأجهزة مهما اختلف تصميمها في هذه الأجزاء.

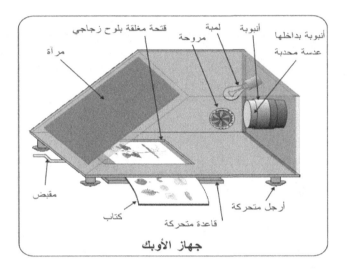

جهاز الأوبك

1. عدسة محدبة ذات بعد بؤري كبير نسبياً(من 10 إلى 15 سم) وهذا يعتمد على تصميم الجهاز ، ووظيفة هذه العدسة هي التكبير، وأيضاً لن أتطرق إلى كيفية التكبير ، ولكن لمن يريد أن يعرف ذلك يوجد الكثير من

المراجع وبعضها بسيط ويفي بالغرض في الكتب المدرسية. وميزة هذه العدسة أن قطرها كبير إذ يصل إلى 15 سم تقريباً في بعض الأجهزة.

2. أنبوبة تحمل العدسة وقابلة للحركة (أي للداخل أو للخارج)

3. مرآة لعكس الصورة ، وتختلف هذه المرآة عن الموجودة في بيوتنا أن طلائها خارجي، وذلك حتى لا يكون هناك انكسار للضوء من الزجاج.

4. مصباح ذو قدرة كبيرة تصل لغاية 600 واط.

5. مروحة للتبريد ومحول كهربائي

6. قاعدة توضع عليها الصورة ولهذه القاعدة مقبض يحركها للأعلى وللأسفل لكي يتاح المجال لوضع ورقة أو كتاب. وقد يكون المقبض على الجانب وذلك يرجع للتصميم.

7. جسم الجهاز .

8. أرجل قابلة للحركة للأعلى وللأسفل.

والصور التالية هي صور فوتوغرافية لجهازين مختلفي التصميم.

جهاز الصور المعتمة (الأوبك : Opaque)

إنتاج و تصنيع جهاز الصور المعتم (الأوبك: Opaque):

وأيضاً ستقوم بصناعة نموذج لجهاز الأوبك ، أي تستطيع أن تكبر به الصور ولكن ليس بمواصفات الأجهزة المباعة في الأسواق، وذلك لكي تتعلم مبدأ صناعة هذه الأجهزة، والتصميم الذي ستقوم بصناعته فيما بعد لكي يكون وسيلة تقدم كمشروع للمشاركة في معارض الوسائل التي تنظمها الوزارة إذا كنت طالباً أو في نشاط مدرسي. وقد تدرب العديد من المعلمين وطلبة المدارس على صناعة هذا الجهاز وكان الزمن اللازم للانتهاء منه ما بين 4 إلى 6 ساعات، ولكن لم تستخدم المرآة العاكسة.

المواد والأدوات المستخدمة:

الرقم	المادة	العدد	المواصفات
1	عدسة محدبة	1	ع = 10 سم نق = 3.5 سم
2	مصباح	1	قوي الإنارة
3	كرتون مقوى	1	طبق
4	انبوبة بلاستيكية	1	نق داخلي 2.5 سم ، 6 سم طول
5	مواد لاصقة(آغو)	1	علبة

خطوات تصنيع الوسيلة:

1. قص قطعة من الكرتون المقوى بنفس مقياييس الصندوق الذي صنعته للبروجكتر، ولكن اعمل فتحة واحدة دائرية بأحد الجانبين والتي ستكون مقدمة الجهاز لإدخال الأنبوبة التي تحمل العدسة. وفتحتين طوليتين على الجانبين الآخرين كما في الشكل.

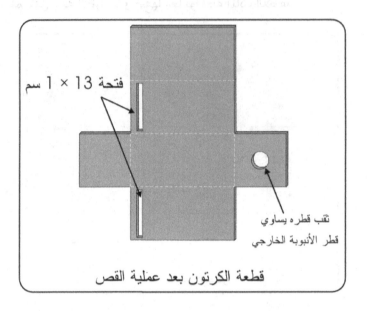

فتحة 13 × 1 سم
ثقب قطره يساوي
قطر الأنبوبة الخارجي

قطعة الكرتون بعد عملية القص

2. قم بثني الجانبين بزاوية قائمة ثبت عدسة داخل الأنبوبة، ثم أدخلها بالفتحة الخاصة بها.

3. ثبت المصباح فوق الانبوبة بحيث يكون مسلطاً على الجهة المقابلة لها.

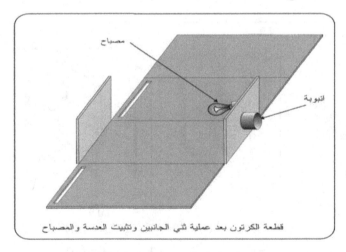

مصباح
انبوبة

قطعة الكرتون بعد عملية ثني الجانبين وتثبيت العدسة والمصباح

4. قم بثني كافة الأطراف، والصقها معاً بواسطة المادة اللاصقة.

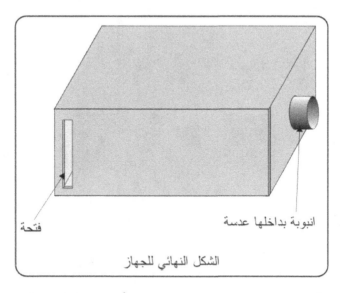

انبوبة بداخلها عدسة

فتحة

الشكل النهائي للجهاز

بذلك نكون قد انتهينا من صناعة الجهاز وبقي أن نصنع الحامل الذي ستثبت علية الصورة المراد تكبيرها.

والرسم التالي يغني عن الشرح.

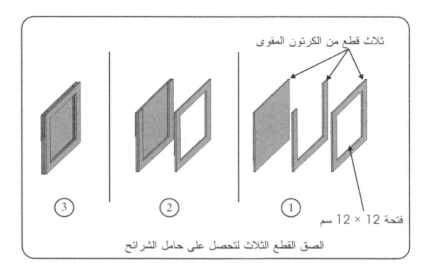

ثلاث قطع من الكرتون المقوى

③   ②   ①

فتحة 12 × 12 سم

الصق القطع الثلاث لتحصل على حامل الشرائح

لاحظ أن هذا التصميم للحامل، يتسع لصور أبعادها القصوى 12 × 12 سم، وسماكتها لن تتعدى سماكة الفتحة.

ضع صورة بالحامل وأدخلها في الفتحة المخصصة لها، واشعل المصباح ثم عتم الغرفة، ولاحظ تكبير الصورة. اضبط العدسة بتحريكها للأمام أو للخلف لتحصل على وضوح كامل للصورة.

ملاحظة مهمة:

جهاز الأوبك يحتاج إلى تعتيم كامل للغرفة، وتلعب شدة الإضاءة دوراً كبيراً في وضوح الصورة، إذ أن الأمر يعتمد على مقدار انعكاس الضوء عن الرسم الأصلي، وهذا يختلف عن كل البروجكتر والأفرهيدبروجكتر، إذ أن الضوء ينفذ من الشريحة الشفافة.

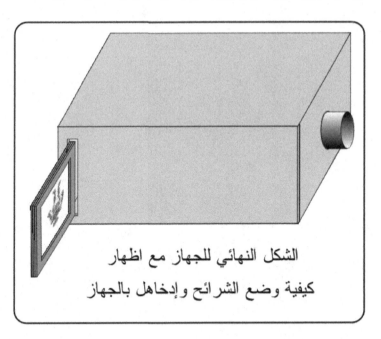

الشكل النهائي للجهاز مع اظهار
كيفية وضع الشرائح وإدخاهل بالجهاز

لذلك كلما زدنا من قدرة المصباح، أو بتعبير آخر كلما زادت شدة إضاءة المصباح كلما حصلنا على نتائج أفضل، ولكن عليك الانتباه فحرارة المصباح ستكون كبيرة، وإذا كان جسم الجهاز من الكرتون، فإن ذلك قد يؤدي إلى اشتعاله؛ والسؤال الآن، إذا كان لدينا صور من كتاب، فكيف يمكن عرضها من خلال الجهاز الذي قمت بتصنيعه؟

إن الأمر بغاية السهولة، فكل ما عليك هو أن تترك الخلفية مفتوحة، والأفضل أن تغلق بلوح زجاجي.

أما إذا كانت الصورة كبيرة المساحة، فعلينا إعادة تصميم الجهاز بأكمله، بحيث يكون أكبر حجماً.

جهاز المسلاط (Overhead projector)

يستخدم جهاز المسلاط لعرض الشفافيات، ولن أتحدث في هذا البند عن الشفافيات لأنه تم ادراج فصل خاص بها في هذا الكتاب، وهنا العديد من التصاميم التي صنعتة الشركات المختلفة، وبعضها كبير الحجم ، وبعضها يوضع داخل حقيبة، إلا أن جميعها لها نفس الأجزاء الرئيسة، وهذا الجهاز يتكون كما في الشكل من :

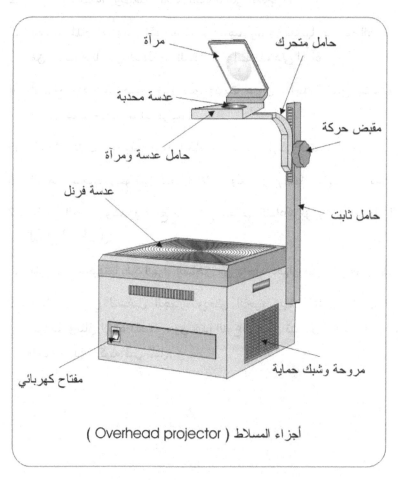

مرآة   حامل متحرك

عدسة محدبة   مقبض حركة

حامل عدسة ومرآة

عدسة فرنل   حامل ثابت

مروحة وشبك حماية

مفتاح كهربائي

أجزاء المسلاط (Overhead projector)

1. عدسة فرنل، وهي الجزء الرئيس من هذا الجهاز، وإذا نظرت إليها ستجد أنها مكونة من دوائر متتابعة أي مختلفة الاقطار، ونحن هنا لسنا بصدد شرح مبدأ هذه العدسة، لكن هذه الدوائر تعمل على توزيع الضوء بالتساوي على كافة أنحاء العدسة، وبالتالي الشفافية.

2. المرآة العاكسة، ووظيفتها عكس الصورة على الحاجز.

3. العدسة المحدبة، وهي تقع تحت المرآة مباشرة، ووظيفتها، تجميع الضوء القادم من عدسة فرنل، أي النافذ من الشفافية، وإسقاطه على المرآة.

4. المصباح، وهو غير ظاهر في الرسم، وتحت عنوان " احذر" التالي ستتعلم كيف تتعامل معه، خاصة عملية تركيبه.

5. الحامل الثابت، ووظيفته حمل الحامل المتحرك والمرآة والعدسة المحدبة.

6. الحامل المتحرك، وهو قابل للحركة للأعلى وللأسفل بواسطة مقبض الحركة.

7. مقبض الحركة، وبتدويره مع أو عكس عقارب الساعة، يؤدي إلى تحريك الحامل للأعلى أو للأسفل.

8. المروحة، ووظيفتها طرد الهواء الساخن من داخل الجهاز حتى لا يتعطل المصباح.

9. مفتاح كهربائي لتشغيل الجهاز، وبعض الأجهزة لها مفتاحين، الأول لتشغيل المروحة والثاني لإنارة المصباح، وفي هذا النوع لا يمكن تشغيل المصباح قبل المروحة للسبب الذي ذكرته قبل قليل.

وهذه صور فوتوغرافية لتصميمين لهذا الجهاز.

صور فوتوغرافية لجهاز المسلاط

تحذيرات:

1. لا تضع أجساماً ثقيلة فوق عدسة فرنل، ورغم أنها محمية بلوح زجاجي، لأن انحناءها خاصة من الاطراف سيؤدي إلى تشويه الصورة، وهذا الخلل غالباً ما يحدث. وحافظ عليها من الغبار، ولا تقم بفكها عند تنظيفها.

2. إذا كان جهازك جديداً تذكر أن تنزع الغلاف البلاستيكي الرقيق جداً عن المرآة. وبعد الاستعمال ستتسخ المرآة وتمتلئ بالغبار، فلا تقم بمسحها إلا بقماشة ناعمة (حرير) مستخدماً سوائل مناسبة، وتذكر أن طلاءها خارجي، وبالتالي سيخدش بسهولة، أي أن هذه المرآة تختلف عما اعتدنا عليه في منازلنا، حيث يكون الطلاء في الخلف. وفي حالة تلفها أي مرآة الجهاز فلا يمكن استبدالها بمرآة عادية، إذ لن تحصل صورة واضحة بسبب حدوث انكسار عن سطح الزجاج.

3. وأيضاً إذا كان جهازك جديداً انزع الغلاف البلاستيكي الرقيق عن العدسة، وأمسحها بنفس الطريقة التي تمسح بها المرآة.

4. المصباح حساس جداً، وكثيراً ما يتلف نتيجة أخطاء بسيطة مثل تحريك الجهاز وهو مضاء. فإذا أتلف لأي سبب، وتريد استبداله، فإن هذا المصباح الذي ترى صورته في الأسفل يكون في العادة مغلف بغلاف بلاستيكي (كيس بلاستيكي) وعند قيامك بإخراجه من الكيس لا تلمس المصباح بيدك، لأن اليد تنقل إليه ما يعلق بها من دهون، وعند تشغيل الجهاز سينتفخ المصباح ويتعطل بسرعة.

مصباح خاص بجهاز المسلاط

5. وأخيراً إن هذا الجهاز له غلاف كبير (كيس) حافظ على الجهاز بتغطيته دائماً بهذا الكيس بعد الانتهاء من استخدامه ولا تؤجل هذه الخطوة.

تكبير الرسومات

يحتاج كثير من الناس لعملية تكبير الرسومات، وخاصة أولئك العاملين في مجال التعليم سواء المعلمين أو الطلاب، في المدرسة أو الكليات.

وهناك أكثر من طريقة، وأكثر من جهاز لتحقيق ذلك، وفي الصفحات القادمة ستتعرف على طرق التكبير باستخدام:

أولاً: الأجهزة الضوئية وهي:

أ-   المسلاط (Overhead projector)

ب-   جهاز الصور المعتمة (Opaque)

ج-   الفانوس السحري (Slide projector)

ثانياً: طريقة المربعات

والأجهزة الضوئية السابقة تطرقنا إليها في هذا الكتاب من حيث التركيب والاستعمال وطريقة صنع نماذج لها، ولكن لا بأس أن أذكرك بأن الجهاز الأول يستعمل لعرض الشفافيات، سواء رسمت باليد أو باستخدام الطابعات والحاسوب. والثاني يستعمل لعرض الشرائح وهي ملونة. والثالث لعرض الصور العادية التي لا تنفذ الضوء.

وفي هذه الأجهزة الثلاثة فإن عملية التكبير لها نفس الأسلوب، ولكنها تختلف اختلافاً بسيطاً في عملية ضبط مقدار التكبير، لذلك سأشرح كيفية استخدام المسلاط في عملية التكبير شرحاً كاملاً، لأنه الأكثر استخداماً، بينما سأكتفي بشرح كيفة ضبط التكبير للجاهزين المتبقيين.

أ- عملية التكبير بواسطة المسلاط :

تتم كما يلي:

لنفرض أن لدينا شفافية لرسم يوضح أجزاء العين البشرية، وكانت مساحة الرسم 12 × 10 سم ، ونريد تكبير هذا الرسم خمس مرات ، هذا يعني أننا سنحصل على رسم 60 × 50 سم ، ويعني أيضاً أن السنتمتر الواحد سيصبح 5 سم، ولعمل ذلك نقوم بما يلي:

1. ثبت الورقة التي تريد التكبير عليها على حاجز وليكن جدار الغرفة.

2. ضع جهاز المسلاط وسلط ضوءه باتجاه الورقة المثبتة على الجدار

3. لضبط التكبير بالمقدار المطلوب وهو هنا 5 مرات ضع مسطرة شفافة صغيرة على سبيل المثال، على زجاجة الجهاز ، ثم قس طولها أو جزءاً منه على الجدار، فإذا كان خمسة أضعاف حصلت على ما تريد، أما إذا كان أصغر ، أبعد الجهاز ليتم تكبير الصور، والعكس أي إذا كان أكبر، قرّب الجهاز . وعليك أن تكون حذراً عند تحريك الجهاز، ويفضل وضعه على طاولة متحركة على عجلات، لأن مصباحه حساس وقد يتعطل. بإمكانك تثبيت مسطرة كبيرة (طولها 1 م) على الجدار بشكل مؤقت حتى لا تضطر إلى تحريك الجهاز كثيراً خاصة إذا لم يكن لديك من يساعدك من الزملاء.

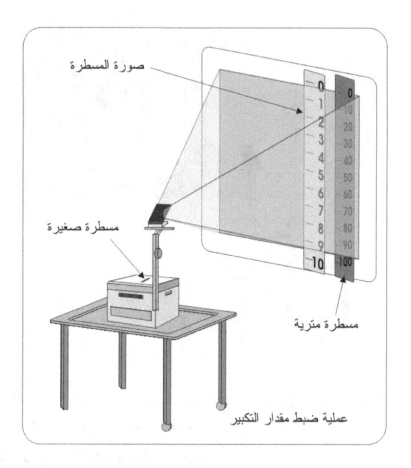

صورة المسطرة

مسطرة صغيرة

مسطرة مترية

عملية ضبط مقدار التكبير

4. بعد أن تضبط بعد الجهاز عن الحاجز لتحصل على التكبير المطلوب، ارفع المسطرة وضع الرسم التي تريد، وابدأ بعملية الرسم، وذلك برسم الخطوط الخارجية، أي التي تشكل حدود الرسم وأجزاءه فقط، أي لا تقم بعملية التلوين في هذه المرحلة.

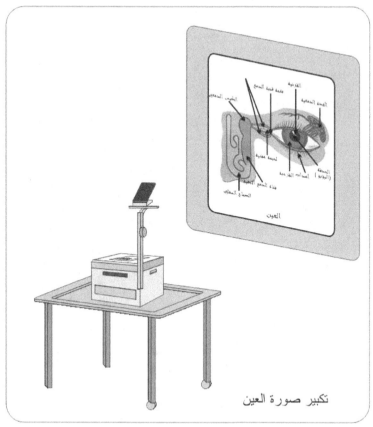

تكبير صورة العين

5. بعد أن تكمل الرسم، أطفئ الجهاز، ثم انزع الورقة عن الجدار (الحاجز) وأكمل الرسم والتلوين على سطح الطاولة.

وبذلك ننهي كيفية التكبير بواسطة المسلاط.

ملاحظة:

قد يرى البعض أن لا أهمية بضبط التكبير، فكل ما نقوم به هو أن نجعل الصور بمساحة الورقة التي نريد التكبير عليها. هذا صحيح ولكن في كثير من الحلات فإننا نحتاج لهذا الضبط في الخرائط الجغرافية والكنتورية إذ يوجد مقياس للرسم.

ب- التكبير بواسطة جهاز الصور المعتمة (Opaque)

لا تختلف طريقة التكبير ، ولا ضبط مقداره بواسطة هذا الجهاز عن جهاز المسلاط لذلك لا داعي لأن نكرر الشرح.

أي لضبط مقدار التكبير بامكانك استخدام المسطرة، ثم رفعها ووضع الصورة.

ج- التكبير بواسطة الفانوس السحري:

لا تختلف عملية التكبير في هذا الجهاز أيضاً عن الأجهزة السابقة، أي تعليق الورقة المراد التكبير عليها على حاجز (جدار) ثم رسم الحدود الخارجية، ثم نزع الرسم وتلوينه.أما ضبط مقدار التكبير فإنه يختلف، لذلك سأقدم الشرح التالي الذي يوضح هذا الأمر:

في الجهازين السابقيين استخدمنا مسطرة شفافة لضبط مقدار التكبير، وبامكانك أن تستخدم أي شيء معلوم الطول، وهذا ما سنفعله لجهاز الفانوس السحري.

1. احضر شريحة خاصة بهذا الجهاز.
2. قم بقياس جزءً من هذه الشريحة بدقة، ويمكنك استخدام عدسة تكبير ذات مقبض لتكون أكثر دقة.
3. ضع الشريحة في الجهاز، وسلط ضوءه على الورقة المثبتة على الجدار، فإذا أردت تكبير الرسم خمس مرات قم بقياس الجزء الذي حددته في الخطوة الثانية (السابقة)، فإذا كان أقل من خمسة أضعاف، أبعد الجهاز، أو قربه إذا كان أكبر من ذلك. أي أننا استخدمنا جزءاً من الشريحة عوضاً عن المسطرة. وبذلك ننهي كيفية ضبط التكبير.

ثانياً: التكبير استخدام طريقة المربعات

هذه الطريقة من أقدم طرق التكبير، لكنها من الناحية التربوية فإن لها فوائد كثيرة على الطلاب، إذ تمكنهم من اكتساب مهارات عدة، وتحقق الكثير من الأهداف التربوية.

وقد قمت بتطوير هذه الطريقة، أو في الحقيقة صنعت أداة تساعد على اختصار الوقت.

تقوم الفكرة على رسم مربعات على الرسم الأصلي، أي تجزئة الرسم إلى مجموعة من المربعات، ومربعات أخرى على الورقة المراد التكبير عليها، ولكن مع تكبير هذه المربعات، ثم نسخ أجزاء المربعات مربعاً مربعاً، ولنفرض أن لدينا خارطة السودان ونريد تكبيرها ثلاث مرات، لعمل ذلك نقوم بما يلي:

1. بواسطة المسطرة، ارسم مربعاً لتحديد الرسم ثم ضع إشارات بين كل إشارة 1 سم على محيط هذا المربع.
2. صل بين هذه الإشارات بواسطة قلم رصاص بحيث تكون الخطوط رفيعة وخفيفة ليسهل محوها، وذلك من أجل المحافظة على الرسم الأصلي خاصة إذا كان الرسم من كتاب أو مجلة نريد المحافظة عليها نظيفة، فتحصل على خارطة مرسوم عليها مربعات، وفي رسمنا الذي تراه هناك (8) أعمدة و(7) صفوف تشكل 56 مربعاً .
3. رقم هذه المربعات بشكل أفقي وعمودي ومن كافة الجهات.

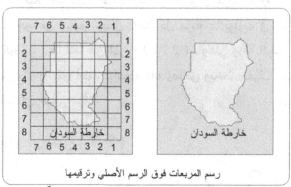

رسم المربعات فوق الرسم الأصلي وترقيمها

4. أحضر الورقة التي تريد التكبير عليها، وارسم عليها مربعاً، مساحته ثلاثة أضعاف مساحة المربع الذي يحيط بالخارطة الأصلية.

5. قسم هذا المربع إلى (8) صفوف و (7) أعمدة لتحصل على 56 مربعاً، بحيث يكون طول ضلع المربع (3) سم، وأيضاً بواسطة قلم رصاص بحيث تكون الخطوط رفيعة يسهل محوها، لأننا لن نحتاج إليها بعد الانتهاء من التكبير.

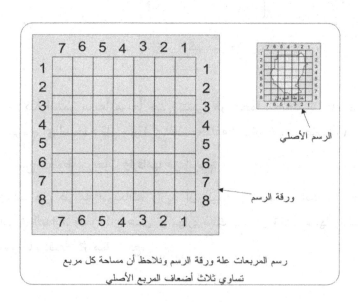

رسم المربعات علة ورقة الرسم ونلاحظ أن مساحة كل مربع
تساوي ثلاث أضعاف المربع الأصلي

6. طريقة التكبير تتم بأن تأخذ مربعاً مربعاً، وكل مربع له رقم، وعلينا أن نقوم بتقليد الجزء من الرسم الأصلي داخل كل مربع بما يوازيه في المربع الذي يحمل نفس الرقم . دعنا نبدأ من المربع (1 ، 2) ، وعلى ورقة الرسم قلد هذا الجزء على المربع (1 ، 2) أيضاً، بواسطة قلم رصاص وبخط خفيف حتى يسهل محوه إذا حصل أي خطأ.

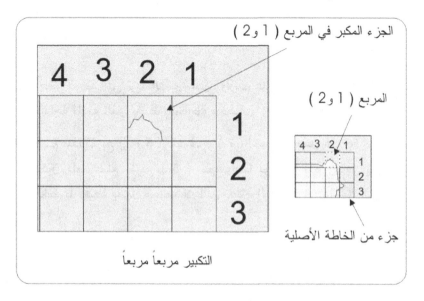

التكبير مربعاً مربعاً

7. وهكذا استمر مربعاً مربعاً حتى تنتهي من العمل. وبعد الانتهاء قم بتحبير الرسم، أي استخدم قلم حبر (أو أقلام مختلفة الألوان حسب حاجتك).

8. امسح خطوط المربعات وأرقامها عن الرسم.

وهذه هي طريقة المربعات، وأريد أن أنبهك إلى مسألة، أنك ستواجه بعض الصعوبات في البداية، ولكن كأي عمل أو مهارة فإنك بعد أن تعتاد عليها وتتقنها فإنك ستصبح سريعاً ودقيقاً أكثر مما تتوقع.

ولاختصار الوقت، فقد قمنا بصناعة أداة تساعد على الإسراع في تنفيذ المهمة، وهذه الأداة تختصر علينا عملية رسم المربعات، سواء على الرسم الأصلي أو الورقة التي نكبر عليها.

أ. على الرسم الأصلي

بدلاً من رسم مربعات فوق الرسم الأصلي، والذي قد يؤدي إلى تلفها خلال مسح هذه الربعات، فقد قمت برسما على شفافية، وكل ما نقوم به هو تثبيت هذه الشفافية فوق الرسم، وأعتقد أن ذلك سهل جداً، ولا داعٍ لشرحه عبر خطوات.

ب. على ورقة التكبير

الصحيح أن هناك أكثر من تصميم، وإليك إحداها:

1. احضر لوح خشبي (1 × 1 م) ، وعلى حوافها ضع إشارات المسافة بين كل إشارة والتي تليها 1 سم

2. ثبت مسماراً صغيراً على كل إشارة، بحيث يبقى نصفه مرتفعاً للأعلى.

3. إذا أردت التكبير خمسة مرات صل بين المسمار الأول وما يقابله على الطرف الثاني للقطعة الخشبية بواسطة خيط رفيع ويفضل أن يكون من النايلون.

4. عد عمودياً وللأسفل خمس مسامير، ثم صل هذا المسمار بما يقابله على الطرف الثاني بخيط ثاني. استمر بهذه العملية عمودياً وأفقياً لتحصل على عدد المربعات التي تريد.

5. ضع ورقة الرسم أسفل هذه الخيوط وأبدأ الرسم.

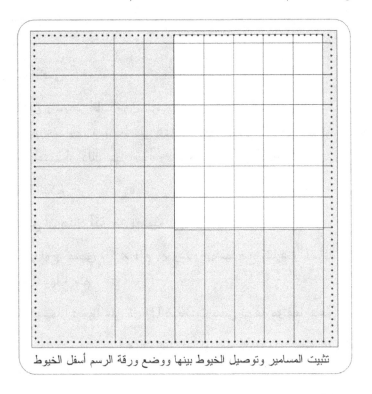

تثبيت المسامير وتوصيل الخيوط بينها ووضع ورقة الرسم أسفل الخيوط

وهذه الأدوات تستخدم إذا كان لدينا عمليات تكبير مستمرة، وهي كثيرة في المدارس، خاصة لمواد الجغرافيا والأحياء.

الفصل التاسع

إنتاج وتصنيع المجسمات

- إنتاج وتصميم المجسمات.
- عمل المجسمات.

إنتاج وتصميم المجسمات

المجسمات كثيرة ومتعددة الأشكال والأهداف والغاية وطرق التصنيع، بعضها معقد، وموادها غير متوافرة في السوق المحلي، وتحتاج لآلات لتصنيعها، أو لجهد وزمن كبيرين. وبعضها سهل الانتاج، وموادها متوافرة في السوق المحلي.

والكثير من المجسمات تحتاج إلى شرح مطوّل، ومهارات متعددة، ومن يريد أن يصنعها عليه أن يمتلك هذه المهارات، مثل مجسم الاذن البشرية، أو الهيكل العظمي، ويحتاج هذه النوع من المجسمات إلى كتاب خاص به، لذلك اقتصرنا الحديث والشرح في هذا الفصل على كيفية تصنيع بعض المجسمات البسيطة والسهلة، وموادها متوافرة في السوق المحلي.

عمل المجسمات

سيتم التعرف في هذا الفصل على كيفية صنع مجسمات من مواد مختلفة، وهي الاسفنج والفوم والجبص والسيراميك والكرتون.

أولاً: الإسفنج والفوم :

للإسفنج طريقتين، الأولى سهلة، ويمارسها الكثير وهي لا تحتاج إلى شرح وتوضيح، وذلك بواسطة شفرة أو مشرط، أي نقوم برسم الشكل الذي نريد بواسطة قلم تلوين ثم قصه بواسطة المشرط.

وهذا الأسلوب يستخدم للإسفنج المسطح الذي سماكته تكون 1.5 سم تقريباً. وذلك لرسم التضاريس الطبيعية لخارطة ما، أو رسومات مادة الأحياء المختلفة.

ويمكن أن نقوم بقص كل جزء على حدى ثم نلصقها معاً على شكل طبقـات، وبعـد ذلك نقوم بتلوينه.

والفوم وهو أحد أنواع الإسفنج المضغوط، أكثر سهولة للرسم والقص، وتكون سماكته في العادة ما بين 0.2 سم إلى 0.5 سم ، وله ألوان متعددة، رغم أن سعره مرتفعاً بعض الشيء مقارنةً بالإسفنج العادي.

وأفضل الأمثلة على هذا الأسلوب هي الخارطة الطبيعية لأي منطقة، إذ نستطيع أن نبرز المناطق المرتفعة عن المنخفظة. وهذا التجسيم يمكن أن نطلق عليه التجسيم المسطح.

اما عمل المجسمات الإسفجية ذات الثلاث أبعاد، فهذه يستخدم لها أسلاك توصل بالكهرباء وتحتاج لشرح خطوة بخطوة، بالإضافة أن سماكة الإسفنج تقارب ال 15 سم، وذلك كما يلي: **نفرض أننا نريد أن نصنع مجسماً لتفاحة.**

المواد والأدوات المستخدمة:

الرقم	المادة	العدد	المواصفات
1	سلك تنجستن	1	الطول 50 سم
2	قضيب لحام	1	
3	مصدر قدرة	1	12 فولت 6 أمبير3
4	مادة لاصقة (أغو)	1	علبة

خطوات تصنيع الوسيلة:

1. اربط سلك التنجستن على قضيب اللحام، وشكله ليصنع مقطع عرضي من نصف تفاحة.

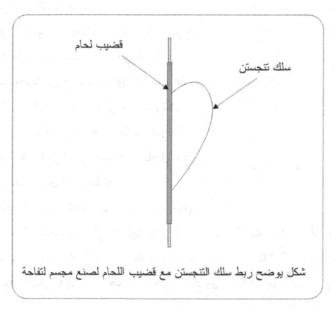

شكل يوضح ربط سلك التنجستن مع قضيب اللحام لصنع مجسم لتفاحة

2. صل طرفي قضيب اللحام بمصدر القدرة.
3. ضع قطعة الإسفنج أسفل القضيب والسلك معاً.

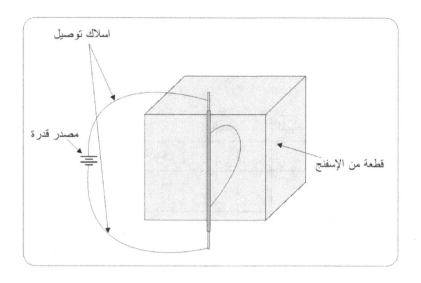

اسلاك توصيل

مصدر قدرة

قطعة من الإسفنج

4. امسك قضيب اللحام من أحد أطرافه، ثم شغل مصدر القدر وزد قيمة التيار حتى ترتفع درجة حرارة السلك ويصبح قادراً على قص الإسفنج

نصف تفاحة من الإسفنج

5. دور قضيب اللحام ولكن لا تسرع لتحصل على نصف تفاحة من الإسفنج.

6. قص نصفاً ثانٍ والصقه بالأول لتحصل على تفاحة كاملة. صناعة أي مجسم تكون مشابهة لما قمنا به لمجسم التفاحة.وبذلك نكون قد انتهينا من كيفية التعامل مع الإسفنج لعمل المجسمات.

تحذير : إن الرائحة التي تنتج عن قص الإسفنج بالأسلاك الكهربائي، أي حرقها ينتج عنه رائحة كريهة، وعليك أن تكون حذراً بالتعامل معها، إذ يجب أن تكون الغرفة مهوية تماماً، ويفضل إرتداء الكمام للشخص الذي يقوم بعملية القص، وإذا كان هناك أشخاص آخرون في الغرفة، فاليبقوا بعيدين عن الرائحة.

ثانياً: إنتاج وتصنيع المجسمات باستخدام الكرتون المقوى

تعتبر المجسمات المصنوعة من الكرتون من المجسمات المحببة، فكل ما عليك هو أن تقوم
برسم التصميم (المخطط) ثم تقوم بالقص وبعدها الطي ثم الإلصاق.

ميزة ما سنتعلمه أن المجسم يتكون من قطعة واحدة، ثم نقوم بالطي لنشكل
المجسم المطلوب، أي لا نقوم بقص كل وجه من أوجه المجسم على حدى، ثم نقوم بعملية
الإلصاق.

وسنتعلم كيفية صناعة متوازي المستطيلات والهرم الرباعي. أما المكعب فنرى أن
تراجع وسيلة " المكعبات الدوارة في فصل اللوحات التعليمية حيث تم شرح الطريقة).

المواد والأدوات المستخدمة:

الرقم	المادة	العدد	المواصفات
1	طبق كرتون عادي	1	100×70 سم
2	مشرط	1	
3	مسطرة	1	يفضل معدنية
4	مادة لاصقة (أغو)	1	علبة

خطوات تصنيع الوسيلة:

أ .مجسم متوازي المستطيلات
سنصنع متوازي مستطيلات طوله 30 سم وعرضه وارتفاعه 15 سم

1. أحضر قطعة من الكرتون 60×60 سم، ثم ارسم عليها خطوط كما في الشكل
أدناه

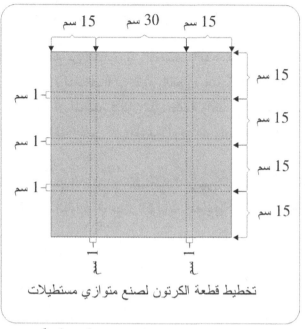

تخطيط قطعة الكرتون لصنع متوازي مستطيلات

2. قص قطعة الكرتون لتحصل على ما يشبه الشكل أدناه أيضاً.

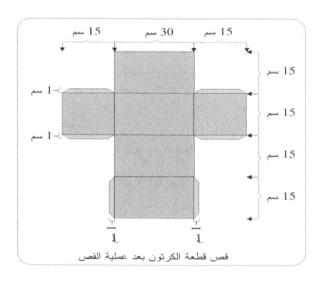

قص قطعة الكرتون بعد عملية القص

3. قم بثني حواف التصميغ بزوايا مقدارها 90 درجة، وكذلك الجوانب. ثم الصق الجوانب مع الحواف الذي سماكته تزيد عن 2 ملم، فإننا نحتاج عندحواف الطي إلى أن نخط عليها بالمشرط دون أن نقصها(تحزيز) وذلك ليسهل الطي عند هذا الحد.

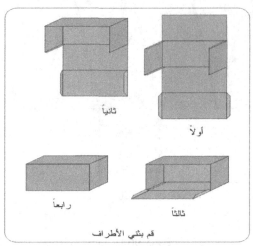

ثانياً

أولاً

رابعاً

ثالثاً

قم بثني الأطراف

ب. صناعة الهرم

الهرم من الأشكال الهندسية المنتظمة لذلك يسهل صناعته، وهناك هرم ثلاثي ورباعي وخماسي... ألخ . ونحن سنتعلم كيف نصنع الهرم الرباعي، وسيكون ارتفاعه 30 سم وقاعدته مربعة الشكل طول ضلعها 20 سم.

المواد والأدوات المستخدمة:

الرقم	المادة	العدد	المواصفات	ملاحظات
1	طبق كرتون عادي	1	100 × 70 سم	
2	مشرط	1		
3	مسطرة	1	يفضل معدنية	
4	مادة لاصقة (أغو)	1	علبة	

خطوات تصنيع الوسيلة:

1. احضر قطعة من الكرتون 80 × 50 سم، وقصها كما في الشكل أدناه، أنتبه إلى مناطق التصميغ ، بحيث يكون عرضها صغيراً لا يتجاوز 1 سم.

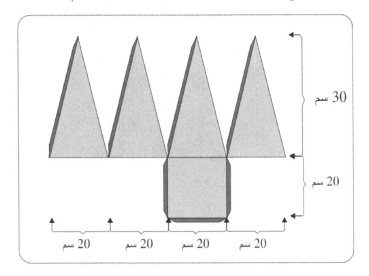

2. قم بطي القاعدة بزاوية مقدارها 90 درجة.

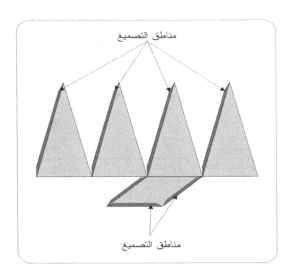

3. قم بطي الجوانب وألصقها مع القاعدة، متتبعاً الخطوات المبينة في الرسم أدناه.

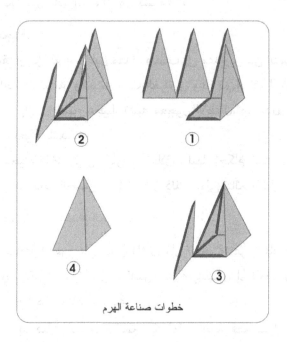

خطوات صناعة الهرم

وهناك الكثير من مجسمات الأشكال الهندسية، وأهمها تلك المتعلقة بأشكال البلورات، سواء لمادة الجيولوجيا أو الكيمياء، لكن هذه الأشكال تكون معقدة بعض الشيء، وهناك بعض المفاهيم المتعلقة بهذه الأشكال مثل محور البلورة، وكتابنا هذا ليس مخصصاً للبحث في مادة محددة.

وأفضل طريقة لتعلم المجسمات الورقية، وكيفية الكتابة عليها وخاصة تحديد اتجاه الكتابة، وهذا ما يقوم به بعض الطلبة في كلية الفنون الجميلة، حيث يتم إحضار مجسمات جاهزة، أي علب ورقية جاهزة، ونخص بالذكر العلب الخاصة بالعطور أو أجزاء مرتبطة بالكمبيوتر، ففيها العديد من التصاميم، ويفضل دائماً بالبدء بالأسهل.

فإذا حصلت على أي علبة ورقية، قم بفكها، ولا تتلفها، وأفردها، ولاحظ اتجاه الكتابة عليها ومناطق التفريغ.

صنع المجسمات باستخدام السيراميك

يتكون السيراميك الذي يصنع منه المجسمات، خاصة التعليمية، من نفس مكونات السيراميك التي تستعمل لمادة الفن، أي من نشا وغراء.

طريقة عمل العجينة:

1. خلط مقدار من الغراء مقابل مقدار ونصف إلى مقدارين من النشا، وذلك حسب كثافة الغراء وجودته. والأفضل صب الغراء في وعاء ثم إضافة النشا مع التحريك، ثم العجن إلى أن تصبح عجينة تشبه معجون الأطفال، ونستدل على ذلك بعدم التصاق العجينة باليد.

2. وضع العجينة داخل كيس نايلون، وإغلاق عليها بإحكام حتى لا يدخلها الهواء، وتترك إلى ما يقارب الخمس ساعات، لأن ذلك يعطي نتائج أفضل.

طريقة عمل المجسمات باستخدام السيراميك:

بالنسبة لصناعة الزهور على سبيل المثال، فإن العجينة تفرش على أرضية مرشوشة بالنشا أو البودرة وتقطع، ثم تكبس بمكابس خاصة بالشكل المطلوب وأغلبها للزهور. وتثبت الزهرات وأجزاءها بأسلاك معدنية.

إلا أننا لا نريد هنا أن نستخدم السيراميك لهذه الغاية، فعلا سبيل المثال لا الحصر يمكن استخدام السيراميك لصنع مجسم للزهرة لغاية دراسة أجزاءها، وليس منظراً نضعه في بيوتنا، وهذا يعني أن علينا أن نظهر بوضوح كافة الأجزاء المطلوب دراستها.

أو صنع مجسم للجهاز البولي، أو مجسماً لبركان، وغيرها الكثير من المجسمات. لكن صناعة بعض هذه المجسمات ليس بالشيء السهل، لعدم وجود قوالب نكبس فيها العجينة كما في مواد الفن، لذلك فإن الأمر يحتاج إلى مهارة

في كيفية تصنيع المجسمات المختلفة، عن طريق تشكيلها باليد، ناهيك عن معرفة شكل المجسم وأجزاءه، ونسبة كل جزء للآخر، وطريقة التلوين.

لكن الأمر ليس بهذه الصعوبة دائماً ، فإذا وجد القالب تكون قد حل معظم المشكلة، والبدء بالمجسمات السهلة ثم الانتقال من السهل إلى الصعب يكون أفضل بكثير. فعلى سبيل المثال لا الحصر، يوجد في الأسواق مجسمات بلاستيكية للخلية النباتية، إذا نزعت الغطاء الخلفي عنها، ستجد قالباً لهذه الخلية من الخلف، يمكن استخدامه.

وكما يلاحظ المشكلة في وجود القوالب، فوظيفة القالب أن تصنع عدة نسخ من شيء ما، فإذا كان لديك قالباً لمجسم خلية حيوانية باستطاعتك أن تنتج عدة نسخ من هذا المجسم، فهل يمكن صناعة هذه القوالب؟

كيفية صناعة قوالب أحرف اللغة العربية:

نتيجة للضعف في إنتاج أحرف اللغة العربية في المؤسسات التعليمية والأسواق المحلية، سنتعرف على كيفية صنع قوالب لهذه الأحرف، لحاجتنا لإنتاج عدة نسخ من هذه الأحرف، وسنلصق مغناطيس أسفل كل حرف، لاستخدامه على اللوح المغناطيسي.

إن أحرف اللغة العربية تمتاز بتعدد أشكالها حسب موقعها في الكلمة، أي أن الحرف في بداية الكلمة، يختلف شكله عن شكله إذا كان وسطها أو آخرها، بشكل منفصل أو متصل. ولهذا سنصنع قوالب تضم هذه الأشكال جميعها، وقد وضعتها دون نقاط، ووضعت النقاط بشكل منفصل، والعاملين في مجال تعليم الأطفال قراءة وكتابة اللغة العربية يعرفون بالضبط أهمية ذلك. وجعلت نوع الخط واضح وعريض، ليسهل قراءته، وإلصاق مغناطيس عليه.

ولصنع هذه الأحرف قم بما يلي:

1. حضر ما يعادل 2 لتر من عجينة السيراميك.

2. اطبع الأحرف العربية الموجودة في الشكل أدناه على ورق، أو قم بتصويرها. لاحظ
وجود أشكال متكررة لبعض الأحرف مثل الباء والتاء والثاء، لذلك وضعتها مرة
واحدة، وبعض الأحرف لا يوجد ما يتصل بها مثل حرف الدال والراء... ألخ

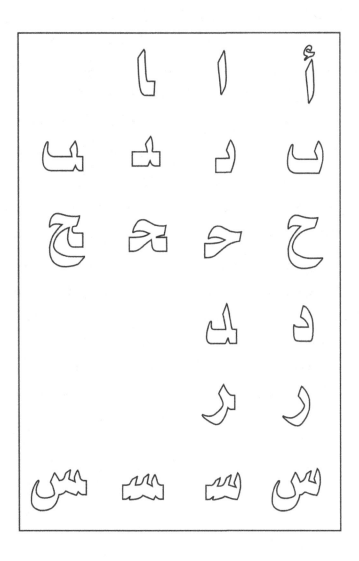

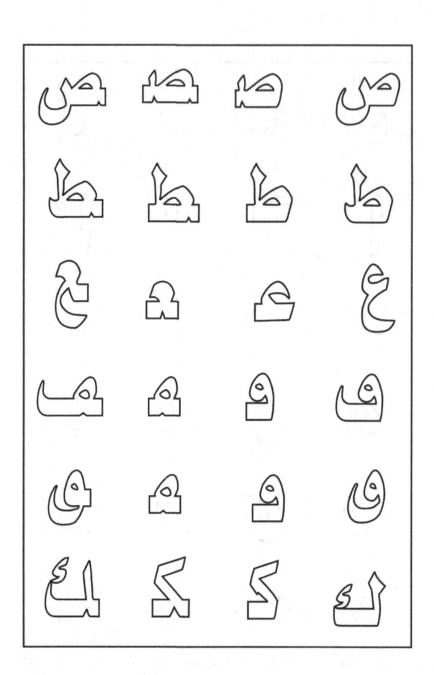

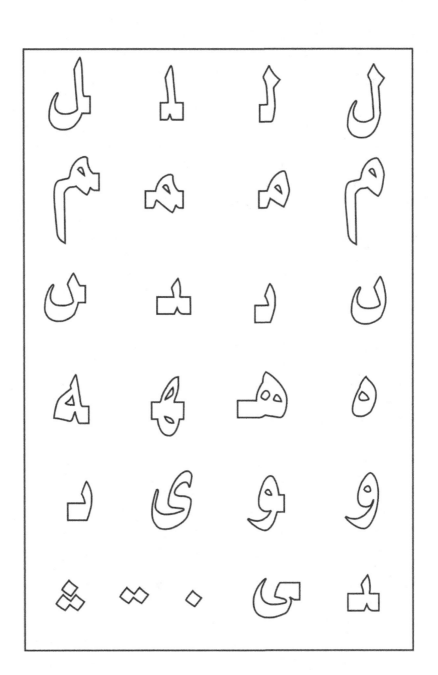

3. افرش على قطعة مصقولة، من الخشب أو المعدن بعد رشها بالنشا أو البودرة نصف كمية العجين. وبسماكة 1 سم.

4. ضع الورقة التي طبعت الأحرف عليها ، وبوسطة مشرط اقطع الأحرف ليصبح لديك أحرف عربية كما في الشكل أدناه.

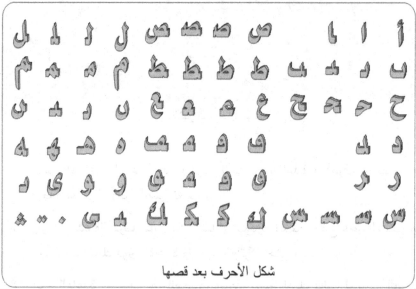

شكل الأحرف بعد قصها

5. قم بالصاق هذه الأحرف على قاعدة مصقولة، لها حواف بارتفاع 1.5 سم الصاقاً جيداً.

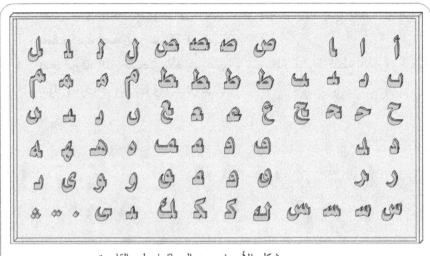

شكل الأحرف بعد الصاقها على القاعدة

6. ادهن الأحرف والقاعدة بدهان زيتي، لتصبح القاعدة والأحرف وكأنها قطعة واحدة مصقولة، واتركها حتى تجف تماماً.

7. رش القاعدة والأحرف بقليل من النشا أو البودرة، ثم قم بوضع الجزء المتبقي من عجينة السيراميك فوق القاعدة والأحرف، واتركها حتى تجف.

8. انزع القاعدة والأحرف عن العجينة، وبذلك يصبح لديك قالب للأحرف العربية، باستطاعتك أن تنتج العدد الذي تريد من هذه الأحرف. ولا يجب أن تكون التجويفات التي تمثل الأحرف معكوسة كما في الأختام، فنحن نريد أن نصب داخل هذه التجاويف، وإذا أردت أحرف تستخدمها للختم فعليك عندها أن تعكسها.

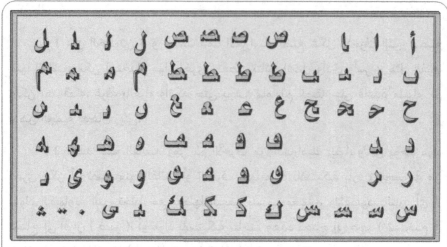

شكل قالب الأحرف العربية

لصنع أحرف باستخدام القالب والصاق مغناطيس صغير أسفل كل حرف، قم بما

يلي:

1. أحضر مغانط صغيرة الحجم، أو شريط مغناطيسي، وضعها داخل تجاويف الأحرف
   (لمعرفة أنواع المغانط راجع فصل اللوحات التعليمية – اللوح المغناطيسي)

2. رش قليلاً من النشا أو البودرة داخل هذه التجاويف، ثم اضغط عجينة السيراميك
   داخلها.

3. انتظر الفترة الزمنية اللازمة حتى يجف السيراميك، ثم انزع الأحرف.

4. كرر العملية للأحرف المتشابهة مثل الجيم والحاء والخاء وغيرها، لتحصل على
   نسخة واحدة من الأحرف العربية بكافة أشكالها.

5. كرر العملية عدة مرات لتحصل على العدد المطلوب من هذه الأحرف.

ملاحظة:

(1) في الخطوتين 3 و 4 استخدمنا السيراميك لصنع شكل الأحرف التي سنصنع منها القالب، يمكن استخدام مواد أخرى وتعطي نتائج أفضل وأدق وأسرع، مثل الفوم، ولكن بعد قصه، غرقه بالغراء وأتركه حتى يجف تماماً ثم الصقه على قاعدة ملساء، ثم ادهن الجميع بدهان زيتي.

(2) لقد صنع القالب، ومن ثم الأحرف من السيراميك أيضاً، ولكن يوجد مواد أخرى يمكن أن نصنع منها القالب أو الأحرف منها مادة بلاستيكية بارد (مجموعة من المواد الكيماوية التي تخلط مع بعضها البعض بنسب معينه)، والمقصود بالبارد أي لا تحتاج إلى أفران (صهر)، أو مواد بلاستيكية ساخنة وهذه تحتاج إلى صهر (تستخدم في العادة لصناعة بعض المناظر والمداليات).كما يمكن استخدام الجبص، ولكن يجب الانتباه أن الجبص يكون ضعيفاً وسهل الكسر، لذلك يجب تقويته ببعض الخيوط المتينة. ويمكن استخدام الشمع بعد صهره وصبه. ويمكن استخدام عجينة الطحين ونشارة الخشب بدل ورق الجرائد.

وبذلك نكون قد تعلمنا كيف نصنع قالباً للأحرف العربية وكيف نصنع عدة نسخ من هذه الأحرف.

وإذا أردت أن تصنع قوالب لأشكال أخرى يمكن اتباع ما يشبه طريقة صنع قالب الأحرف.

الفصل العاشر

الشفافيـــات

وشرائح البروجكتر

- إنتاج وتصنيع الشفافيات المركبة .
- إنتاج وتصنيع الشرائح.
- طريقة حفظ وترميز الشرائح.
- إنتاج وتصنيع حافظات الشرائح.

الشفافيات و شرائح البروجكتر

الشفافية شريحة بلاستيكية لينة يكتب أو يرسم عليها المادة المراد عرضها أو تدريسها، و ترتبط بجهاز المسلاط أو الأفرهيدبروجكتر (الرأس المرتفع) والخاص بعرض هذه الشفافيات، أو جهاز الفانوس السحري.

والشفافيات الخاصة بالمسلاط توجد بأحجام مختلفة، ولكن الأكثر إنتشاراً، ذات الحجم الذي يساوي حجم ورقة A4 أي 21×30 سم تقريباً. وهناك ما هو على شكل لفة(رول)، إلا أن استخدامه قليل نسبياً، حيث يمكن استخدامه بدلاً من السبورة الطباشيرية. ويمكن للمحاضر أن يكتب على الشفافية مباشرةً، أي خلال المحاضرة (الدرس) ، أو يقوم بتجهيزها مسبقاً، ويعرضها خلال المحاضرة. ومع التطور التكنولوجي، خاصة الحاسوب وأنواع الطابعات، ظهر العديد من أنواع الشفافيات، فهناك ما هو خاص بطابعات النفث (Ink jet) وهناك ما هو خاص بطابعات الليزر. أما الشفافيات الخاصة بالناسخ الحراري فلم يعد لها استخدام لذلك لن أتطرق إليها.

أما الشرائح الخاصة بالفانوس السحري، فهي عبارة عن فلم كاميرا عادية ملون، يتم تجهيزها لتصبح قابلة للاستخدام بواسطة هذا الجهاز.

وفي هذا الفصل سيتم التعرف على كيفية صناعة هذه الشفافيات، بالاضافة لكيفية حفظها وصيانتها.

أولاً: إنتاج الشفافيات:

لم يعد إعداد الشفافية بذلك الشيء الكبير، فكل ما عليك هو أن تطبع أو ترسم ما تريد على الحاسوب ثم تطبعه على الشفافية الخاصة بنوع الطابعة كما ذكرت قبل قليل.إلا أن هناك ما يعرف بالشفافيات المركبة، وهذا ما سنتعرف على كيفية صناعته وإنتاجه.

إنتاج وتصنيع الشفافيات المركبة

الشفافيات المركبة، هي مجموعة من الشفافيات توضع فوق بعضها البعض، الهدف منها إما أن تبين أجزاء الرسم جزءاً بعد جزء، حيث يرى المدرس أن فائدة هذه الطريقة أفضل من عرض الرسم كاملاً منذ البداية، أو لتبيان علاقة أجزاء الرسم أو لتوفير رسم أجزاء يمكن أن تتكرر.

وبدلاً من الإطالة بالحديث دعنا نصنع معاً شفافية مركبة لأجزاء السن، والسن كما تعلم يتركب من أجزاء كثيرة هي التاج، المينا، العاج، اللثة، تجويف اللب، عظم، قناة الجذر، اسمنت، وجذر السن. وهي الأجزاء التي يدرسها طلبة المدارس، وهي 9 أجزاء.

هل هذا يعني أن علينا أن نعد 9 شفافيات؟ بالتأكيد لا. فالشفافيات المركبة الملتصقة مع بعضها البعض، تأخذ 5 شفافيات كحد أقصى، لذلك في الرسم الذي يتكون من أكثر من جزء، على سبيل المثال لا الحصر الخرائط بمختلف أنواعها (السياسية ، الطبيعية، المحافظات، الطرق، ألخ ...) والكثير من الرسومات المتعلقة بمواد بالفيزياء والأحياء، فإننا نجمع أكثر من جزء في شفافية واحدة. وفي مثالنا لأجزاء السن، اخترت (والاختيار تمليه علينا في العادة طبيعة الدرس) وتم تصميم أربع شفافيات وهي التي تظهر في الرسم أدناه:

خطوات تصنيع الوسيلة :

سيتم التعرف على كيفية صنع شفافيات مركة للسن:

1. بعد أن تحدد الرسم الذي تريد، قم بتحديد الأجزاء التي ستفصلها، وعملية الفصل ليست اختيارية، بل تفرضها عليك طبيعة الدرس.

2. فصل هذه الأجزاء عن بعضها البعض، ويفضل استخدام الحاسوب، إذ يوفر دقة أكبر، وسرعة في الإنجاز، إذا درست بشكل جيد على أحد برامج التصميم، واستخدمتها لصناعة مثل هذه الوسيلة.

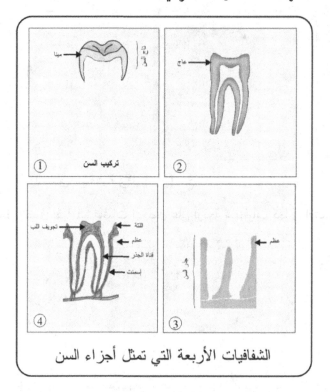

الشفافيات الأربعة التي تمثل أجزاء السن

3. ترقّم الشفافيات من (1 – 4) ، وضع الشفافية رقم (1) على سطح الطاولة.

4. أحضر الشفافية رقم (2) وضعها على يمين الشفافية رقم (1) ، ولكن بشكل مقلوب. وبواسطة لاصق شفاف إلصق الشفافيتين معاً. ولكن يجب الإنتباه عند قلب الشفافية (1) وفوق الشفافية (2) أن تطبق عليها تماماً.

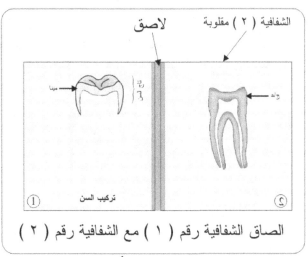

الشفافية (٢) مقلوبة

لاصق

تركيب السن

الصاق الشفافية رقم (١) مع الشفافية رقم (٢)

5. أكمل إلصاق بقية الشفافيات لتحصل على أربعة شفافيات كما في الشكل أدناه.

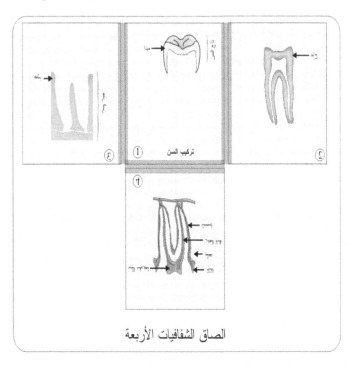

تركيب السن

الصاق الشفافيات الأربعة

لاحظ أن جميع الشفافيات تكون مقلوبة لليمين أو اليسار أو لأسفل ما عدا الشفافية الأولى. وعند طي الشفافيات فوق بعضها البعض تحصل على شكل السن كاملاً، كما في الشكل أدناه.

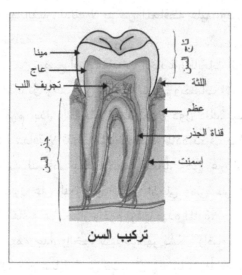

تركيب السن

وهكذا تلاحظ أن الفكرة بسيطة وواضحة. وقد يقول البعض لماذا لا نترك الشفافيات منفصلة؟ هذا ممكن ولكن جمعها معاً يسهل عملية الحفظ عندما تكثر الرسومات وتختلط الشفافيات مع بعضها البعض، وخاصة في المواضيع / الرسومات المتشابهة.

طريقة حفظ الشفافيات

الشفافيات سواء التي ترسم باليد أو بواسطة أقلام ملونة، أو باستخدام الطابعات المرتبطة بالحاسوب من نوع الحبر النفاث (Inkjet) ، سرعان ما تتلف خاصة عند محاولة تنظيفها إذا ما علق بها الغبار. لذلك لا بد من المحافظة عليها وفيما يلي احدى الطرق الأكثر سهولة، والأقل تكلفة.

في البداية لا بد من توضيح أن الشفافيات الخاصة بطابعات الحاسوب مغطاة بمادة مائية، أي تذوب في الماء، بل وحتى من رطوبة اليدين. وبصمات الأصابع تعلق بها، لذلك فإن المحافظة عليها مهم جداً، والطريقة الآتية تحول دون ذلك. ببساطة نحن نريد أن نغطي الشفافية بمادة شفافة لا تذوب بالماء، وهذه المادة تعرف بـ "اللكر"، وهي المادة التي نطلي بها الخشب لتحافظ عليه وتعطيه لمعاناً، وهي غير المادة التي تعرف بـ "الفريش"، يمكن الحصول على اللكر من السوق المحلي وهي على شكل علب، وكل ما عليك هو أن تثبت الشفافية على جدار وتقوم برشها بهذه المادة.

طريقة الرش مهمة جداً، والخطأ فيها سيظهر بشكل واضح عند عرضها باستخدام جهاز الأفرهيدروجكتر، ناتج عملية الرش يجب أن يعطينا وجهاً مصقولاً أملساً. لذلك قد تضطر إلى الرش أكثر من مرة، وعليك أن تنتظر بين كل مرة وأخرى حتى يجف اللكر، لأن الرش وجهاً ثانٍ قبل أن يجف الوجه الأول قد يعطي نتائج غير مرغوب بها.

وتحتاج عملية الرش إلى التدريب، وهي مهارة يسهل إتقانها بسرعة، ويمكن أن تخطأ في أكثر من شفافية ولكن بعد فترة، يصبح لديك القدرة على رش ما يقارب 100 شفافية باليوم الواحد. وفي السوق المحلي يوجد أماكن تتوفر فيها خدمة الرش باللكر، يمكن أن تستعين بها إن أردت.

بقي أن نوضّح لك أمراً هاماً، وهو إن قمت أنت بالرش، فيجب أن يتم ذلك بمكان جيد التهوية، خاصة إذا قمت بذلك في المدرسة وبجانبك بعض الطلبة، لأن لهذه المادة تأثير سيء على الصحة.

إنتاج وتصنيع الشرائح الخاصة بالفانوس السحري

تصنع هذه الشرائح بواسطة تصويرها بكاميرا عادية، وتوضع فيها فلم ملون يسمى
(Positive) أي موجب، وبالتالي فإن الفلم عندما يتم تحميضه يكون ملوناً.

خطوات تصنيع الشرائح:

1. حضر الصور التي تريد أن تصنع لها الشرائح، وهذه الصور قد تكون من كتب أو
    مجلات أو أي مصدر آخر.

2. ضع هذه الصور على طاولة سطحها مائل ، أو ثبتها على جدار.

3. قم بتصوير هذه الصور، وهنا لا بد أن أذكر أن التصوير يتم من مسافات قريبة،
    وبالتالي يفضل إضافة عدسة خاصة بالتصوير لمسافات قريبة، ويمكنك أن تطلب
    ذلك من المحلات الخاصة بالتصوير أو تشتري مثل هذه العدسة.

4. أرسل الفلم للتحميض، وأنت مخير بين أن تترك الشرائح متصلة، لأن بعض الأجهزة
    صمم حامل الشرائح فيها بحيث تكون الشرائح متصلة.   أو قم بقص كل شريحة
    على حدى، والشكل الثاني هو الأكثر استخداماً.

5. للشرائح المنفصلة يوجد إطار يحفظها، يمكنك شراءها جاهزة من المحلات الخاصة
    بالتصوير، وهي إما أن تكون بلاستيكية أو من الكرتون المقوى أو تقوم أنت
    بصناعتها.

خطوات صنع الإطار للشرائح المنفصلة:

1. قص قطعة من الكرتون سماكة 1 ملم عدد 2 كما في الشكل.

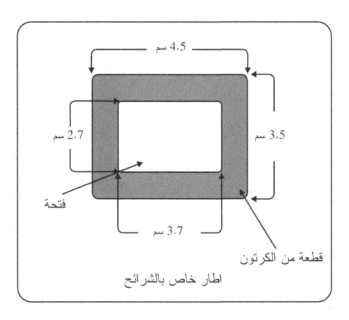

4.5 سم

2.7 سم

3.5 سم

3.7 سم

فتحة

قطعة من الكرتون

اطار خاص بالشرائح

2. ضع مادة لاصقة (آغو) على حواف إحدى قطع الكرتون التي قمت بقصها.

3. ضع الشريحة برفق فوق منطقة التصميغ بحيث تكون المنطقة المستخدمة من الشريحة ظاهرة من خلال الفتحة. واحذر من التصاق أي من المادة اللاصقة بالشريحة.

مادة لاصقة

وضع الشريحة فوق الاطار

4. ضع قطعة الكرتون الثانية فوق الأولى، واحذر من أن يكون هناك أي انحناء بالشريحة.

نضع الجزء الثاني من الاطار فوق الأول

5. انتظر حتى تجف المادة اللاصقة.

وبذلك ينتهي صنع الإطار للشريحة.

طريقة حفظ وترميز والشرائح

عندما تكثر الشفافيات والشرائح، فإنه يصعب إيجادها عند الحاجة إليها، لذلك فإن ترميزها وطريقة حفظها في غاية الأهمية، للوصول إليها بسرعة. الشكل التالي يبين إحدى طرق ترميز شريحة:

ترميز الشرائح

حيث:

1. أحيا: ترمز للمادة وهي مادة الأحياء.

2. صف: ترمز للصف وهو الصف العاشر.

3. و3 : ترمز للوحدة وهي الوحدة الثالثة.

4. د2: ترمز للدرس وهو الدرس الثاني.

5. 7/4 تعني أن هذه الشريحة هي رقم أربعة من أصل سبعة شرائح خاصة بهذا الدرس.

6. اسم الشريحة ويكون في الأسفل.

وتحفظ الشرائح في أدراج صممت لها، إذا لم يكن لديك مثلها فيمكن استبدالها بأشكال كثيرة لحفظها، وإليك ثلاث طرق لثلاثة نماذج وجميعها سهلة التصنيع، وهي عبارة عن صنع جيوب تحفظ فيها هذه الشرائح.

إنتاج وتصنيع حافظات الشرائح

أ. باستخدام الاسفنج:

1. احضر قطعة اسفنج 30 × 30 × 3 سم

2. بواسطة المشرط وعلى مسافات متساوية، اشرط داخل الاسفنج بعمق 1 سم، وطول 5 سم وعلى شكل صفوف.

3. ضع قطعة الاسفنج داخل صندوق خشبي، مفتوح من الأعلى حافته اليمنى عريضة (ما يقارب 5 سم).

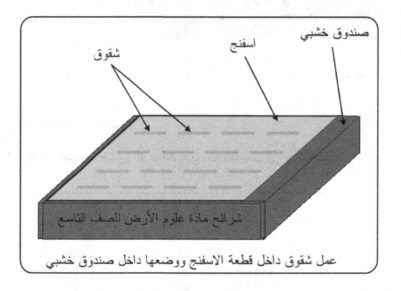

عمل شقوق داخل قطعة الاسفنج ووضعها داخل صندوق خشبي

4. ضع الشرائح داخل الشقوق.

5. على يمين الصندوق ضع الرمز الذي تريد لتدل على المجموعة التي تقع بموازاة صف الشرائح.

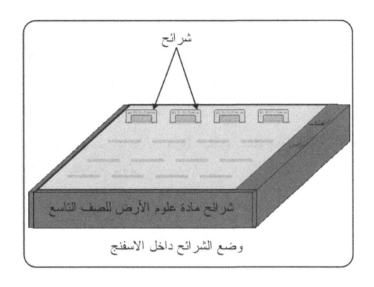

شرائح

شرائح مادة علوم الأرض للصف التاسع

وضع الشرائح داخل الاسفنج

ب. باستخدام الكرتون المقوى:

1. احضر صندوقاً خشبياً 30 × 30 × 5 سم ، وأعمل في الجانبين شقوق مائلة.

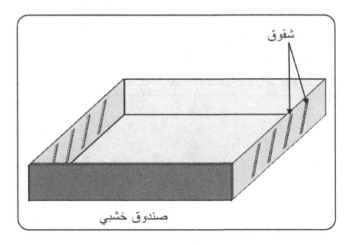

شقوق

صندوق خشبي

2. احضر قطع خشبية 31 × 5 سم وثبت عليها حواجز المسافة بين كل حاجز وآخر 5 سم.

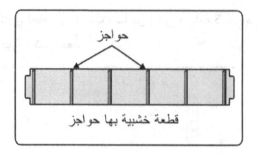

حواجز

قطعة خشبية بها حواجز

3. أدخل هذه القطعة بالصندوق الخشبي، ثم كرر هذه العملية ثلاث مرات اضافية.

4. ضع الشرائح بالصندوق.

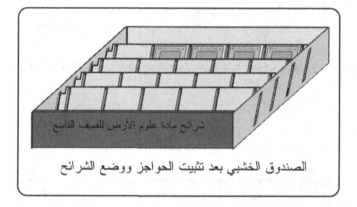

شرائح مادة علوم الأرض للصف التاسع

الصندوق الخشبي بعد تثبيت الحواجز ووضع الشرائح

جـ. باستخدام البلاستك الرقيق

1. احضر كيساً بلاستيكياً رقيقاً، وقص على ارتفاع 5 سم من قاعدته.

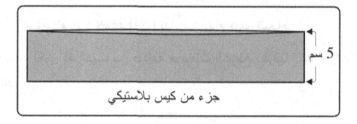

5 سم

جزء من كيس بلاستيكي

2. بواسطة كاوي لحام، أو أي سلك ساخن وعلى مسافة 5 سم من أحد الحواف، قم بالصاق وجهي الكيس معاً.

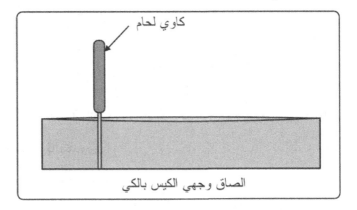

كاوي لحام

الصاق وجهي الكيس بالكي

3. كرر العملية على طول الكيس، لتحصل على عدة جيوب بطول وعرض كل منها 5 سم.

4. ضع الشرائح داخل الجيوب

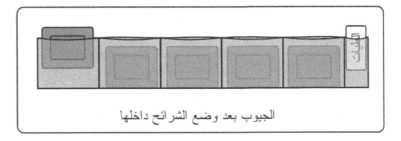

الجيوب بعد وضع الشرائح داخلها

يمكن استخدام مواد لاصقة (آغو) بدل استخدام كاوي اللحام.

وبذلك نكون قد انتهينا من صناعة حافظات الشرائح بطرقها الثلاث، ولك أن تختار الأفضل لك.

الفصل الحادي عشر

المستنبطات العلمية

- ضوء الليزر.
- انكسار الضوء.
- إنتاج وتصنيع الأفلام السينمائية.
- إنتاج وتصنيع تلسكوب كاسر.
- إنتاج وتصنيع التلسكوب العاكس.

المستنبطات العلمية

تمهيد،،،

هي أدوات ومواد بسيطة من خامات البيئة المحلية تشكل في مجموعها وسيلة تعليمية لتوضيح وبيان مكون جهاز أو آلة ما، أو إثبات قانون أوقاعدة معينة. وهي تقسم إلى قسمين رئيسيين:

1. المعدات والأدوات البسيطة التي منها نشكل وسيلة لغايات توضيح قاعدة أو قانون أو حقيقة علمية.

2. الأدوات والمواد البسيطة التي تشكل في مجموعها نموذجاً لجهاز أو آلة مع بيان وتوضيح مكوناته وكيفية عمله.

خصائص ومميزات المستنبطات العلمية:

● تبرز الشكل الخارجي للآلة أو الجهاز وكذلك مكوناته الداخلية.

● تساعد المتعلم أو المتدرب على التعرف عن كتب لهذه الأجزاء والمكونات وطريقة فكها وتركيبها وعملها.

● تثير تفكير التلاميذ وتساؤلاتهم وتجعلهم يحاولون إيجاد العلاقات بين هذه الأجزاء المكونة للجهاز.

● تزيد مستوى المهارة والخبرة العملية للمتعلمين كونهم يرون ويلمسون ويقومون بالفك والتركيب، وبالتالي ترسخ الحقائق والنظريات في أذهانهم.

● تنمي القيم والإتجاهات لدى التلاميذ بحيث يحبون العلم وتقدير العلماء.

أولاً: ضـــوء الليزر

إن التجارب المتعلقة بالضوء من أجمل التجارب وأكثرها متعة، وخاصة تلك التي تحتاج إلى تعتيم ويتم إجراؤها داخل غرفة معتمة، وستتعرف بعد قليل كيفية إجراء بعض التجارب البسيطة ولكنها ستكون الدليل لإجراء المزيد من التجارب.

بواسطة قلم الليزر:

لقد شاهدت الكثير من الأطفال يلعبون بقلم الليزر، لكن ألعاب بسيطة سرعان ما يملون منها، دون أن يعلموا أنه يمكن استخدام هذا القلم في إجراء العديد من التجارب الممتعة والمفيدة. فهيا نتعلم معاً بعض هذه التجارب.

إنّ ضوء الليزر غير مرئي، وحتى نشاهده نحتاج إلى وسط شبه شفاف مثل الدخان والماء الملون . وأفضل وعاء لإحتواء الدخان أو الماء الملون هو الصندوق. لذلك سنقوم بصناعة هذا الصندوق في البداية.

إنتاج وتصنيع الصندوق:

إصنع صندوقاً من الزجاج أو البلاستك الشفاف بطول 40سم وعرض30سم وارتفاع 20سم (لاداعي للدقة في القياسات) بحيث يكون مفتوح القاعدة (أي أربعة جوانب وغطاء فقط) يمكن الإستعانة بالسوق المحلي لصناعة الصندوق.

صندوق زجاجي مفتوح القاعدة

خطوات تصنيع الوسيلة:

1. في البداية اصنع حاملاً لقلم الليزر بحيث يكون ارتفاعه 10سم (لاحظ أن الارتفاع 10سم لكي يتناسب مع ارتفاع الصندوق).
2. أما كيفية صناع الحامل فلن أتطرق له لأن ذلك في منتهى السهولة، وبإمكانك تصميم هذا الحامل كما تشاء.

قلم الليزر
حامل

3. إلصق عود من البخور بقطعة من المعجون وأشعله ثم ضعه داخل الصندوق. بعد ذلك ضع قلم الليزر أمام الصندوق وشاهد مسمار الشعاع الأحمر (انظر الشكل في الأسفل) إن لونه جميل أليس كذلك؟

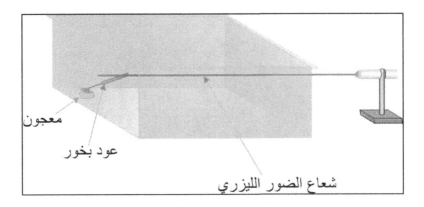

والآن لنجري مجموعة من التجارب بهذا الصندوق.

المرآة المستوية:

خطوات تصنيع الوسيلة:

1. ثبت مرآة مستوية على حامل ثم أدخلها في الصندوق، مع مراعات أن يكون ارتفاع المرآة مع الحامل مناسباً لارتفاع كلاً من الصندوق وشعاع الضوء.

2. حرك قلم الليزر إلى اليمين واليسار لتغير زاوية السقوط ولاحظ تغير زاوية الإنعكاس.

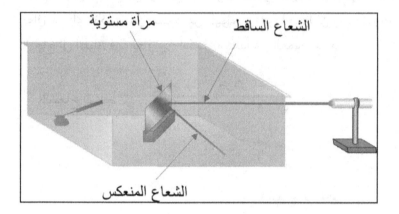

3. اصنع قاعدة مناسبة للمنشور وضعه مكان المرآة المستوية ولاحظ كيف ينكسر الشعاع داخل المنشور وقم بقياس زاوية الانحراف.

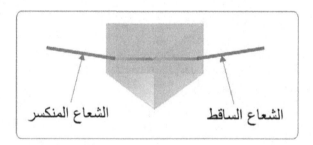

4. كرر ما قمت به للمنشور بالنسبة لمتوازي المستطيلات ولاحظ انكسار الشعاع.

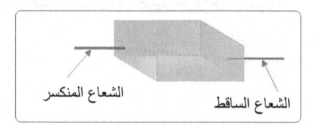

5. ضع القرص نصف الدائري الآن بدلاً من متوازي المستطيلات، بحيث يسقط الشعاع عمودياً على الجزء الدائري، أي يجب أن يمتد إلى مركز الدائرة التي تمثل سطح القرص. هذا يعني أن زاوية السقوط تساوي صفراً وبالتالي فإن الشعاع لا يعاني من أي انكسار عن مسيره من الهواء إلى الزجاج، ولكن بعد خروجه من الزجاج إلى الهواء، فإنه يعاني من انكسار مبتعداً عن العمود المقام.

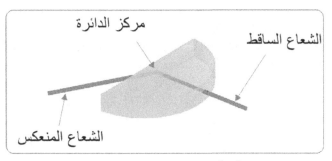

مركز الدائرة   الشعاع الساقط

الشعاع المنعكس

6. الآن إحرف الشعاع (أي أزح قلم الليزر) حتى تصبح زاوية الإنكسار 90°، ثم جد الزاوية الحرجة ومعامل الإنكسار. (انظر الشكل)؟

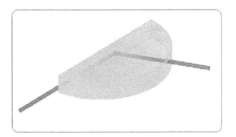

ملاحظة:

لاحظ أنه طلب منك في كافة التجارب السابقة أن تقوم بتحريك قلم الليزر لتغير مسار الشعاع الساقط، والأفضل أن تجد تصميماً تحرك الجسم الشفاف.

انكسار الضوء

عندما نجري تجارب انكسار الضوء دائماً نسقط الضوء من الهواء إلى الجسم الشفاف الثاني مثل الزجاج أو الماء، ولكن كيف يمكن أن نسقط الضوء من الماء إلى الهواء، أو من الزيت إلى الكحول، أو من الماء إلى الكحول أو أي مادتين. إن ذلك سهل جداً، وما عليك إلا أن تقوم بما يلي:

1. احضر قطعة طولها 15سم وعرضها 3سم، وإثنها على شكل زاوية قائمة بحيث يكون طول أحد ضلعيها 10سم، والثاني 5سم، وأثقب منتصف الضلع القصير.

2. ادخل برغي طوله 10سم في ثقب القطعة البلاستيكية وثبت في طرفه السفلي مرآة صغيرة (2×2سم).

3. احضر الصندوق البلاستيكي الذي استخدمته في السابق، ولكن اقلبه بحيث تكون قاعدته للأسفل والطرف المفتوح للأعلى، وثبت عليه القطعة البلاستيكية بحيث تكون المرآة في داخل الصندوق وضع في منتصفه حاجزاً شفافاً، أي اقسمه إلى قسمين.

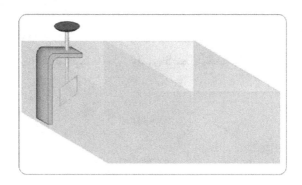

4. ضع في الجزء الذي تقع فيه المرآة ماء والجزء الثاني زيت. ثم ضع قلم الليزر في مواجهة المرآة وشغله.لاحظ الشعاع الضوئي المنبعث من المرآة والذي يعتبر الزيت. دوّر المرآة بواسطة مقبض البرغي.

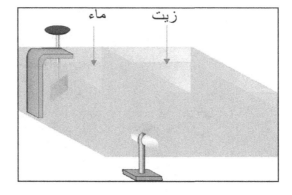

لاحظ تغير كلاً من زاويتي السقوط والإنكسار. استبدل مادتي الماء والزيت بمواد أخرى؛ حتى تتمكن من مشاهدة شعاع الضوء عليك وضع مادة

ما في الماء أو الزيت، وهناك العديد من المواد ومن أفضلها الكركم المستخدم في الطهي، وذلك برش القليل منه (ربع ملعقة صغيرة) وتحريكها. بإمكانك أيضاً استخدام قطرات من الحليب أو الحبر.

هناك العديد من التجارب التي يمكن أن تستخدم فيها قلم الليزر، وهي أكثر تشويقاً مما ذكرت، حيث يتم تحويل الشعاع الواحد إلى أكثر من شعاع، وتصبح التجارب في بعدين وثلاثة أبعاد. لكن لا مجال في هنا يذكرها جميعها، ولكن يمكن عرضها في كتاب خاص، للوقوف على تفاصيلها.

هناك الكثير ربما لا يعرف ماذا أقصد بـ"بعدين"، و"ثلاثة أبعاد"، ولكنني أطلب منكم أن تقوموا بمحاولة إجراء عدداً من التجارب تستخدمون قلم الليزر أو أي مصدر ضوئي آخر.

لا تحاول أن تجري أي تجربة لتحليل ضوء الليزر إلى ألوان الطيف، فقلم الليزر الموجود في الأسواق لا يعطي إلا اللون الأحمر.

ثانياً: إنتاج وتصنيع الأفلام السينمائية

الفيلم السينمائي عبارة عن عدة صور (آلاف بل ملايين الصور) المتلاحقة والموجودة على فلم ملفوف على بكرة. ونوع الفلم موجب (Positive).

توضع بكرة الفلم على العارض (البروجكتر)، وأهم جزئين في البروجكتر هما مصدر الضوء والغالق.

ونحن سنقوم الآن بصنع نموذج يوضح فكرة الفيلم السينمائي، ولأننا سنقوم برسمه يدوياً، فهو يوضح أيضاً طريقة صناعة أفلام الكرتون.

إليك فيما يلي طريقة صناعة نموذج السينما، مشروحاً خطوة خطوة. وعليك أن تتوخى الدقة قدر الإمكان عند تنفيذ الخطوات.

المواد والأدوات المستخدمة:

أحضر قطعة من الكرتون المقوى طولها 72 سم وعرضها 20سم.

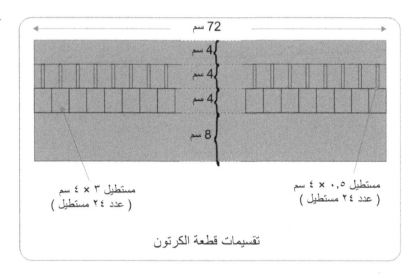

تقسيمات قطعة الكرتون

خطوات تصنيع الوسيلة:

1. يجب أن يكون المستطيل الصغير في الأعلى يقع على منتصف المستطيل الكبير.

2. أول مستطيل كبير يبدأ من حافة قطعة الكرتون تماماً، أما حافةأول مستطيل صغير فتبدأ مبتعدة عن حافة قطعة الكرتون بمقدار 1.25 سم.

3. بواسطة المشرط اصنع شقاً مكان كل مستطيل صغير(كن حذراً عند استخدام المشرط أو أي أداة حادة).

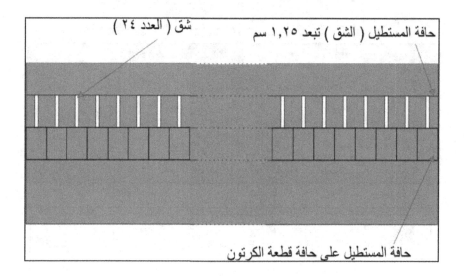

حافة المستطيل (الشق) تبعد ١,٢٥ سم   شق (العدد ٢٤)

حافة المستطيل على حافة قطعة الكرتون

4. لديك في الصفحة التالية 24 صورة، قصها كما هي بحجمها الموجودة عليه ثم الصق هذه الصور في المستطيلات الكبيرة على قطعة الكرتون (بإمكانك قص كل صورة معاً فهي مرتبة).

5. ستلصق الصور بعد قليل كما في الشكل التالي.

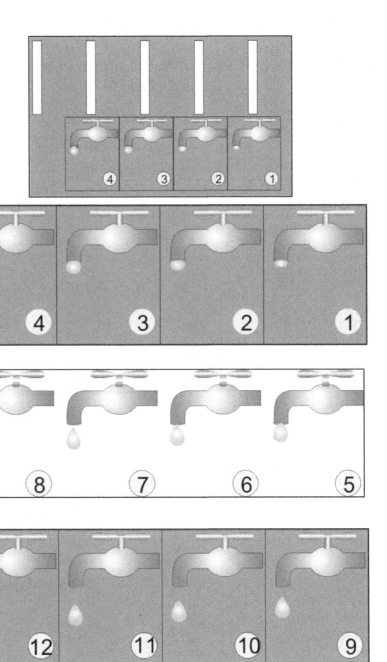

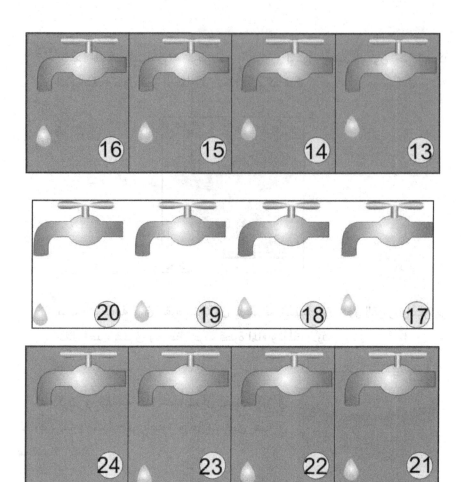

6. لف قطعة الكرتون والصق طرفيها بحث يصبح لديك أسطوانة ، مع ملاحظة أن الصور تكون من الداخل.

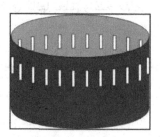

7. اصنع حاملاً وثبت فوقه قرص من الكرتون المقوى بحيث يكون حر الحركة الدورانية، وحاول قدر الإمكان أن تكون الحركة حرة.

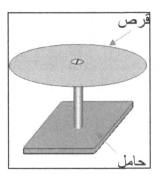

8. ثبت الأسطوانة فوق القرص، ونكون بذلك قد انتهينا؛ الآن دور القرص وأنظر من خلال أحد الشقوق ولا حظ حركة قطرة الماء وكذلك الأرقام.

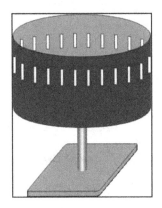

ذكرت في مقدمة هذا النشاط، أن أهم جزئين في العارض (البروجكتر) هما الضوء والغالق، فأين هما في نموذجنا؟

إن الضوء في نموذجنا هو الضوء المحيط بنا وبإمكانك أن تغلق الأسطوانة من الأعلى وتضع الضوء من الداخل. أما الغالق فيمثله مجموعة من الشقوق، فعند تدوير القرص فإن الشقوق كأنها تغلق وتفتح على التوالي.

هناك إضافات كثيرة على هذا النموذج كأن تضع القرص الدوار على محرك، ولكن بشرط أن تتمكن من التحكم بسرعة دورانه.

كما بإمكانك أن تستخدم ستروبسكوب ذو الشق.

ثالثاً: إنتاج وتصنيع تلسكوب كاسر

ستتعرف على كيفية صنع تلسكوباً كاسراً، بسهولة، وبتكلفة زهيدة وباستخدام خامات البيئة، ويكون هذا التلسكوب عملي ويمكن رؤية تضاريس القمر من خلاله وكذلك رؤية كوكب المريخ والمشتري وزحل وكواكب أخرى.

وهناك العديد من أنواع التلسكوبات، بعضها أرضي وهو يعطي صورة معتدلة، ونجده عادة في الأماكن السياحية وكذلك للأستخدامات العسكرية. وبعضها فلكي وهو يعطي بالعادة صورة مقلوبة. وهناك المنظار ثنائي العينية الذي يعطي صورة معتدلة ، وأكثر استخداماته للجيوش والقوات العسكرية، وهو مهم أيضاً لهواة الفلك، ومن مميزات هذا المنظار أنه يعطي صوراً مجسمة. ونحن سنتعلم الآن كيف نصنع تلسكوباً كاسراً فلكياً وأرضياً.

المواد والأدوات المستخدمة:

1. (عدسة محدبة ع=+50سم) يمكن شراؤها من محلات الأوبتكس يمكن استخدام عدسة قوتها (2+) ديوبتر.
2. عين سحرية، يمكن شراؤها من محلات مواد البناء.
3. أنبوبة بلاستيكية قطر 3 إنش (7سم تقريباً)، يمكن شراؤها من محلات مواد البناء.
4. أنبوبة بلاستيكية قطر 1 إنش (2.5سم تقريباً)، يمكن شراؤها من محلات مواد البناء المستخدمة للتمديدات الكهربائية.
5. زجاجة مشروبات غازية، المصنوعة من البلاستك.
6. كرتون أسود، من المكتبة.

خطوات تصنيع الوسيلة:

1. قص 50سم من أنبوبة البلاستك الكبيرة (3 إنش= 7.62 سم).

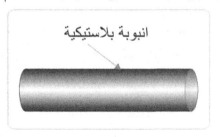

انبوبة بلاستيكية

2. قص قطعة من الكرتون بطول 60سم وعرض 5سم.

قطعة من الكرتون
5 سم
60 سم

3. لف القطعة بشكل دائري لتصنيع أسطوانة بطول 5 سم وسماكة3ملم، وقطر7سم.

قطعة من الكرتون

4. قص قطعة من الكرتون بشكل دائري بقطر 7سم، ثم أثقب بوسطها ثقب دائري بقطر 2سم.

ثقب

قطعة من الكرتون

5. إلصق العدسة المحدبة ذات القطر 7سم، وبعد بؤري 50سم على أحد وجهي
   الأسطوانة الكرتونية التي صنعتها في الخطوة (3).

عدسة محدبة

6. إلصق الكرتونة الدائرية ذات الفتحة بالطرف الآخر للأسطوانة الكرتونية. أي
   يصبح لدينا أسطوانة كرتونية على أحد فتحتيها عدسة وعلى الفتحة الثانية كرتونة
   دائرية ذات ثقب.

كرتونة

عدسة محدبة

7. أدخل الأسطوانة الكرتونية الملصق عليها العدسة والكرتونة السوداء المثقوبة داخل الأسطوانة البلاستيكية التي حضرتها في الخطوة (1) وأدفعها مسافة (5سم) داخل الأنبوبة (انظر الشكل).

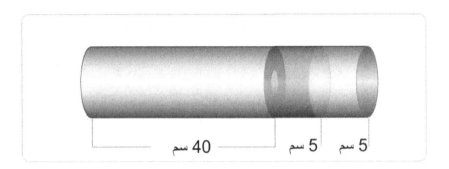

8. قص مقدمة القنينة البلاستيكية بحيث تحصل على محقان قطر فوهته الكبيرة 7سم.

مقدمة القنينة

9. ألصق مقدمة القنينة بالطرف الثاني للأنبوبة البلاستيكية (انظر الشكل).

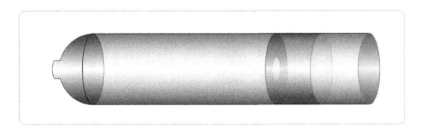

وبذلك ينتهي الجزء الأول:

عندما أطلب منك ان تقوم بعملية الإلصاق أفترض أنك تعرف المواد اللاصقة المناسبة، لذلك ليس المطلوب أن نقدم وصفاً للمواد اللاصقة وطريقة إلصاقها، ولكن نستطيع القول أن أفضل المواد اللاصقة، وأسرعها هي مادة السليكون التي يتم صهرها بواسطة الفرد الكهربائي، لكن عليك أن تكون حذراً عند استخدامها، فهي حارقة عند ملامستها للجلد، هذا من جهة ومن جهة ثانية فإن فاعليتها تقل إذا لم يتم إلصاق الجسم بسرعة.

وهناك الكثير ممن يخطئون في طريقة استخدامها إذ يعتقدون أن كثرة مادة السليكون يكون أفضل والعكس هو الصحيح.

الجزء الثاني:

1. فك العين السحرية إلى أجزائها (لاحظ أنها تحتوي على ثلاث عدسات مقعرة وعدسة محدبة).

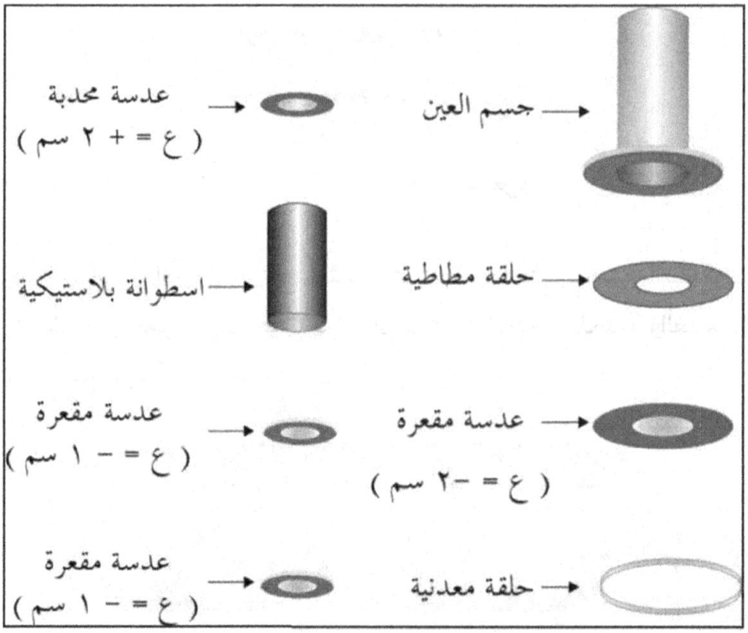

2. قص 15سم من أنبوبة البلاستك الصغيرة (1 إنش=2.5 سم).

أنبوبة بلاستكية ١ أنش

15 سم

3. ثبت العدسة المقعة على الأنبوب البلاستيكي الذي جهزته في الخطوة (2).

عدسة مقعرة

4. والآن ادخل الأنبوب الرفيع المثبت به عدسة مقعة في جسم التلسكوب الذي
    حضرته في الجزء الأول بحيث تكون المسافة بين العدسة المحدبة والعدسة المقعرة
    49 سم تقريباً.

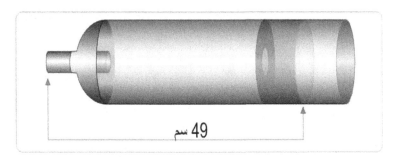

49 سم

5. مهم جداً يجب أن يكون محور العدستين الشيئية (المحدبة) والعينية (المقعرة) ومركز الثقب الدائري منطبقة تماماً.

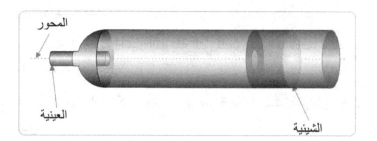

6. لقد انتهينا، هذا هو تلسكوبك، أنظر من خلاله على أي شيء تريده شجرة مثلاً، ثم حرك الأنبوب الصغير للأمام أو للخلف حتى تتوضح الصورة.

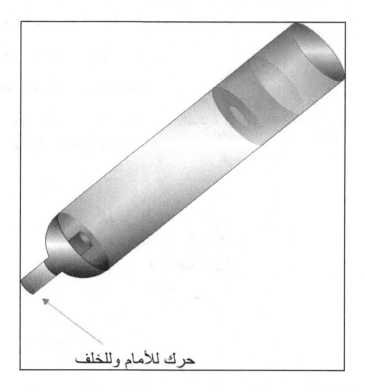

حرك للأمام وللخلف

ملاحظات:

1. هذا التلسكوب يسمى تلسكوب جاليلو، وهو يتكون من عدسة شيئية محدبة وعدسة عينية مقعرة.

2. لقد تركت لك حرية اختيار الطريقة التي تلصق بها العدسات، لذلك استخدم أي مادة لاصقة وهي كثيرة.

3. عند النظر بهذا التلسكوب فأنت ترى صورة مكبرة معتدلة، ولكن مجال الرؤيا له ضيق.

سؤال: لماذا وضعنا الحاجز ذو الثقب خلف العدسة الشيئية؟

ماذا نفعل ببقية العدسات التي استخرجناها من العين السحرية؟

هل يمكن زيادة التكبير؟

هل يمكن زيادة مجال الرؤيا؟

دعنا نجيب عملياً على كل تلك الأسئلة:

1. قص 15سم من أنبوبة البلاستك الصغيرة (1 إنش=2.5سمم) تماماً مثل التي عملتها في الخطوة (2) الجزء الثاني.

2. قص قطعة كرتون دائرة بقطر (0.50)2 سم واعمل بوسطها ثقباً بقطر 1 سم.

3. ثبت إحدى العدستين المقعرتين (ع=1سم) على قطعة الكرتون التي حضرتها قبل قليل.

4. ثبت الآن العدسة على الأنبوب البلاستيكي، ثم أدخلها في التلسكوب بدل العدسة السابقة.

راقب الآن أي شيء تريده. لقد ازداد التكبير، أليس كذلك؟ ولكي تزيد التكبير أكثر من ذلك ثبت العدسة المقعرة الثانية فوق العدسة المقعرة الأولى، وانظر في التلسكوب. والآن، ماذا عن العدسة العينية المحدبة؟

هل يمكن زيادة التكبير؟

1. كما فعلت في السابق، قص كرتونة دائرية واعمل بها ثقب ثم إلصق العدسة المحدبة بها ثم إلصقها على الأنبوب.

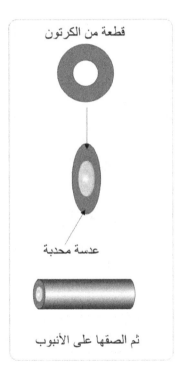

2. ثبت الأنبوب داخل جسم التلسكوب ولكن اجعل المسافة 54 سم، بين العدسة الشيئية والعدسة العينية ثم أنظر إلى أي شيء تريده. لا بد أن التلسكوب أفضل الآن ومجال الرؤيا أكبر، ولكن الصورة مقلوبة. إن هذا التلسكوب يسمى تلسكوب نيوتن.

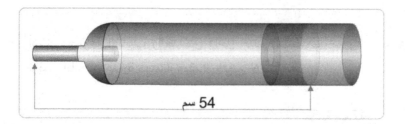

54 سم

3. وكي تصبح الصورة معتدلة علينا أن نستخدم عدستين محدبتين كعدسة عينية، ولتفعل ذلك قم بما يلي:

- احضر أنبوب قطره الخارجي أقل بقليل من 1 إنش وطوله 6سم.

- ثبت على طرفي الأنبوب عدستين محدبتين البعد البؤري لكل منهما (1سم).

أنبوب

عدستين محدبتين

- ادخل الأنبوب السابق المثبت عليه العدستين داخل أنبوب قطره 1 إنش وطوله 20سم.

- أدخل مجموعة الأنابيب والعدستين داخل جسم التلسكوب، ثم راقب أي شيء تريده. إنك ترى صورة معتدلة ومقدار التكبير لا بأس به.

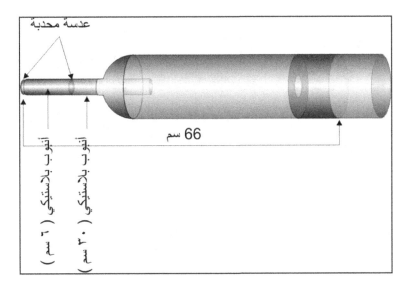

هل تعرف لماذا وضعت الأقطار بوحدة الإنش؟

لأن السوق المحلي يتعامل مع أقطار الأنابيب البلاستيكية بوحدة الإنش.

رابعاً: إنتاج وتصنيع التلسكوب العاكس

إذا كنت قد طبقت المستنبط السابق، التي تتعلم من خلالها كيف تصنع تلسكوباً كاسراً بسيطاً سيكون من السهل عليك صناعة هذا النوع من التلسكوبات، لأن هناك تشابهاً كبيراً بين الإثنين.

وسيتم التوضيح لك كيفية صنع هذا النوع من التلسكوبات سواء صنعت التلسكوب الكاسر أم لم تفعل وبالطبع سأقدم لك الكثير من المعلومات عن العدسات، ولن أقدم لك الكثير عن المرايا، ولا حتى عن التلسكوبات بأنواعهان فإذا أردت أن تقرأ بالتفصيل عن ذلك، عليك أن تعود إلى بعض الكتب المتخصصة.

ويتوقع بعد نجاحك بصناعة تلسكوبات أرضية وفلكية، كاسرة وعاكسة بسيطة سيدفعك ذلك إلى جمع المعلومات عن هذه التلسكوبات وكيف تعمل، وحتى كيف نستخدمها في مجال الفلك. تذكر أن ما نقدمه لك هو بداية بسيطة تدخلك إلى عالم العدسات والمرايا والأجهزة التي تدخل بصناعتها وما يمكنك أنت أن تصنعه. وبمناسبة الحديث تذكر أيضاً أن العين المجردة أو المنظار ثنائي العينية هما الأفضل إذا أردنا أن نتحدث عن رصد السماء.

ولتصنيع التلسكوب العاكس لا بد من الوقوف على الآتي:

المواد والأدوات المستخدمة:

1. مرآة مقعرة ع=+40سم قطر 7سم، يمكن شراؤها من محلات الأدوات المخبرية.

2. عدسة محدبة ع=+1سم، يمكن الحصول عليها من عينية مجهر ولكن ثمنها مرتفع بعض الشيء.

3. مرآة مستوية 1.5×1.5سم، يمكن الحصول عليها بسهولة.

4. أنبوب بلاستيكي قطر3 ، يمكن شراؤها من محلات مواد البناء.

5. زجاجة بلاستيكية، المستخدمة في المشروبات الغازية.

6. قطعة من الخشب 3.5×1×1سم، يمكن الحصول عليها بسهولة.

7. قطعة من الخشب 3.5×1×1سم، يمكن الحصول عليها بسهولة.

8. أنبوب بلاستيكي قطر 1إنش، يمكن شراؤها من محلات مواد البناء.

9. برغي طول 10سم قطر 5 ملم،ن يمكن شراؤه من محلات مواد البناء.

خطوات تصنيع الوسيلة:

1. قص 40سم من الأنبوب البلاستيكي ذو القطر 3 إنش(7.62سم).

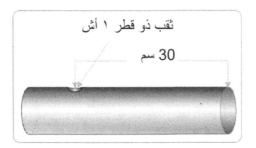

2. على مسافة 30سم أعمل ثقباً ذو قطر 1 إنش(2.54سم).

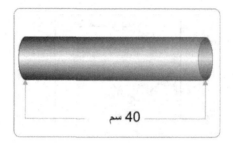

40 سم

3. قص القطعة الخشبية كما في الشكل التالي.

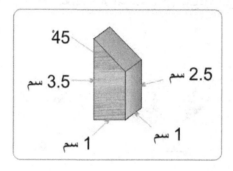

45˚

2.5 سم

3.5 سم

1 سم

1 سم

4. أدخل البرغي في قطعة الخشب كما في الشكل ثم أخرجه.

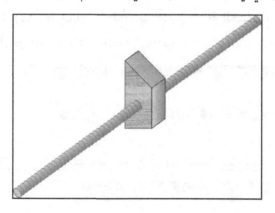

5. ألصق المرآة المستوية الصغيرة على قطعة الخشب كما في الشكل.

6. قص مقدمة الزجاجة البلاستيكية بحيث يمكن تثبيتها على الأنبوب البلاستيكي (انظر الشكل).

7. أثقب هنا ومن الطرف المقابل للأنبوبة، أدخل قطعة الخشب المثبت عليها المرآة أولاً، ثم أدخل البرغي وثبته بواسطة الصواميل.

مهم جدا: يجب أن يكون سطح المرآة يصنع زاوية 45˚ مع الثقب الموجود في الأنبوب ومستوى طول الأنبوب.

8. ضع الجزء من الزجاجة فوق الأنبوب البلاستيكي كما في الشكل.

فتحة القنينة وفتحة الأنبوب على نفس المستوى

9. قص 5 قطع من الكرتون المقوى بشكل دائري بقطر 7سم.

قطعة من الكرتون قطرها ٧ سم

10. ألصق قطع الكرتون الخمسة فوق بعضها البعض لتشكل أسطوانة قطرها 7سمن وطولها 1سم تقريباً.

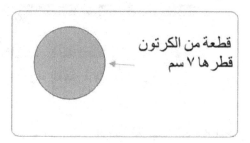

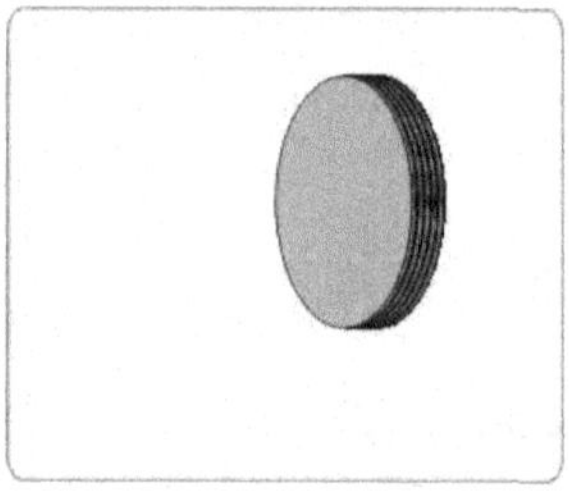

ملاحظة: بإمكانك استبدال قطع الكرتون بقطعة بلاستيكية يمكن شراؤها من محلات مواد البناء تسمى "غطاء 3 إنش".

11. ألصق المرآة المقعرة على مجموعة قطع الكرتون.

مرآة مقعرة

12. ألصق المرآة المقعرة في الطرف البعيد عن المرآة المستوية بحيث يقع محور المرآة المقعرة على منتصف المرآة المستوية ويصنع مع سطحها زاوية مقدارها45 ْ.

محور المرآة

المرآة المقعرة من الداخل

13. قص 10 سم من الأنبوب البلاستيكي الرفيع ثم ثبت العدسة المحدبة عليه (أنظر الشكل).

عدسة محدبة

انبوب بلاستيكي

14. لقد انتهينا؛ أنظر إلى أي شيء تريده من خلال العدسة المحدبة مع توجيه فتحة الأنبوب (جسم التلسكوب) نحو الشيء الذي تريد رؤيته.

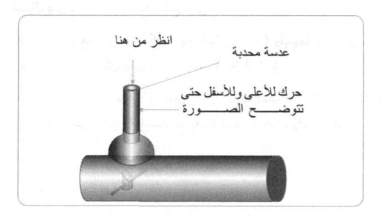

انظر من هنا

عدسة محدبة

حرك للأعلى وللأسفل حتى تتوضـــــح الصـــــورة

لا

بد أنك ترى الأشاء مقلوب بهذا التلسكوب، وأن التكبير ليس كما تريد أو تتوقع. فكيف إذاً يمكن أن نجعل الصورة معتدلة وكيف يمكن تكبيرها؟ تابع معنا لنتعرف ذلك.

لجعل الصورة معتدلة:

1. ضع عدسة مقعرة بدلاً من العدسة المحدبة، لكن تحتاج إلى تقصير الأنبوب الذي يحمل العدسة.إذا نظرت إلى أي شيء ستراه معتدلاً الآن، تلاحظ أن مجال الرؤيا أصبح ضيقاً.

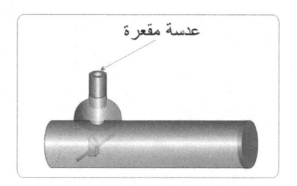

عدسة مقعرة

ملاحظة: العدسة المقعرة يمكن إحضارها من العين السحرية ولتعرف كيف ذلك، راجع كراسة التلسكوب الكاسر.

هل هناك طريقة ثانية لجعل الصورة معتدلة وإبقاء مجال الرؤيا كبيراً؟ والإجابة على هذا السؤال هي نعم ولتعرف كيف تابع معي.

2. أحضر عدستين محدبتين (ع لكل منهما تساوي 2سم) وثبتهما على أنبوب قطره الخارجي أق من 2 إنش، بحيث تكون المسافة بين العدستين 6سم.

3. أدخل الأنبوب المثبت عليه العدستين داخل أنبوب التلسكوب ثم راقب أي شيء تريده بعد توضيح الصورة بواسطة تحريك الأنبوب (إدخاله وأخراجه).

لتكبير الصورة:

يمكن تكبير الصورة عن طريق:

1. زيادة البعد البؤري للمرآة المقعرة، ويمكن الحصول على هذها لمرآة من السوق المحلي، أي تلك المرآة التي يستخدمها بعض الرجال لحلاقة ذقونهم، لكن عليك أن تنتبه إلى أن معظم هذه المرايا تحتوي على تشويهات مما يؤدي إلى عدم وضوح الصورة.

2. وضع عدسة محدبة (أو مقعرة) ذات بعد بؤري قليل.

ترى ماذا لو زدنا قطر المرآة؟ لتعرف الإجابة جرّب ذلك بنفسك.

هل تعرف من أين يمكن الحصول على أفضل العدسات العينية؟ إنها العدسات المستخدمة للمجهر كعدسة عينية، ولكن سعرها مرتفع بعض الشيء.

لقد تحدثنا عن إبعاد ومسافات بين العدسات والمرايا،ربما لا تعرف لماذا؟ وحتى نتمكن من ضبط الابعاد والمسافات بين العدسات والمرايا لا بد أن نتمكن من معرفة كيفية رسم مسار الأشعة عندما تسقط على العدسات والمرايا، وعليك أن تستعين بمعلم الفيزياء في مدرستك.

الحامل:

لكل تلسكوب حامل، هذا إذا أردنا أن نرقب الأشياء بدقة لأن أي حركة للتلسكوب مهما كانت بسيطة فإنها ستخفي الصورة.

لكن يعرض في المحلات أنواع عديدة من التلسكوبات يمكنك الإطلاع على حواملها، وإنتبه بالتحديد إلى تلك الحركات الدورانية للقاعدة التي يرتكز عليها التلسكوب إن رصد السماء لا يمكن أن يتم دون حامل للتلسكوب، وستعرف صحة ما أقول عندما تجرب أن ترقب أي شيء في السماء، وأنت بالتأكيد ستبدأ بالقمر. لكن تذكر أننا وضحنا لك أن الهدف هو إعطاؤك مدخلاً بسيطاً ومشجعاً لدخول عالم العدسات والمرايا والأجهزة التي تعتمد عليها.

في التلسكوبات الكاسرة والعاكسة يحدث الكثير من التشوهات والزوغان اللوني، ولكن توضح ذلك خارج عن نطاق الموضوع وإذا أردت أن تتزود بمعلومات مفصلة عن العدسات بإمكانك العودة إلى بعض المصادر المتخصصة

مثل"مقدمة للبصريات الكلاسيكية والحديثة،تأليف جيرجينر.ماير أرنت، من منشورات مجمع اللغة العربية الأردني".

والإجابة على سبب وضع الحاجز الأسود (قطعة الكرتون السوداء) خلف العدسة الشيئية بالنسبة للتلسكوب الكاسر تتعلق بهذه التشوهات وتجد الإجابة الكاملة عليها في المرجع المذكور أعلاه.

الفصل الثاني عشر

الألعاب التربوية

- ألعاب تربوية لموضوعات تدريس في اللغات والرياضيات والعلوم.

- ألعاب تربوية في الرياضيات للصفوف الثلاثة الأولى

العاب تربوية في اللغات والرياضيات

مقدمة و تمهيد،،،

هي نشاطات حركية أو ذهنية يستخدمها المعلمون كواحدة من الاستراتيجيات التي لها دور فعال في إثارة دافعية المتعلمين للمشاركة في النشاط الذي يرمي الدرس إلى الوصول لتحقيق أهداف الموضوع. والألعاب المستخدمة في الصف أو خارجه ليست عشوائية... بل تتبع نظاماً معيناً وخطوات منتظمة من أجل تحقيق الأهداف المرجوة، ولذلك أطلق عليها ألعاب تربوية وهي ألعاب منوعة تبعاً لنوع المادة التعليمية المطروحة.

وكثيراً ما يجدها المتعلمون خاصة الصغار منهم مشوقة وتراهم يتنافسون للاشتراك ضمن فريق اللعبة ويلحون على المعلم أن يشركهم قبل غيرهم من زملائهم... علماً بأن في كل لعبة مجموعة من التلاميذ يكون بينهم تلاميذ رابحون وآخرون خاسرون، على أن التعلم عن طريق اللعب قد ثبتت فعاليته وجدواه في عملية التعليم والتعلم ذلك لأن حب اللعب حاجة غريزية في الأطفال، بل في صغار الحيوانات كالقطط الصغيرة، التي تقضي معظم وقتها في اللعب مع بعضها فتتعلم الجري، والاختباء والإمساك بالفريسة؛ والألعاب التربوية كما أسلفنا كثيرة ومتنوعة حسب محتوى المادة التعليمية، وسوف نقتصر على بعض الألعاب التربوية من حيث طريقتها والأهداف التي تحققها. ولذلك يجب أن ترتبط الألعاب مباشرة بالمنهج المدرسي.

ومن الناحية التاريخية فإن الألعاب قديمة استعملت قبل أكثر من الزعيم حينما كان يتدرب جنود الفرس ويتبارون في لعبة الشطرنج التي تكسب اللاعبين

مهارات حربية ومن الضروري أن يحرص المعلم على توفير شروط السلامة للتلاميذ أثناء ممارسة اللعبة.

أ. ألعاب تربوية في اللغات والرياضيات والعلوم.

تجدر الإشارة إلى أن الألعاب التربوية يجب تنويعها وتوظيفها حسب المادة والأهداف التي نتوخاها، بمعنى آخر هناك ألعاب تربوية لتعليم مهارات مادة الحساب، وألعاب لتعليم مهارات اللغة الإنجليزية ومهارات ألعاب لتعلم الملاحظة والمقارنة للأطفال في سنوات الأولى للمدرسة، وما قبلها أي مرحة الروضة. وفيما يأتي سنتطرق إلى وصف هذه الألعاب لمادة الحساب مع ذكر الفئة العمرية المستهدفة، ثم الألعاب التي تنمي مهارة الطفل في اللغة الإنجليزية، وأخيراً الألعاب التربوية العامة لمرحة رياض الأطفال من الألعاب التربوية التي يمكن أن يوظفها معلمو الحساب(الرياضيات) لعبة تسمى بنك النجوم، وفيما يأتي وصف وبيان إجراء هذه اللعبة:

أ-   الفئة المستهدفة لهذه اللعبة: الأطفال من الصف الأول وحتى السابع.

ب-   أهداف اللعبة:

1. تنمية مهارات الجمع والضرب والطرح والقسمة إضافة إلى تعليمهم الأعداد الفردية والزوجية وعلاقتها بالقواسم والمشتركة.

2. تعود التلاميذ السلوك التعاوني واحترام الزملاء الآخرين.

3. تلبي حاجات المتعلمين من حيث حبهم المتعة والتسلية والمنافسة.

ج- الأدوات اللازمة:

1. عدد من قطع الورق المقوى على شكل مربعات يكتب في قاعدتها مربعات للأعداد مثلاً.

2. بطاقات تحتوي على أسئلة لكل مربع من1-10 ولها عدة فروع فيما عدا بعض المربعات لا يكون لها أسئلة مثل مربعات:اخسر بعض النجوم ، ومربع اطرح سؤالاً لزميلك.

3. نجوم من فئات مختلفة من فئة5-10 من أجل تحديد اللاعب الذي يجمع أكبر عدد منها.

4. قطعتا زهر (نرد).

طريقة اللعب:

1. تقسيم تلاميذ الصف إلى مجموعتين أو أربع مجموعات.

2. يرمي الفريق الأول زهرتي النرد، فإذا كان الرقم 5 مثلاً يقوم تلميذ من فريقه بعد خمسة مربعات ثم يستقر بعد أن يقطع خمسة مربعات، بعدها يختار رقماً من ارقام الأسئلة وذلك من بطاقة المربع الذي استقر عنده... ثم يقرأ السؤال بصوت مسموع ويطلب إلى أفراد المجموعة أن يجيبوا عنه. ثم ينظر إلى بطاقة الإجابة فإن كانت صحيحة يأخذ من النجوم حسب العدد المكتوب في بطاقة المربع.

3. هناك مربعات مكتوب داخلها اخسر عدداً من النجوم وأخرى اربح عدداً من النجوم، وبعضها يطلب من اللاعب أن يطرح سؤالاً على الفريق المنافس.

4. في نهاية الوقت المحدد من قبل حكم اللعبة (المعلم) يقوم الفريقان بعدّ إجمالي النجوم التي ربحها. والفريق الفائز هو صاحب المجموع الأعلى.

وفيما يلي عدد من الالعاب التربوية الخاصة بمادة الرياضيات، علماً أن الرياضيات من أغنى المواد في الألعاب التربوية، خاصة للصفوف الأساسية. ويمكن الجزم أن الرياضيات في المرحلة الأساسية يمكن تعليمها من خلال اللعب، وتحقق نتائج أفضل بكثير من استخدام طريق التدريس التقليدية.

اللعبة الأولى

توازن المجسمات

يعاني الكثير من الطلاب الانتقال من المحسوس إلى المجرد، ومنها التعامل مع المعادلات الرياضية التي تحوي الرموز، ويجدون صعوبة في حل المسائل الرياضية النتعلقة بالمعادلات الرياضية من الدرجة الأولى أو الثانية، وفيما يلي لعبة رياضية على المعادلات من الدرجة الأولى.

1. احضر خمسة مجسمات لأشكال هندسية مختلفة (يمكن استبدالها بأي خمسة أجسام مختلفة، ولكن تعمدت أن تكون مجسمات، لنبقى ضمن بيئة الرياضيات). ولتكن مكعب، كرة، مخروط، اسطوانة ومتوازي مستطيلات.

2. اصنع أربعة موازين بسيطة كما في الشكل أدناه.

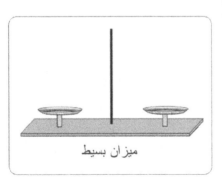

ميزان بسيط

3. ضع الاجسام على على الموازين كما في الشكل.

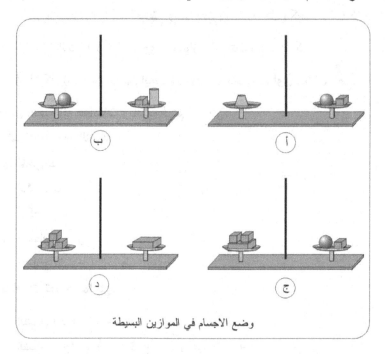

وضع الاجسام في الموازين البسيطة

4. يطرح على الطلاب السؤال التالي: إذا كان وزن المخروط 10 كغم ، فكم يكون وزن كل من الكرة، المكعب، الاسطوانة ومتوازي المستطيلات. ويطلب منهم أن حل المسألة في البداية دون استخدام القلم والورقة، ولا بأس من استخدامها إذا لم يجدوا الحل. ثم تحول المسألة إلى معادلات رياضية، ويترك للطلاب الربط بين اللعبة والمعادلات الرياضية.

حل المسألة:

1. نبدأ من الشكل(د)، حيث(1) متوازي المستطيلات يساوي(3) مكعبات.

2. في الشكل (ج) نستبدل متوازي المستطيلات بما يساويه من مكعبات، ويمكن بسهولة ايجاد أن (1) كرة تساوي (4) مكعبات

3. في الشكل (أ) نستبدل الكرة بما تساويه من مكعبات، ومن السهل أن نستنتج أن المخروط يساوي (5) مكعبات، وهذا يعني أن وزن كل مكعب (2) كغم.

4. إذن وزن الكرة (8) كغم، ووزن متوازي المستطيلات (6) كغم

5. في الشكل (ب) من السهل ايجاد أم وزن الاسطوانة يساوي (16) كغم.

أما تحويل اللعبة إلى معادلات رياضية فيتم كما يلي:

نرمز للأشكال بالرموز التالية:

1. المخروط : م
2. الكرة : ك
3. المكعب: ع
4. الاسطوانة : س
5. متوازي المستطيلات : ط

إذن المعادلات تصبح كما يلي:

1. الشكل (د) : ط = 3 ك

2. الشكل (ج): ك+ ع = 2 ع + ط ومنها ك = 4 ع

3. الشكل (أ): م = ع + ك ومنها م = 5 ع ، ومنها نجد أول مجهول أي 10 = 5 ع ومنها ع = 2 كغم

4. نعود للمعادلات السابقة ونعوض القيم لنجد أن ك = 4 × 2 = 8 كغم

5. وكذلك ط = 3 ك = 3 × 2 = 6 كغم

6. في الشكل (ب) : س + ع = ك + م ومنها س + 2 = 8 + 10 ومنها س = 16 كغم.

اللعبة الثانية

تركيب القطع لتشكيل شكل هندسي

الهدف من هذه اللعبة/ الوسيلة هي تعليم الطلاب الأشكال الهندسية عن طريق اللعب، وسأقدم شكل المثلث، وهو درس خاص بالصف الثاني الأساسي في المناهج الأردنية.

ولهذه الوسيلة أسلوبين، إما أن يعطى كل طالبين قطعة من الكرتون، ويقومون بقصها داخل الصف. أو تعطى بشكل جماعي حيث يستخدم اللوح المغناطيسي، في هذه اللعبة / الوسيلة.

ولكي تعد أدوات اللعبة مستخدماً اللوح المغناطيسي قم بما يلي:-

1. ارسم مثلثاً على قطعة من الكرتون المقوى، ويفضل أن تكون ملونة.

2. ارسم خطوطاً على هذه القطعة كما في الشكل أدناه، (ليس بالضرورة أن تتقيد بهذه الخطوط تماماً) بحيث يتجزأ إلى عدة قطع.

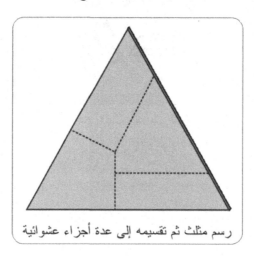

رسم مثلث ثم تقسيمه إلى عدة أجزاء عشوائية

3. قص المثلث إلى أجزاءه التي قمت بتحديدها.

4. ثبت على خلفية كل قطعة مغناطيس.

5. ثبت القطع على اللوح المغناطيسي.

6. اطلب من الطلاب أن يشكلوا مثلث من هذه القطع.

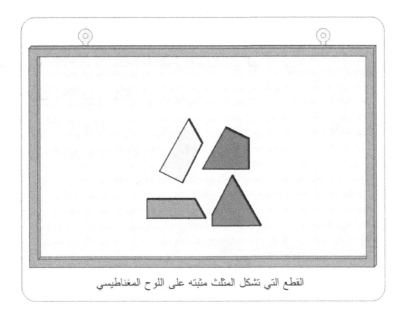

القطع التي تشكل المثلث مثبته على اللوح المغناطيسي

اللعبة الثالثة

الضرب باستخدام الأصابع

الهدف من الوسيلة: تعلم عملية الضرب للأعداد من 6 - 10

المستوى: من 9 – 12 سنوات

المواد والأدوات المستخدمة:

الرقم	المادة	العدد	المواصفات	ملاحظات
1	لوح خشبي مع اطار	1	80×60×1سم	
2	كرتون مقوى	1	طبق	
3	منزلقة	1	80×1 سم	
4	مواد لاصقة	علبة		
5	ورق ملون	2	طبق	

خطوات تصنيع الوسيلة:

1. قص شكل اليدين من طبق الكرتون المقوى بالقياسات الموضحة أدناه.

مصنوعة من الكرتون المقوى أو خشب التربلاي

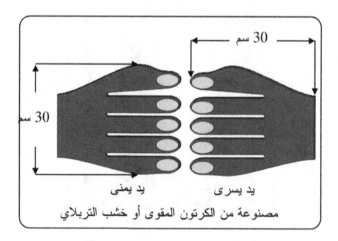

2. الصق الورق الملون على شكل اليدين

3. أكتب الأرقام على الأصابع بحيث يبدأ من الرقم 6 على الخنصر وينتهي بالرقم 10 على الإبهام .

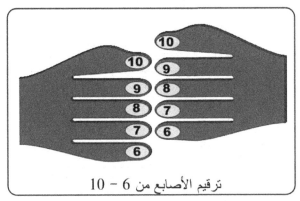

ترقيم الأصابع من 6 – 10

4. ثبت المنزلقة على الجهة اليمنى من اللوح الخشبي وقطعة خشبية صغيرة لها نفس ارتفاع المنزلقة على الجهة اليسرى في منتصف القاعدة الخشبية.

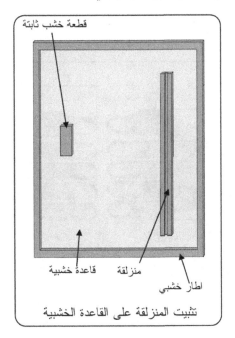

تثبيت المنزلقة على القاعدة الخشبية

5. ثبت الجزء الآخر من المنزلقة على اسفل اليد اليسرى، ثم ضعها على المنزلقة .

قطعة حشب تدخل في المنزلقة

6. ثبت اليد اليمنى على القطعة الخشبية.

7. اكتب اسم الوسيلة في أعلى اللوحة، وهو"الضرب باستخدام الأصابع".

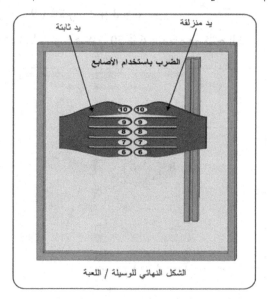

يد منزلقة

الشكل النهائي للوسيلة / اللعبة

بذلك نكون قد انتهينا من صناعة الوسيلة / اللعبة.

مبدأ عمل الوسيلة

يقوم مبدأ عمل الوسيلة على استخدام الأصابع في إيجاد ناتج عملية الضرب من العدد 6 إلى العدد 10، والأمثلة التالية توضح ذلك:

مثال (1): جد ناتج ضرب 7 × 8

الحل:

1. نحرك اليد المتحركة حتى يصبح الإصبع الذي يحمل العدد 7 على موازات الإصبع الذي يحمل العدد 8 من اليد الثابتة (شكل 7 – 9)

2. نجد عدد الأصابع من عند التقاء الإصبعين وكذلك الأصابع التي تقع تحتهما وهي في مثالنا هذا 5 أصابع

3. بما أن العدد 5 نقول للطلبة خمسة أي خمسين

4. نجد عدد الأصابع في اليد المتحركة وهو 2 وكذلك عدد الأصابع في اليد الثابتة وهو 3 (شكل 8 – 9) فنضرب 2 × 3 = 6

5. لدينا 50 في السابق و 6 فيكون 50 + 6 = 56 وهو ناتج الضرب.

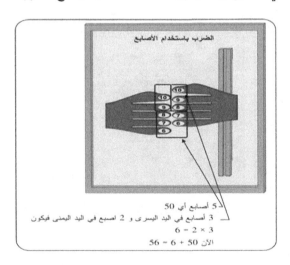

مثال (2)

جد ناتج ضرب 6×9

الحل: كما في الشكل

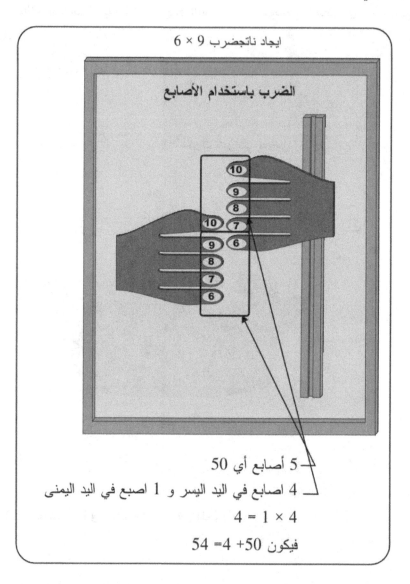

ايجاد ناتجضرب 6×9

الضرب باستخدام الأصابع
6
6

5 أصابع أي 50

4 اصابع في اليد اليسر و 1 اصبع في اليد اليمنى

$4 \times 1 = 4$

فيكون $50 + 4 = 54$

اللعبة الرابعة

السفينة الكهربائية

الأهداف التعليمية المباشرة لهذه اللعبة ترتبط بموضوع الضغط في مادة العلوم العامة.

1. اصنع سفينة كما في الشكل أدناه.

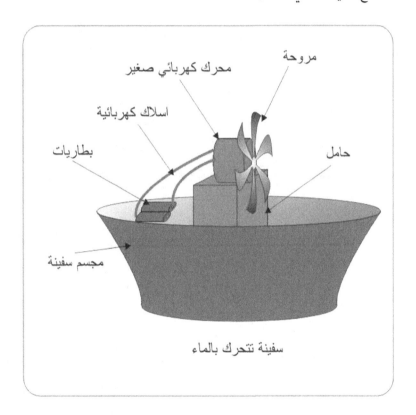

مروحة

محرك كهربائي صغير

اسلاك كهربائية

بطاريات

حامل

مجسم سفينة

سفينة تتحرك بالماء

2. ضع السفينة في حوض ماء ، وشغل المحرك.

اللعبة الخامسة:

لعبة المكعبات

1. تقوم المعلمة بإحضار مكعبات ملونة (عدد8) مختلفة الحجم إلى غرفة الصف ثم تستدعي انتباه الأطفال.
2. تقوم المعلمة بترتيب المكعبات تصاعدياً الصغير فالكبير، فالأكبر وهكذا ثم تكرر ما قامت به لتتأكد من أن جميع الأطفال شاهدوا عملية الترتيب.
3. تطلب من طفل أو طفلة أن يحاول ترتيب المكعبات تصاعدياً من جديد بطريقة صحيحة وتقوم بتشجيعه والتصفيق له في حالة معرفته، كما نطلب من آخرين ليحاولوا مثل ما فعل أو فعلت زميلتهم مع التشجيع.
4. تلصق المعلمة على كل مربع رقماً واضحاً من (1-8) ثم تقوم بترتيب المكعبات تصاعدياً أمام الأطفال وتوضح لهم أن الرقم 2 أكبر من 1 والرقم 3 أكبر من 4 ، يأتي بعد 3 والرقم 6 يأتي بعد 5 وهكذا... وبنفس الخطوات تدرب الأطفال على الترتيب التنازلي مع توضيع مفاهيم الرقم الأصغر (الأقل) مما يليه.

اللعبة السادسة:

لعبة الصورة والحرف الكلمة

الفئة المستهدفة: طلبة الصف الأول.

الهدف: تنمية مهارة المطابقة والتعرف على اسماء الحروف وكذلك إيجاد مهارة الربط بين الكلمة والصورة التي تعبر عنها . وأن يتعلم الطفل عن طريق التجربة والخطأ.

المستلزمات المطلوبة:

- 28 قطعة خشب 3مم مساحة كل واحدة (20×7سم).
- 28 صورة لأسماء مكونة لأحرف اللغة العربية الـ28.

وبعد لصق الصور الـ28 على الطرف الأيمن لقطع الخشب الـ28 نقوم بكتابة أول حرف من كل صورة على وسطها. ثم نكتب الإسم الدال على الصورة على الطرف الأيسر ثم نفصل الأجزاء الثلاثة بخطوط متعرجة... وبواسطة منشار نصله صغير نقوم بقطعها إلى أجزائها الثلاثة متتبعين الخطوط.

طريقة اللعب:

يقوم الأطفال بمحاولات التركيب والمطابقة بعد التعرف على الأجزاء الثلاثة بدلالات الصور التي معهم فمثلاً، استطاع التلميذ أن يكون أجزاء الحصان بشكل صحيح... يبقى عليه أن يضم إليه حرف، حــح وليس غير لأنه الحرف الأول.

اللعبة السابعة:

لعبة الحروف: لغة إنجليزية

الفئة: من(5-7 سنوات)

الأهداف:

- أن تزيد مهارة الأطفال في التعرف على شكل ولفظ الحروف الهجائية .

- وأن يذكروا أسماء الصور المعرضوة باللغة الإنجليزية.

الأدوات:

- عشر صور لأشكال حيوانات أو أشياء سبق تدريب التلاميذ عليها.

- الحروف الهجائية باللغة الإنجليزية مصنوعة من الكرتون.

طريقة اللعب:

ترفع المعلمة واحدة من الصور (قطة مثلا) ثم تسأل ما هذه الصورة؟ صورة قطة. من يعرف اسم القطة باللغة الإنجليزية؟ (درسوها سابقاً) اسمها (CAT). من الأطفال المجتهدين الذين يخرجون أول حرف من الكلمة (CAT)؟

تنظر المعلمة ثم تقوم بتشجيع الأطفال الذين رفعوا الحرف (C) وبنفس الطريقة تريهم صوراً أخرى سبق أن درسوها مثل البرتقالة والطاولة، الكتاب، الولد، البنت، القلم، المسطرة.... كما يمكن للمعلمة أن تطلب بعد ذلك أن يخرج الأطفال الحرف الثاني أو الحرف الأخير وهكذا.

اللعبة الثامنة:

لعبة من هو؟

المكان: غرفة الصف.

الفئة المستهدفة: من 9-12سنة.

اللاعبون: فريقان كل فريق مكون من سبعة تلاميذ.

الهدف من اللعبة: دقة التخيل والتخمين، التدرب على أسماء الاستفهام.

طريقة العب:

1. يختار المعلم فريقيين (14) تلميذاً وكل فريق له(عريف) ثم تجرى قرعة بين العريفين لتحديد أيهما يبدأ بطرح السؤال...
2. يقوم المعلم بعصب عيني أحد تلاميذ الفريق الآخر بحيث لايرى شيئاً.
3. يطلب العريف الآخر من أحد زملائه اللاعبين (سراً) أن يلمس أذن التلميذ المعصوب العينين أو يضربه برفق... ثم يعود إلى مكانه.
4. يقوم المعلم برفع وإزالة المنديل عن التلميذ ثم يسأله عريف الفريق المنافس: من هو الذي لمسك؟؟

ينظر التلميذ في وجوه اللاعبين ثم يخمن ويختار واحداً منهم فإن أصاب وعرفه يخرج هذا اللاعب ثم تعصب عينا تلميذاً آخر من فريقه وبنفس الخطوات يقوم العريف الآخر بطرح السؤال من هو... والفريق الذي يظل عدد أفراده أكثر عند انتهاء وقت اللعبة يكون هو الفريق الفائز.

اللعبة التاسعة:

لعبة جمع الكلمات

الفئة المستهدفة: عمر من 7-8 سنوات.

أدوات اللعبة:

1. طبق كرتون أبيض مربع الشكل.

2. يعمل في قاعدته أربعة مربعات متساوية ويرسم في كل مربع قطف عنب وكل حبة عنب مكتوب فيها جمع لكلمة معينة.

3. نقص 12 دائرة متساوية بحجم حبة العنب من كرتون ملون وكل لون لتلميذ بعينه.

4. نحضر قطعتني زهر (نرد) تمثل الأولى الكلمات المفردة والثانية الكلمة التي تحدد من يبدأ.

طريقة اللعب:

1. يقوم الحكم (المعلم) بإعلان بدء اللعبة بحيث يتم تحديد اللاعب الأول، فالثاني، فالثالث.

2. يقوم الطالب الأول برمي هذا الحجر إذا خرج معه كلمة (مثل حصان) وعليه أن يبحث في حبات قطف العنب عن الكلمة التي هي جمع لكلمة حصان (أحصنة).

الفائز هو من يغطي حبات العنب قبل زميله بمعرفة الجموع الصحيحة للكلمات المفردة.

ب. ألعاب تربوية في الرياضيات للصفوف الثلاثة الأولى

نعرض في هذا الفصل مجموعة من الألعاب التربوية في الرياضيات للصفوف الثلاثة الأولى، في محاولة لتوفير وثيقة تعليمية بين أيدي معلمي هذه الصفوف ليجدوا فيها أمثلة ونماذج من ألعاب يستطيعوا استخدامها في تعليمهم لخلق بيئة صفية فيها متعة وحياة... حيث تنطلق من المبدأ التربوي التعلم بواسطة اللعب الذي يعتمد على الميل الفطري لدى الأطفال للحركة واللعب، وعلى ضرورة تقديم تعليم يتم بقدر من المتعة والتسلية.

ولقد جرت العادة عند سماع كلمة (رياضيات) أن تتخيل سيلاً من الأعداد والرموز المجردة والمعادلات المكتوبة على اللوح، ولكن الكثير من تعلم الرياضيات في صفوف المرحلة التأسيسية هذه يكون ماتعاً وفاعلاً عن طريق استخدام الألعاب وبالأدوات المتوافرة في البيئة التي نعيش.

ويستطيع المعلم الاستفادة من هذه الألعاب المقترحة لتحقيق غايات تربوية وتعليمية مع توخي البساطة في المواد والاقتصاد في الوقت والسهولة في التنفيذ . مبرزاً الأهداف التعليمية للعبة والمستوى المناسب والأدوات وطريقة اللعب وتحديد أساليب الفوز، آملاً أن تحقق هذه الألعاب الهدف المطلوب.

حيث يعتقد بعض المربين أن الألعاب التعليمية يمكن أن تستخدم فقط في مجال تدريب المتعلمين ذوي القدرات المنخفضة. والبعض يشير إلى أنه يمكن استخدامها في مجال تدريس ذوي القدرات العليا فقط، إلاّ أنّ الدراسات الميدانية الحديثة أوضحت أنّ ممارسة الألعاب التعليمية يمكن أن تساعد جميع المتعلمين دون استثناء على تعلم المهارات بكفاءة وفعالية، وأن تلك الألعاب من الممكن

أن تكون ذات فعالية قبل إجراء عملية التعليم وخلال عملية التعليم وبعد عملية التعليم.

ويمثل اللعب خبرة رئيسة في نمو الأطفال في مختلف نواحي الشخصية، إذ باللعب تنمو القدرات المعرفية والاجتماعية والانفعالية الجسمية، ومن خلالها يحتك الطفل بالبيئة ليتعرف عليها، وعن طريق الألعاب يكتسب الطفل مفهومه عن ذاته ويطور فهماً ولو بسيطاً عن إمكاناته عن طريق ما يستطيع الوصول إليه، والحصول عليه وعن طريق ما يستطيع نقله وحله وتركيبه وتذوقه وتحسسه.

ولقد جردت العادة عند سماع كلمة " الرياضيات" أن تتخيل سيلاً من الأعداد والرموز المجردة والمعادلات المكتوبة على اللوح، ولكن الكثير من تعلم الرياضيات وخاصة في صفوف المرحلة التأسيسية يكون عن طريق فعاليات اللعب باستخدام أدوات متوافرة حولنا في البيئة التي نعيش.

وتنطلق هذه الألعاب من الأهمية القصوى لمبدأ " التعلم باللعب" الذي يؤكد على الميل الفطري لدى الأطفال للحركة واللعب، وعلى ضرورة تقديم تعليم يتسم بالمتعة والتسلية والفعالية. حيث تعرف اللعبة بأنها "نشاط ذهني يقوم به فرد أو مجموعة من الأفراد من أجل تحقيق هدف معين، عن طريق تطبيق بعض القواعد"، وتتفاوت الألعاب الرياضية في درجتها من التجريد، فبعضهم يستخدم مواد حسية وبعضهم مجردة.

أمور ينظر إليها بعين الاعتبار عند تعليم الرياضيات باللعب:

- اللعب واقعي، أي وسيلة تعلم تقوم على مالدى الطفل من إمكانات وقدرات.

- اللعب يعنى بكل ما في البيئة من إمكانات، إذ يعتبر مصدراً للتعلم.

- الطفل عضوية حية فاعلة، على المعلم أن يستغل ذلك.

- يتعلم كل طفل بطريقة تختلف عن الآخرين.

- تنسجم أهداف اللعبة مع الأهداف التربوية التي يسعى المعلم إلى تحقيقها.

- توفر التغذية الراجعة في اللعبة.

- التدرج من السهل إلى الصعب مع بقاء المعلم في لحظات التحدي.

- وضوح شروط اللعبة والفوز.

- تمثل الواقع إلى حد كبيرة.

- استخدام المرح والفكاهة لخلق جو من الصداقة مع المتعلمين.

ولمراعاة أن تكون اللعبة التعليمية ذات فائدة تربوية يجب أن يراعى في تقديمها ما يلي:

- هدف اللعبة.

- المستوى.

- عدد اللاعبين.

- أدوات اللعبة.

- طريقة اللعب.

وفيما يلي عرض لبضع الألعاب التعليمية التي يمكن الاستفادة منها في جعل مبحث الرياضيات يتسم بالمتعة وبالتالي تكون " الرياضيات متعة وحياة".

اللعبة العاشرة:

لعبة المربعات السحرية

الهدف: - إتقان عملية الجمع.

- تنمية الاستقصاء الرياضي عند الأطفال.

المستوى: الصفوف 1، 2، 3.

عدد اللاعبين: جميع أفراد الصف [من خلال أسلوب المجموعات].

الأدوات: أوراق مقسمة إلى مربعات بعدد المجموعات.

طريقة اللعب:

- يوزع المعلم البطاقات على المجموعة كل بطاقة مكونة من تسعة مربعات صغيرة.
- يرتب الأطفال الأعداد [7،5،3] [8،5،2] [7،6،5] .... بحيث يكون مجموع كل من الأرقام في المربعات الأفقية والعمودية والقطرية يساوي مجموع الأرقام المعطاة.

		5
	6	
7		

		2
	5	
8		

		8
	6	
4		

اللعبة الحادية عشرة:

لعبة قيمة العدد

الهدف: إتقان مهارتي الجمع والطرح.

المستوى: الصفوف [3،2،1].

عدد اللاعبين: جميع أفراد الصف من خلال المجموعات.

أدوات اللعبة: بطاقات ملونة.

طريقة اللعب:

- يحضر المعلم مجموعة من البطاقات كل بطاقة تتضمن رقماً معيناً إضافة إلى بطاقات تتضمن إشارات (+،-،=).
- توزع كل أربعة بطاقات على مجموعة من المجموعات الثنائية.
- تكون إحدى البطاقات مميزة بلون معين وهي إجابة للمسألة التي تتضمنها اللعبة.
- تفرز الإجابات الصحيحة بعرضها على لوحة الجيوب.

مثال:-

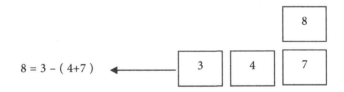

8
3
4
7
8 = 3 - (4+7)

3
2

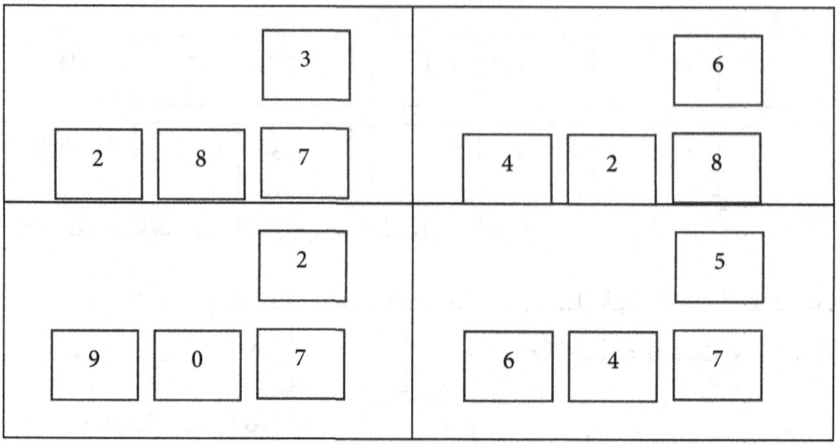

اللعبة الثانية عشرة:

لعبة الدومينو

الهدف: إتقان العمليات الحسابية الأربع.

المستوى: الصفوف [3،2،1].

عدد اللاعبين: مجموعات ثلاثية أو خماسية.

أدوات اللعبة:

- مجموعة من البطاقات تتضمن مسائل حسابية للعمليات الأربع [الجمع، الطرح، الضرب، القسمة].

طريقة اللعب:

- يعرض المعلم بطاقات تتضمن عمليات حسابية كالتالي:

السؤال:	3+7	7-10	8×3	3÷12	1×1	2÷2
الإجابة:	10	3	24	4	1	1

- يخلط المعلم البطاقات جميعاً (الأسئلة والأجوبة).
- تأخذ كل مجموعة بطاقة واحدة ثم تبحث عن الحل فإذا كانت البطاقة على سبيل المثال [2×4 | 4×2] ، فتقوم المجموعة بالبحث عن الإجابة
- الصحيحة وتضعها بجانبها [8 | 8]
- تفوز المجموعة التي تحصل على أكبر عدد ممكن من البطاقات.

اللعبة الثالثة عشرة:

لعبة الرسالة

الهدف: قراءة الأعداد.

تركيب كلمات بالربط مع الأعداد.

المستوى: الصفوف [2،1].

عدد اللاعبين: جمعيع أفراد الصف من خلال المجموعات.

أدوات اللعبة: صحائف أعمال.

طريقة اللعب:

1. يعرض على السبورة أو طبق كرتون كبير البطاقة التالية:

ا	س	ل	م	ع	ى	ك	ص	د	ق	الحروف
2	4	6	8	12	14	16	18	20	22	الأعداد

2. تكليف الطلبة من خلال مجموعات زوجية/ أو فردية كتابة الكلمات المناسبة:

(8،16،14،6،12) (8،2،6،4،6،2)

السلام عليكم يا صديقي

(14،22،14،20،10) (2،14)

(8،16،14،6،12) (8،2،4،2)

(14،22،14،20،18) (12،14)

اللعبة الرابعة عشرة:

لعبة الطائرة

الهدف: إتقان حقائق الجمع ضمن 18.

المستوى: الصفوف [3،2،1].

عدد اللاعبين: جميع أفراد الصف من خلال المجموعات .

أدوات اللعبة:

- بطاقات مستطيلة تمثل مدن رئيسية في المملكة.

- بطاقات دائرية تمثل الأعداد من (1-18).

- صورة ورقية لطائرة.

طريقة اللعب:

- تنطلق الطائرة من مدينة عمان إلى العقبة.

- تهبط الطائرة على أي عدد أثناء طيرانها.

- يكلف أعضاء المجموعة بالعمل على مكونات العدد.

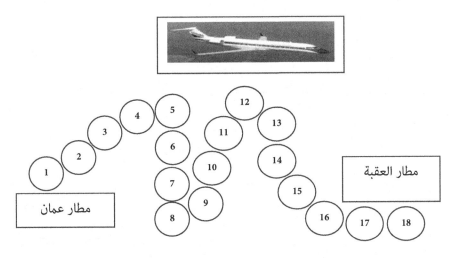

اللعبة الخامسة عشرة:

لعبة الصندوق العجيب

الهدف: إتقان المهارات الحسابية الأربع (الجمع، الطرح، الضرب، القسمة).

المستوى: الصفوف الثلاثة الأولى.

عدد اللاعبين: فريقان.

أدوات اللعبة:

- صندوق خشبي ذو فتحة ضيقة تتسع ليد الطفل.

- بطاقات ملونة على أشكال طيور وحيوانات تتضمن عمليات حسابية في الجمع والطرح والضرب والقسمة بحيث تكون الإجابة في مكان على خلف البطاقة.

طريقة اللعب:

- يختار كل فريق طالباً لاستخراج الورقة وإذا أخطأ يخسرها.

- إذا أجاب إجابة صحيحة يربح الورقة وإذا أخطأ يخسرها.

- يفوز الفريق الذي يحصل على أكبر عدد من البطاقات ضمن فترة زمنية محددة.

اللعبة السادسة عشرة:

لعبة [أنا أعلن الحرب]

الهدف: قراءة الأعداد من (1-99).

المستوى: الصف الأول.

عدد اللاعبين: فريقان.

أدوات اللعبة:

- بطاقات مكتوب عليها أعداد من (1-99) وقد تتكرر بعض الأعداد وتوضع على الطاولة بشكل مقلوب.

طريقة اللعب:

- يتم توزيع البطاقات وبشكل عشوائي على الطالبين.

- تكون البطاقات مقلوبة على الطاولة.

- الذي يكون لديه الرقم الأكبر يحصل على البطاقتين.

- **إذا صدف وتشابه العددان:**

• يقول الأول [أنا اعلن الحرب] ثم يقلب 3 بطاقات.

• ويقول الثاني [أنا أعلن الحرب] ثم يقلب 3 بطاقات أيضاً.

• يفوز بالبطاقات الست الذي يقلب العدد الأكبر.

- الفائز الذي يجمع العدد الأكبر من البطاقات.

اللعبة السابعة عشرة:

لعبة اللوحة المسمارية

الهدف: التدريب على عمل أشكال هندسية مختلفة.

المستوى: الصفوف [1،2،3].

عدد اللاعبين: أفراد المجموعات.

أدوات اللعبة:

- لوحة خشبية طول 30سم× 30سم مقسمة إلى مساحات متساوية ومثبت عليها مسامير كما هو في الشكل.

طريقة اللعب:

- يوزع المعلم لوحة خشبية لكل مجموعة من المجموعات.

- يوزع قطعة مطاطية ملونة.

- يكلف كل مجموعة بتكوين أشكال هندسية.

- تفوز المجموعة التي تنوع في الأشكال الهندسية/ مثلث، دائرة، مربع، مستطيل، أسطوانة، شكل خماسي، سداسي... .

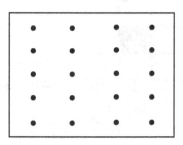

لوحة المسمارية

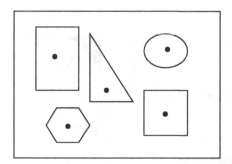

الأشكال الهندسية

اللعبة الثامنة عشرة:

لعبة المربعات

الهدف: تدريبات على الجمع والطرح.

المستوى: الصف الأول.

عدد اللاعبين: طالب واحد.

أدوات اللعبة:

- بطاقات من الكرتون المقوى مقسمة إلى مربعات تساعية.

- بطاقات تتضمن مربعات كرتونية صغيرة حسب حجم المربعات الفارغة (كما في الشكل).

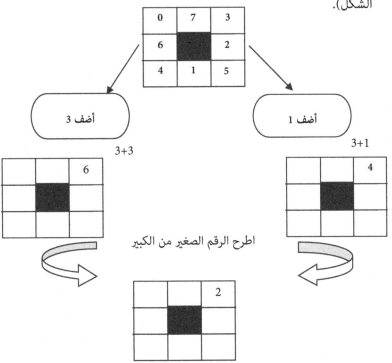

طريقة العبة:

- يتم اختيار العدد 3 ثم يضاف له 1 على اليمين ويضاف له العدد 3 على اليسار.
- يطرح العدد الصغير من الكبير وتدون الإجابة في الأسفل.
- ثم العدد 7،9،2،6،5،1،0.
- يوضع الجواب في المكان الفارغ في الأسفل.

اللعبة التاسعة عشرة:

لعبة صيد السمك

الهدف: إتقان مهارتي الجمع والضرب.

المستوى: الصفوف الثلاثة الأولى.

عدد اللاعبين : قائد كل مجموعة من المجموعات.

أدوات اللعبة:

- أحواض مصنوعة من الكرتون أو البلاستيك أو الزجاج.
- مغناطيس مثبت في سلسلة أو خيط.
- بطاقات على شكل أسماءك تتضمن مسائل حسابية في الجمع والطرح مثبت في رأسها مشبك معدني.

- سلاسل فارغة.

طريقة اللعب:

- يقوم قائد كل مجموعة باصطياد السمكة التي تحمل الإجابة الصحيحة فقط ووضعها في السلة المناسبة.

- الفائز الذي ينهي اصطياد السمك أولاً.

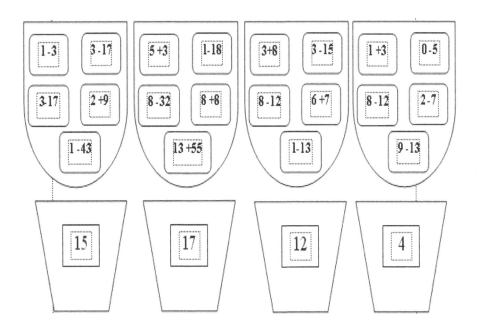

اللعبة العشرون :

لعبة السلم

الهدف: الترتيب التصاعدي والتنازلي، مكونات العدد 10.

المستوى: الصفوف [3،2،1].

عدد اللاعبين: مجموعات ثنائية.

أدوات اللعبة: صحائف أعمال مصورة للسلم أدناه.

طريقة اللعب:

- العد التصاعدي من قبل المجموعات من الرقم الذي يحدده المعلم.
- العد التنازلي من قبل المجموعات من الرقم الذي يحدده المعلم.
- مكونات العدد 10 من خلال التوصيل.

ألعاب تعليمية للصف الأول

وفيما يلي عرض سريع لبعض الألعاب للصف الأول لتثبيت مفهومي الجمع والطرح:

1. يقوم الطلاب تحت إشراف المعلم باللعب والجمع باستخدام النطّات، الخطوات، صعود درجات، التصفيق مرتين أو أكثر، ويسأل المعلم عن المجموع.

2. تقليد أصوات بعض ا لحيوانات على دفعتين أو نقرات بالإصبع ثم يسأل عن العدد.

3. عصب عيني أحد الطلاب ورمي عدد من الحجارة الصغيرة على الطاولة على دفعتين ثم يسأل المعلم عن المجموع وتكرر اللعبة مع أكثر من طالب.

4. لعبة المتاهات: حيث يسير حيوان في أحد المتاهات فيجد في طريقه (4) نخلات ثم يسير إلى الأمام فيجد في طريقه (3 نخلات) ويسأل المعلم عن مجموع النخلات التي صادفها الحيوان في طريقه.

5. لعبة صيد السمك: حيث يحضر المعلم بعض الأسماك المصنوعة من كرتون أو بلاستيك ولا يزيد عددها عن (9) في حوض ماء ثم تصمم شبكة للاصطياد ويعد الباقي.

6. لعبة الحجارة: حيث توضع مجموعةمن الحارة فوق بعضها البعض بحيث لا تتجاوز (9) حجارة ثم تقذف بالكرة ويسأل المعلم عن العددا لباقي ثم تكرر اللعبة.

7. لعبة الكراسي الموسيقية: حيث توضع (8) كراسي ويقف (9) طلاب ويقوم المعلم بإخراج صوت موسيقى، أو تصفيق ويوقفه فجأة، وعندها يجلس كل طالب على كرسي، والطالب الذي يبقى واقفاً يخرج من اللعبة، ومن ثم يتم إخراج كرسي من الكراسي وتعاد الكرّة، وهكذا حتى يبقى طالب واحد فيكون هو الفائز.

8. ركن الدكان: يوضع في ركن من الصف أشياء واقعية دفاتر، أو أقلام، ويوضع طالب كبائع يثبت الأسعار على المواد ويقوم بالبيع مستخدماً عمليات الجمع والطرح.

الفصل الثالث عشر
تكنولوجيا المعلومات في خدمة الوسائل التعليمية

- تكنولوجيا المعلومات من منظور تربوي.
- تعريف تكنولوجيا المعلومات
- مجالات تكنولوجيا المعلومات في التعليم
- تكنولوجيا المعلومات كمادة تعليمية
- تكنولوجيا المعلومات كوسيلة تعليمية
- التعليم الالكتروني مستقبل المؤسسة التربوية
- استخدام الحاسوب في الوسائل التعليمية
- امكانات الحاسوب التعليمية والتعلمية
- نتائج البحوث حول استخدام الحاسوب في التدريس

تمهيد ،،

بداية نود تصحيح مفهوم خاطيء يعتبر الحاسوب وسيلة تعليمية حديثة، وبعضهم ذهب بعيدا ليصور الحاسوب بديلا عن كافة الوسائل التعليمية التقليدية التي سبقته، والصحيح هو أن الحاسوب بشكل خاص وتكنولوجيا المعلومات بشكل عام هي أدوات رقمية سهلت ويسرت صناعة واعداد الوسائل التعليمية وساهمت في حفظها ونشرها وتوزيعها واستخدامها وتعميمها وتحسينها أيضا.

وهنا لا نقصد التقليل من أهمية دور الحاسوب وتكنولوجيا المعلومات في العملية التعليمية بل كل ما نسعى اليه ان نضع الحاسوب في مكانه الصحيح ليتسنى لنا فهمه واستخدامه بما يخدم العملية التعليمية وتوظيفه التوظيف الصحيح للقيام بالمهام المتوخاة من هذه الاداة الرقمية التي أثبتت فاعليتها في كافة مجالات حياتنا ومن ضمنها وأهمها دورها في المنظومة التربوية التي يتعاظم فيها استخدام الحاسوب يوما بيوم.

كما نشير هنا الى أن دور الحاسوب لا يقتصر على صناعة واستخدام الوسائل التعليمية بل دوره يكاد أن يصبح عنصرا حيويا لا غنى عنه في كافة جوانب المنظومة التربوية. فنحن نعيش في عصر رقمي ومنظومتنا التربوية التي تنتج وتنشر وتستخدم المعارف والمعلومات في أشد الحاجة الى الأدوات التي تساعدها في التعامل مع هذا الكم الهائل من المعلومات بشكل رقمي.

تكنولوجيا المعلومات من منظور تربوي

لكل حضارة من الحضارات تصور كوني للعالم، أي نظرة يفهم وفقاً لها كل شئ ويقيّم. والتصور السائد في حضارة ما هو الذي يحدد معالمها، ويشكل اللحمة بين عناصر معارفها، ويملي منهجيتها، ويوجه تربيتها.

لذا لا يمكن لنا الخوض في مفاهيم عصر المعلومات ووضع الاسس والسبل لاستخدامها والاستفادة منها دون تحديد تصورنا لها وموقفنا منها ونظرتنا لآثارها ونتائج استخدامها. فهذا التصور يسمح لنا بتحديد معالم الطريق الطويل والشاق في تعاملنا مع تكنولوجيا المعلومات ووضع الخطط الكفيلة بإنجاح مهماتنا التربوية على صعيد الامة والمدرسة والصف والفرد.

لقد كثرت مسميات هذا العصر الذي نعيشه: مجتمع ما بعد الصناعة، مجتمع ما بعد الحداثة، مجتمع المعلومات والموجة الثالثة... الخ، ولكننا اخترنا تسميته هنا بعصر المعلومات أو مجتمع المعلومات.

هذا العصر التي باتت فيه تكنولوجيا المعلومات وسيلة طيعة في يد القادرين على تحويل الفكر والمعرفة الى واقع ملموس من النظم والمعدات والسلع والخدمات، لقد أصبحت التكنولوجيا قوة قائمة بذاتها. كما أن تكنولوجيا المعلومات هي التكنولوجيا الاولى التي تتعامل مع المعرفة والسيكولوجي والفلسفة والانسانيات، لهذا لزاماً علينا أن نفهم هذه التكنولوجيا من منظور تربوي لتحديد مدى حاجتنا لها وكيفية الاستفادة منها بالشكل الامثل، لنستطيع تقليص الهوة الفاصلة بين العالم المتقدم وبيننا، ولنتمكن باستخدام الحاسوب ونظم المعلومات من تأمين وسائل أفضل لتقديم خدمات تعليمية أكثر رقياً وأكثر اتساعاً.

تعريف تكنولوجيا المعلومات (Information Technology IT) .

في العقد الاخير من القرن الماضي انتشر هذا المصطلح وأصبح اتجاهاً علمياً يضم العديد من الفروع. والمقصود به هو تلك التكنولوجيا التي تتعامل مع المعلومات الرقمية من ادخال وتخزين ومعالجة ونقل واسترجاع، والتي يشكل الحاسوب محورها وأساسها، وهناك عدة عوامل سمحت بالانتشار السريع لهذا المفهوم وهي:

1. إنتاج وتصنيع أجهزة حاسوب فائقة السرعة وذات قدرات تخزينية عالية وفاعلية أداء عالية.

2. أصبح بالامكان تحويل كافة المعلومات التي نتعامل معها الى معلومات رقمية مثل الصور والنصوص والاصوات والفيديو وغيرها، مما شكل مفهوم الوسائط المتعددة (Multimedia).

3. تحويل معظم وسائل الاتصالات الى وسائل رقمية متجانسة مع الحاسوب وتضاهي قدراته وسرعاته، مما أدى الى تزاوج علم الاتصالات مع علم الحاسوب.

4. تطوير بروتوكولات التخاطب بين الحواسيب عبر الشبكات الحاسوبية وشبكات الاتصالات وتوحيد مقاييسها ومعاييرها دولياً. مما أنتج وساهم في انتشار أضخم شبكة عالمية للحاسوب وهي شبكة الانترنت (Internet).

من هنا أصبح كل ما له علاقة بتخزيين أو استرجاع أو نقل أو معالجة البيانات والمعلومات يندرج تحت مسمى "تكنولوجيا المعلومات". ويندرج تحت

هذا المسمى أجهزة الاتصال ومعداته ووصلاته وطرفيات الحاسوب والاجهزة الرقمية بمختلف أنواعها والحاسوب بطبيعة الحال في مركز هذه التكنولوجيا .

واليوم نجد تكنولوجيا المعلومات أداة مهمة وفعالة في كافة مناحي الحياة، ولا يوجد الآن مؤسسة أو منشأة أو شركة أو قطاع يستغني عن تكنولوجيا المعلومات في تسيير أعماله وتحقيق غاياته. لأن تكنولوجيا المعلومات كأداة حققت الفاعلية والسرعة والدقة والموضوعية لكافة أعمالنا. فكيف ننظر لها من داخل مؤسستنا التربوية؟

إن منظومة التربية بطبيعتها نظام معلومات صارم ودقيق يتطلب لتحقيق غاياته العناصر الرئيسية التالية:

أ-   المنهاج:وهو المادة أو حجم ونوعية المعلومات المطلوب إعدادها (تخزينها) في كتاب تكون ملائمة لمستوى معين من التلاميذ بطريقة موجه ومدروسة.

ب-   المعلم: وهو الشخص المسؤول عن نقل هذه المعلومات (المنهاج) الى المتعلم بطريقة موجهة ومسؤولة لتحقيق الغاية المرجوة منها.

ج-   المتعلم: وهو الشخص المتلقي للمعلومات بتسلسل أو نمط معين، ليقوم بمعالجتها وتحليلها وإستيعابها لاستخلاص الدروس والعبر وبناء المعرفة والمهارة اللازمةلتكوينه وتأهيله عبر توجه معد مسبقاً ومراقبة مستمرة لضمان تحقيق الغاية المراد تحقيقها من عملية التعلم.

لننظر الى منظومة التربية من الناحية الوظيفية عبر ربط عناصرها معاً (أنظر الشكل 2.1) نجد أن نظام التربية نظاماً مفتوحاً على بيئته من كافة الاتجاهات، وهذا الانفتاح هو الذي يحتم على النظام التربوي أن يكون ديناميكياً في تغيره

وتطوره، يستمد قوته من محيطه، ويساهم مساهمة مباشرة في تقوية محيطه (مجتمعه) إذا ما وجهه بالشكل السليم. وعكس ذلك سيستمد النظام التربوي ضعفه من ضعف محيطه وسيضمحل تأثيره في هذا المحيط.

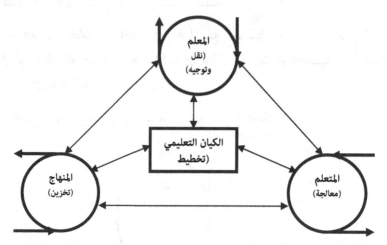

الشكل (2.1) انفتاحية النظام التربوي مع محيطه.

الآن دعونا ننظر الى تكنولوجيا المعلومات من الناحية الوظيفية في تعاملها مع المعلومات سنجد أنها عبارة عن نظام ينفذ أربع مهام رئيسية هي:

أ-   نقل البيانات (المعلومات) قد ينفذ النظام هذه المهمة منفردة، مثل نظام القمر الصناعي في الاتصالات ولكن التوجيه والتحكم في تدفق المعلومات مهم.

ب-   تخزين البيانات (المعلومات) وهذه المهمة قد ينفذها النظام منفردة، مثل بنوك المعلومات، لكن التوجيه والتحكم مطلوبين لتصنيفها وفرزها واسترجاعها .

ج-   معالجة البيانات (المعلومات) وهذه المهمة قد ينفذها النظام منفردة، مثل أنظمة معالجة الجداول الحسابية أو معالجة النصوص. ولكن تحتاج أيضاً الى عملية مراقبة وتحكم لتنفيذها بالشكل المطلوب.

د-   التحكم في البيانات (المعلومات) هذه المهمة الرئيسية والتي تكون حاضرة دوماً في أي عملية أو مهمة يقوم بها النظام. فنقل البيانات أو تخزينها أو معالجتها تحتاج الى مراقبة وتحكم لنجاحها.

من هنا نستطيع تصوير نظام المعلومات على النحو التالي (الشكل 3.1)

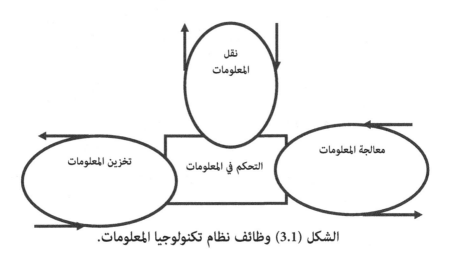

الشكل (3.1) وظائف نظام تكنولوجيا المعلومات.

نلاحظ من الشكل أن نظام المعلومات نظاماً منفتحاً على بيئته ومحيطه الخارجي، يأخذ منه ويصب فيه، ولا يمكن لنظام معلومات أن يكون منغلقاً معزولاً عن بيئته.

ولكن ما أوجه الشبه بين النظام التربوي ونظام المعلومات؟ للوهلة الاولى يبدو أن النظامين:نظام المعلومات والنظام التربوي متطابقان أو متشابهان لدرجة تسمح باستبدال النظام التربوي بالكامل ليحل محله نظام المعلومات في العملية التعليمية.وهذا ما دفع البعض لاعتقادات خاطئة إتجاه استخدام تكنولوجيا المعلومات في العملية التعليمية، فمنهم من اعتقد أن استخدام هذه التكنولوجيا سيغني عن المناهج وأن طلبة المدارس سيحملون معهم جهاز حاسوب شخصي محمول (Lab Top) بدلاً من هذا الكم الهائل من الكتب والدفاتر عند ذهابهم إلى المدرسة. والبعض الآخر اعتقد أن دور المعلم انتهى ما دامت أنظمة الحاسوب وبرامجه تمثل مصدراً للمعلومة وإسلوب للتوجيه والتعلم الذاتي. وبعضهم ابتعد كلياً في أفكاره وتصوراته بحيث أعلن أن لا داعي لوجود المدرسة وغرفة الصف أصلاً مثل فان ايلَش في كتابة اللامدرسية .

دعونا ندرس بعناية نظام تكنولوجيا المعلومات لنبين أنه لا يمثل بديلاً للنظام التربوي، إنما مساعداً مهماً وحيوياً للنظام التربوي، وسنقوم بذلك من خلال مقارنة منها نستنتج مجموعة من العوامل التي تثبت صحة وجهة نظرنا.

فالجدول (1.1) يوضح الفروق الجوهرية بين النظامين التي تسمح بالتقائهما وتكاملهما وتمنع الغاء احدهما للأخر، وهذا ليس بالامر الجديد على العلوم وآليات تطورها، فكثير من العلوم استفادت من بعضها البعض عندما وجدت نقاط التقاء بينها، وأقرب مثالين على ذلك: تطور علم الذكاء الاصطناعي يعتمد كثيراً على دراسة آلية تفكير الانسان ومنظومته الدماغية، وكذلك علم الحاسوب وعلم الاتصالات تزاوجهما وصل حد الاندماج الكلي، فليس هناك من نظام اتصالات دون حاسوب وليس هناك حاسوب دون نظام اتصالات.

الجدول (1.1) مقارنة بين النظام التكنولوجي والنظام التربوي

البند	النظام التكنولوجي	النظام التربوي
.1	العلاقة بين عناصر النظام غير مباشرة.	هناك علاقة مباشرة بين العناصر.
.2	عمليات نقل وتخزين ومعالجة البيانات عمليات منفصلة ومستقلة عن بعضها البعض.	عملية نقل ومعالجة وتخزين البيانات عمليات مترابطة ترابطاً وثيقاً فيما بينها
.3	يمكن لأي عملية داخل النظام التكنولوجي أن تتم بشكل كامل دون تنفيذ العمليات الاخرى.	لا يمكن نجاح أي عملية من عمليات النظام دون تحقيق العمليات الأخرى بنفس القدر من النجاح.
.4	الوحدة المركزية (المحورية) في نظام المعلومات هي وحدة التحكم التي لا يمكن لأي عملية أن تجرى وتتم دون تتدخل هذه الوحدة المركزية.	في النظام التربوي هناك ديناميكية تسمح بتغير العنصر المحوري حسب الظروف المحيطة والتطور الحاصل على النظام التربوي، فقد يكون في مرحلة ما "المعلم" هو المحور وقد يكون المتعلم في حالات أخرى.
.5	غياب العامل الانساني بين عناصر النظام مما يجعل كافة عملياته تتم بنفس الوتيرة وبنفس مستوى الاداء مع غياب السيكولوجي.	وجود العامل الانساني بقوة في النظام مما يسمح بديناميكية في تغير مستوى الاداء والفروق في النتائج بالاتجاهين الايجابي والسلبي.
.6	التعامل مع نظام تكنولوجيا المعلومات يكون فردياً مع إمكانية مشاركة الاخرين.	النظام التربوي وجد للتعامل مع الجماعة مع امكانية الاهتمام بالفرد.

7.	التعامل مع نظام تكنولوجيا المعلومات غير مرتبط بمكان وزمان محددين.	النظام التربوي يؤدي مهامه ضمن مكان وزمان محددين.

ونظرة فاحصة الى الجدول (1.1) تحدد لنا كتربويين طريقة فهم نظم تكنولوجيا المعلومات وسبل الاستفادة منها في نظامنا التربوي دون تخوف أو تردد من جهة ودون تهور ومبالغة من الجهة الاخرى. ونستطيع الاعتماد على تصورنا لنظم تكنولوجيا المعلومات وعلاقته بمنظومة التربية في رسم معالم طريقنا على النحو التالي:

اولاً- كون علاقة عناصر نظم المعلومات غير مباشرة بل تلتقي كلها في عنصر واحد هو "وحدة التحكم" يدلنا على أن تطويرنا لنظامنا التربوي يجب أن يكون مركزياً، وكل جهودنا اتجاه الحوسبة يجب أن تلتقي في نقطة واحدة حيث تكون الاستراتيجية الواحدة والخطط المرسومة والخطوات الواضحة. وأن لا نترك العلاقات المباشرة بين عناصر النظام التربوي هي التي تقودنا إتجاه الحوسبة عن طريق الشد تارة والرخي تارة أخرى.

ثانياً- عمليات نظم المعلومات منفصلة ومستقلة عن بعضها البعض يساعدنا ذلك بالاستفادة من هذه العمليات بشكل منفرد وبالتدرج الذي يحتاجه نظامنا التربوي الموسوم ببطء التجاوب مع المتغيرات. فمثلاً نستطيع الاستفادة من الطاقة التخزينية للحاسوب بتحويل مكتباتنا الى مكتبات الكترونية بشكل منفصل عن اهتمامنا بالعمليات الاخرى.

ثالثاً- كل عملية داخل نظام المعلومات تتم بشكل كامل دون تنفيذ المهام الاخرى هذا بدوره يفسح المجال أمامنا في النظام التربوي بوضع الخطط مجزء إتجاه الحوسبة. لكل عملية من عمليات تكنولوجيا المعلومات خطة مستقلة بهدف توظيفها في نظامنا التربوي. وهذا بدوره ينعكس على سهولة تنمية المهارات لدى المعلم والمتعلم في التعامل مع تكنولوجيا المعلومات ويسمح بانسيابية وبساطة حوسبة النظام التربوي بكليته.

رابعاً- الوحدة المركزية في نظام المعلومات هي وحدة التحكم، وهذا بدوره يتطلب أن يكون لدى النظام التربوي وحدة تحكم مركزية تتابع وتراقب وتوجه ما يحدث إتجاه حوسبة العملية التعليمية وضمان سيرها بالاتجاه الصحيح وعدم انحرافها عن غاياتها التربوية التي وجدت من أجلها باعتماد التغذية الراجعة كوسيلة للقياس والتقويم. أي تعزيز دور الادارة التربوية والادارة المدرسية كإدارة تنفيذية. مما يتطلب مجهوداً أكبر من هذه الادارات والعمل على حوسبتها هي أيضاً وقبل كل شئ.

خامساً- غياب العامل الانساني داخل المنظومة التكنولوجية، يفرض علينا أن نعزز مكانة المعلم كلما توغلنا في الحوسبة، ولعل حوسبة العملية التعليمية تسمح للمعلم أن يلعب دوراً أكثر انسانية وانسجاماً مع الاهداف التربوية، كونها أي الحوسبة ستفرغ المعلم لمهام أكثر بعداً تربوياً من كونه مصدر أو ناقل للمعلومة، وتعزز مكانة المعلم كموجه تربوي ومهتماً بالفروقات الفردية بين المتعلمين ولعب دوراً أفضل في تنمية وبناء شخصية المتعلم.

سادساً- التعامل مع نظام تكنولوجيا المعلومات يتم بشكل فردي مع إمكانية مشاركة الآخرين يسمح باستخدامه في النظام التربوي للحفاظ على مبدأ جماعية التعليم مع الاهتمام بالفروقات الفردية لكل متعلم.

سابعاً- التعامل مع نظام تكنولوجيا المعلومات غير مرتبط بمكان أو زمان، يسمح لنا في توسعة نطاق العملية التعليمية إلى ما هو أبعد من جدران غرف الصف، بحيث تصب هذه التوسعة في خدمة النظام التربوي وتكون عاملاً مساعداً له في تحقيق غاياته. بحيث يستطيع المتعلم التعمق في الدروس وإعداد فروضه وإرسالها الكترونياً، كما يستطيع المعلم متابعة الطلبة وتوجيههم في المكان والزمان المناسبين.

وهذا يؤكد من جديد عدم إمكانية استبدال النظام التربوي أو أحد عناصره بالنظام التكنولوجي، بل المطلوب هو تزاوج النظامين لانتاج نظام تربوي حديث يعتمد التكنولوجيا أداة له للتخلص من المشاكل التربوية المزمنة ويقدم حلول أكثر نجاعة وقابلة للتطبيق الفعلي الخلاق.

مجالات تكنولوجيا المعلومات في التعليم

كوننا نتفق على ضرورة دخول الحاسوب بصورة أو بأخرى مجال التعليم، فكيف يمكن ادخال هذه التقنية الحديثة الى المؤسسة التعليمية المحافظة المتأنية الحريصة على مكانتها وتنأى عن المجازفة بمصير تلاميذها. هناك ثلاث مجالات متدرجة لاستخدام تكنولوجيا المعلومات في التعليم هي:

أ- الكمبيوتر كنشاط تعليمي مكمل غير إجباري.

ب- تكنولوجيا المعلومات كمادة تعليمية مستقلة.

ج- تكنولوجيا المعلومات كأداة تعليمية أساسية.

وراء هذه المنهجية في مجالات استخدام تكنولوجيا المعلومات دافع عملي أساسه التدرج من الخطوات التي تحتاج إلى أقل موارد مادية بشرية وتنطوي على أقل قدر من المخاطرة الى تلك التي تحتاج موارد ضخمة وتعديلات جوهرية في الجوانب المختلفة لمنظومة التربية.

لعلنا في الوطن العربي قد تخطينا بشكل أو بأخر بانتظام أو عشوائية كون الحاسوب نشاط تعليمي مكمل غير إجباري. ولكن ماذا عن المجالات اللاحقة؟

تكنولوجيا المعلومات كمادة تعليمية

بعد أن أصبحت علوم الحاسوب والبرمجيات والاتصالات مجالاً معرفياً قائماً بذاته، ولقد اكتمل له كم المعلومات والمهارات، التي تجعل منه مادة تعليمية مستقلة، يمكن تقديمها على درجات متدرجة من الصعوبة ومتابينة من حيث التركز وفقاً للمرحلة التعليمية، نجد أن هناك أربعة مستويات للتعامل مع تكنولوجيا المعلومات كمادة تعليمية هي:

- نشر وعي الكمبيوتر والمعلومات.
- محو أمية الكمبيوتر والمعلومات في التعليم ما قبل الجامعي.
- تعليم الكمبيوتر ونظم المعلومات في الجامعة لغير المتخصصين.
- تأهيل المتخصصين في تكنولوجيا المعلومات.

تكنولوجيا المعلومات كوسيلة تعليمية

هناك العديد من الخدمات التي يستطيع الحاسوب أن يكون أداة مهمة فيها عند الحديث عن المؤسسة التعليمية، ولكننا سنختصر حديثنا هنا عند المجالات التالية:

- في خدمة المتعلم.

- في خدمة المعلم.

- في خدمة الادارة التعليمية.

- في خدمة مطوري المناهج.

تكنولوجيا المعلومات في خدمة المتعلم

رغم أن أجهزة الحاسوب الحالية وبرامجه لم تصل بعد الى مستوى الحوار مع الانسان بصورة شبه طبيعية ، انما يمكن تلخيص أهم الخدمات التي يسديها الحاسوب للمتعلم كوسيلة طيعة للتعلم ذاتياً دون وسيط، تتوفر حالياً بعض التطبيقات التي توفر للمتعلم الخدمات التالية:

- استخدام الحاسوب كأداة للتدريب واتقان المهارات التعليمية (Drill and Practice) مثل التمارين الحسابية والرياضية والتمارين الهجائية وغيرها.

- استخدام الحاسوب في استيعاب المفاهيم الجديدة. كقوانين الحركة والديناميكا الحرارية والانتشار الذري وغيرها (CAI: Computer Assisted Instructions).

- أداة لتنمية مهارات التعليم الاساسية كتقوية الذاكرة والرجوع الى المعجم وكتابة التقارير وتصميم الاشكال والمنحنيات وغيرها.

- برامج لمعاونة المتعلم في تنظيم وقته وتسجيل ملاحظاته وأفكاره.

تكنولوجيا المعلومات في خدمة المعلم

يمكن للمعلم استخدام برامج خدمة المتعلم بالتوازي مع الاساليب التقليدية، وذلك لاغراض التقوية لتخفف عنه من جهد الاشراف المتكرر في متابعة تقدم طلبته في اتقان المهارات المطلوبة.

علاوة على ذلك هناك برامج خاصة تعاون المعلم في عرض مادته التعليمية بصورة أكثر فاعلية خاصة تلك التي تتناول مفاهيم معقدة مثل التفاعلات الكيماوية، وتوليد الطاقة النووية وعمليات التطور البيولوجي، وما شابه، حيث يكثر في مثل هذه البرامج استخدام أسلوب المحاكاة (Computer Simulation) ، إن الهدف من هذا الاسلوب هو نقل صورة من الواقع الذي يصعب توفير نماذج فعلية مصغرة أو مكبرة له. وإذا ما تعذر توفير مثل هذه البرامج يمكن أن يستخدم المعلم الحاسوب كوسيلة عرض، بديلاً عن فانوس الاسقاط أو ما يعرف ب (Overhead Projector)، أو شرائح الصور.

كما يمكن استخدام الحاسوب أيضاً كوسيلة للتحكم في الوسائط التعليمية المختلفة (Multimedia) للربط بين الاجهزة السمعية والبصرية المختلفة، حيث

يخزن المعلم في برنامجه السيناريو المطلوب لتقديم مادة دراسية، ليقوم الحاسوب بدور المايسترو في تنظيم الايقاع وتوزيع الادوار على الوسائل المختلفة، لتقديم المادة التعليمية.

وأبسط ما يمكن للمعلم الاستفادة منه باستخدام الحاسوب في القيام بالمهام الروتينية لتصحيح اجابات الطلبة، وتسجيل بياناتهم الدراسية. بكلمات أخرى يمكن للحاسوب أن يتولى مهام الادارة الصفية أو المدرسية.

تكنولوجيا المعلومات في خدمة الادارة التعليمية

عند الحديث عن الادارة التعليمية لا بد لنا أن نميز بين نوعين من الادارة: الادارة المدرسية وهي إدارة تنفيذية وإدارة المؤسسة التعليمية وهي إدارة مقررة حيث تضع السياسات التعليمية. وفي كلا الحالتين نجد الحاسوب أداة مهمة لكلتاهما.

فقد شاع استخدام الحاسوب ونظم المعلومات في دعم المهام المختلفة للادارة المدرسية مثل:

- تسجيل الطلبة الجدد.

- حفظ سجلات الطلبة.

- مكننة نظام الاستعارة.

- مراقبة أداء المعلمين.

- إعداد وإصدار جداول الحصص.

- مراسلات أولياء الامور.

- تحليل نتائج الامتحانات.

بجانب زيادة فاعلية الادارة المدرسية، وتخفيف الاعباء الكتابية والروتينية فإن استخدام الحاسوب في الادارة المدرسية يولد القناعة بأهمية استخدامه لدى الطلبة.

أما بالنسبة للادارة المقررة في المؤسسة التعليمية يساعد الحاسوب على تقديم البيانات الاحصائية المختلفة عن الطلبة والمدرسين والابنية المدرسية وتحليل نتائج الامتحانات والمستخلصات والترجمة وتزويد الادارات التنفيذية بالخطط والوثائق والتعليميات والسياسات العامة....وغيرها.

تكنولوجيا المعلومات في خدمة مطوري المناهج

من الطبيعي أن يطرأ على المناهج جميعها، دون استثناء تعديلات جوهرية مع انتشار استخدام الحاسوب كوسيلة للتعليم، ومن حسن الطالع أن الحاسوب يمكن أن يقدم خدمات عديدة لمطوري المناهج لمعاونتهم في هذه المهمة الشاقة، يمكن تخليص بعض هذه الخدمات في الاتي:

- تتيح نظم المعلومات، تعرف مطوري المناهج على مصادر المادة التعليمية، خاصة ما يجد منها، وذلك عن طريق قواعد البيانات البيبوغرافية.
- توفير نظم آلية لدعم عملية تأليف المناهج (Course authoring system) حيث يتوفر حالياً نظم ثنائية للغة (عربي/لاتيني) لهذا الغرض، وذلك لتقليل اعتماد مؤلفي المناهج على المبرمجين.

انطلقت فكرة استخدام الحاسوب كوسيلة تعليمية بالاستناد على مفهوم المناهج المبرمجة أو ما عرف باسم التعليم المبرمج (Programmed Instructions) التي سبقت ظهور الحاسوب بفترة، وهي تقوم بتحليل مادة

الدرس الى مجموعة مترابطة من الوحدات الجزئية (Modules)، وأهم ماتتميز به هو تخلصها من خطية تقديم مادة الدرس (Linearity)، فهي تعمل على أساس غير خطي حيث تسمح بتفريع الدرس الى عدة مسارات، وفقاً لمستوى المتعلم ورغبته، وتتيح له الرجوع إلى نقاط سابقة إن شعر بالحاجة الى إعادة مراجعتها وإتقانها، أو القفز الى مواضع متقدمة من الدرس المبرمج لعدم حاجته لاتباع التسلسل المنطقي.

وأسلوب النص المتشعب (Hypertext) يتيح إمكانات هائلة في هذا الصدد حيث يحيل نص المادة التعليمية لشبكة من العلاقات، وهذا ما سيتيح للبرنامج التعليمي أن يأخذ المتعلم في عدد لا نهائي من المسارات لعرض المادة التعليمية والتدريب على المهارات.

إن النقلة النوعية الحقيقية في تطوير المناهج، بمؤازرة الحاسوب لن تتأتى إلا بعد نضج نظم تحليل النصوص وفهمها أتوماتيكياً فبواسطة هذه الوسائل البرمجية المتقدمة يتم تمثيل النصوص في هيئة شبكات دلالية (Semantic Net)، تكشف بشكل سافر عن البنية المفهومية للنص (Conceptual Structure) التي تحلل النص الى مجموعة من المفاهيم الرئيسية، وما يندرج تحتها من مفاهيم فرعية، ويتحول النص بها إلى كوكبة من المفاهيم، والمعارف التي ترتبط مع بعضها البعض من خلال مسارات محددة وواضحة، ساعتها فقط يمكن لمطوري المناهج وضع أيديهم على مواضع التركيز، وعرض المادة بصورة ترسخ في ذهن المتعلم البنى المنطقية المنطوية عليها.

التعليم الالكتروني مستقبل المؤسسة التربوية

يتفق المربون على أن التعليم ليس شيئاً تنجزه في حجرة الدراسة فحسب، أو تحت إشراف المدرسين فقط، والحاسوب اليوم وبعد تزاوجه مع علم الاتصالات يوفر لنا وصولاً كبيراً وسريعاً لمعلومات لا حصر لها، في أي زمان ومكان نرغب فيهما، ووضع هذه التكنولوجيا موضع التطبيق في العملية التعليمية يحسن أداء المؤسسة التربوية ويترك أثره الايجابي على كافة نواحي حياتنا.

أما رداً على تخوف البعض من أن تجرد تكنولوجيا المعلومات التعليم الرسمي من طابعه الانساني فإننا نذكر هنا ما قاله بيل غيتس في كتابه الشهير "طريق المستقبل". إن أي شخص شاهد التلاميذ الصغار وهم يعملون معاً حول الحاسوب، أو راقب الحوارات التي تدور بين طلاب في حجرات الدراسة التي تفصل بينها المحيطات، سيدرك أن التكنولوجيا يمكنها أن "تؤنس" بيئة التعليم .

يرى هوارد جاردنز، الاستاذ بمعهد الدراسات العليا للتربية بجامعة هارفارد، أن الاطفال المختلفين ينبغي أن يتم تعليمهم بطرق مختلفة، بالنظر إلى أن الافراد يفهمون العالم بطرق مختلفة. على أنه ليس بإمكان التعليم المنتج على نطاق واسع أن يأخذ بعين الاعتبار الاساليب المختلفة للاطفال في النظر الى العالم. من هنا يوصي جاردنز بأن تكون المدارس "ممتلئة بالدورات التدريبية المهنية، وبالمشروعات، والتكنولوجيا على اختلافها". بحيث يمكن

لكل المتعلمين على اختلافهم أن يجدوا محتوى التعليم المناسب لهم. كما أن التطور المتسارع للتكنولوجيا سيسهل تجريب المناهج المختلفة وقياس درجة كفائتها وملائمتها.

في المستقبل القريب ستسمح تكنولوجيا المعلومات الجمع بين جماعية الانتاج وتلبية المواصفات الفردية في عملية التعلم. كما أن الوثائق متعددة الوسائط (Multimedia Documents) وأدوات التأليف (Authoring Tools) وهي تطبيقات برمجية لإعداد الدروس سهلة الاستخدام، ستمكن المدرسين من إنتاج المنهج الدراسي الجماعي وفقاً للمواصفات الفردية للتلاميذ.

فعملية إدخال تعديلات وثيقة على المادة التعليمية تتيح للطلاب اتباع مسارات متباينة نوعاً والتعلم وفقاً لمعدلات أدائهم الخاصة. ولن يحدث ذلك في فصول المدرسة فحسب. إذ أن أي طالب سيكون بإمكانه أن يحظى بتعليم مفصل وفقاً لمقاييس وطبيعة قدراته وبأسعار "إنتاج الجملة". وسوف يكون في متناول أي فرد في المجتمع، بمن فيهم الاطفال، كم هائل من المعلومات يفوق ما لدى أي فرد في الوقت الحاضر، وهذا بدوره سوف يحث حب الاستطلاع وخيال الكثير من الناس. وسوف يصبح "التعليم مسألة فردية بحتة"..

كما سيوفر المستقبل دون انقطاع أفضل ما كتبه عدد لا يحصى من المدرسين والمؤلفين ليشارك فيها أي فرد. وسيكون بإمكان المدرسين الاعتماد على هذه المادة، كما ستتوفر للطلاب الفرصة لاستكشافها على نحو تفاعلي. وسيساعد ذلك الكم الهائل من المعلومات على انتشار الفرص التعليمية

والشخصية، حتى بالنسبة للطلاب الذين لم يصادفهم الحظ الكافي للالتحاق بأفضل المدارس أو التمتع بالدعم الاسري الامثل.

مقابل هذا الترويج المبالغ فيه أحياناً لما قد تصنعه تكنولوجيا المعلومات للنظام التعليمي، نجد أنها وفي جوانب عديدة قد أخفقت حتى الان في وعودها، مما يؤدي تخوفاً يتردد على ألسنة الكثيرين من أن تقودنا هذه التكنولوجيا الى متاهات المجهول، وأن تصبح عامل تشتيت وتراجع لكل ما حققته المؤسسة التربوية خاصة فيما يخص تنبؤات بعض التقنيين والعلماء في أن تحل التكنولوجيا بديلاً عن المدرس.

ولكن هذا التخوف لا يوجد ما يبرره إطلاقاً فتكنولوجيا المعلومات تشكل أدوات ووسائل تعليمية أكثر حداثة في أيدي معلمين أكثر خبرة وأوسع اطلاعاً ولن تحل أو تحجم أهمية أي من الكفاءات التعليمية التي نحتاجها من أجل تحديات الغد: المدرسين الملتزمين والاداريين المبدعين وأولياء الامور المعنيين، وأيضاً وبطبيعة الحال، الطلاب المجتهدين.

وبرغم أن حجرة الدراسة ستظل كما هي حجرة للدراسة يتصدرها المدرس، فإن التكنولوجيا ستغير الكثير من التفاصيل. فالتعليم سوف يتضمن عروضاً متعددة الوسائط، كما يتضمن الواجب المنزلي استكشاف وثائق الكترونية ونصوص دراسية، وسيجري تشجيع الطلاب على متابعة مجالات اهتمام خاصة، كذلك سيكون بإمكان كل تلميذ أن يحصل على سؤاله مجاباً تلقائياً مع استفهامات الطلاب الاخرين.

وسيمضي طلاب الفصل جزءاً من اليوم الدراسي على كمبيوتر شخصي في استكشاف المعلومات فردياً أو في مجموعات، ثم يعود الطلاب بأفكارهم وأسئلتهم حول المعلومات التي اكتشفوها الى مدرسهم، الذي سيقوم بتوجيههم ولفت نظرهم للاسئلة الاكثر منطقية وأهمية....الخ.

كما أن شبكات الحاسوب السريعة ستساعد المدرسين في متابعة تقييم وتوجيه أداء الطلاب. وسوف يواصل المدرسون إعطاء واجبات دراسية للطلاب، لكن هذه الواجبات ستتضمن إحالات الى مراجع الكترونية. وسوف ينشئ الطلاب ملفات متعددة الوسائط في واجباتهم المدرسية والمنزلية تقدم لمدرسهم الكترونياً عن طريق وحدة تخزين متنقلة (Removable Disk) أو عن طريق الشبكة.

وسيكون بإمكان المدرسين الاحتفاظ بسجل تراكمي للواجبات الدراسية المؤداة من قبل كل طالب، والذي يمكن الرجوع إليه في أي وقت والتشارك فيه مع معلمين أخرين.

والتطور المتسارع لبرمجيات الحاسوب، سيوفر برامج إدارة تعليمية متطورة تسمح بتلخيص المعلومات المتعلقة بمهارات الطلاب وتقدمهم واهتماماتهم وتطلعاتهم. هذه المعلومات فيما لو توفرت للمدرسين والتي بدورها تحررهم من كم كبير من العمل الورقي المنهك، سوف تتوفر لديهم الطاقة والوقت الكافيان لتلبية الاحتياجات الفردية المكتشفة لذلك الطالب.

ومن أهم الفوائد الاخرى للتعليم بمساعدة الحاسوب هي الاختبارات المحوسبة، والتي ستغير من نظرة الطلاب الى الاختبار كعامل إحباط والشعور بالتقصير إلى عامل تشجيع واختبار لمقدراته الذاتية، عندما يتوفر له في أي مكان أو زمان أن يجرب معرفته في أي مادة ويجري هذه الاختبارات بينه وبين نفسه قبل التقدم الى الاختبار الحقيقي.

وبهذا فإن عملية الاختبار سوف تصبح جزءاً إيجابياً من عملية التعلم، وكلما كان المدرس متاحاً بشكل أكبر مع هذه البرامج كلما كان ذلك أفضل كونه يوفر المساعدة الفردية للطالب كما أثبتت العديد من التجارب في هذا المضمار في الدول المتقدمة، مما يؤكد من جديد إن التكنولوجيا الجديدة ليست كافية وحدها لتحسين التعليم .

سوف يقوم مدرسوا المستقبل الجيدون بما هو أكثر من تعريف الطلاب بكيفية العثور على المعلومات عبر الشبكات الحاسوبية، سيظل مطلوباً منهم أن يدركوا متى يختبرون، ومتى يعلقون، أو ينبهون، أو يثيرون الاهتمام. وسيظل مطلوباً منهم أن ينموا مهارات الطلاب في مجال الاتصال الكتابي والشفاهي، كما سيستخدمون التكنولوجيا كنقطة بداية أو كوسيلة للمساعدة. إن المدرسين الناجحين سيعملون بوصفهم مدربين، وشركاء، وكمنافذ خلاقة، وجسور إتصال بالعالم نسبة الى تلاميذهم.

هذا هو المستقبل المنشود للمؤسسة التربوية ولكن هذا المستقبل لن يأتي على حين غرة ولن يحدث التغير فجأة، ولن نستطيع بناءه باستخدام التكنولوجيا وشراء أو اعداد البرامج الحاسوبية فحسب، بل يجب أن نعد له أولاً بأول وأن

تجري التعديلات على كافة عناصر وعلاقات المنظومة التربوية وسياساتها وتتدرج في إقحام تكنولوجيا المعلومات إلى نظمنا التعليمية. فالاستخدام العشوائي غير المخطط له لتكنولوجيا المعلومات أو الاقتباس والتطبيق المباشر لتجارب الاخرين دون دراسة سيؤدي بنا حتماً الى الفشل. فمن أين نبدأ؟

إستخدام الحاسوب في الوسائل التعليمية

تكنولوجيا التعليم:

تحليل أساليب التعلم وطرقه وفنونه وتنظيمها، بحيث ينتج عند إستخدامها والانتفاع بها، بيئة تعليمية صالحة لاحداث تعلم أفضل.

بكلمات أخرى "هي تطبيق روح الثورة العلمية والتقنية في العملية التربوية". وعلى هذا الاساس فتكنولوجيا التعليم تشمل تخطيط وتنفيذ العملية التعليمية وتوظيف كافة الوسائل التعليمية وأجهزتها للحصول على تعليم أفضل أي توظيف العلم لتحسين فن التعليم. وأهم الاتجاهات الحديثة في تكنولوجيا التعليم هي:

1. التعليم المصغر Micro Teaching

وهو درس قصير (مدته خمس دقائق) يقتصر على مهارة تعليمية منفردة.

2. التعليم المبرمج Programmed Teaching

وتعتمد هذه التكنولوجيا على مبدأ الاختبارات الموضوعية (Multiple Choices) ولا ينتقل المتعلم إلى السؤال التالي قبل أن يعرف الجواب الصحيح للسؤال الحالي، مع تسجيل أخطاءه آلياً. وأهم ميزات هذه الطريقة هو وجود التغذية الراجعة (Feedback).

3. **التعليم الذاتي Instruction**

وتعتمد هذه التكنولوجيا على إعداد مواد تعليمية في تدريس موضوع معين على أيدي مختصين خبراء وتجميعها على أشرطة عادية (كاسيت) صوتياً أو تسجيلها مرئياً (سينما أو فيديو) وتترك حرية اختيار الموضوع والوقت المناسبين للطالب للتعامل مع هذه المواد التعليمية معتمداً على نفسه في التعلم. وعادةً ما ترفق هذه المواد مع كتب خاصة تحتوي على ارشادات وتوجيهات للطالب حول كيفية استخدام هذه المواد.

4. **تفريد التدريس Individualized Instruction**

وهو منهج تعليمي يقوم على الاهتمام بكل فرد على حدة مراعاة لاحتياجاته وقدراته من خلال مقرر تدريسي خاص يراعي الفروق الفردية بين المتعلمين.

5. **التعليم باستخدام الحاسوب (CAI)**

ويعتبر الحاسوب أهم وأحدث أداة بين ألات التعليم المبرمج ويتميز بالقدرة على تقديم برامج مرنة للمتعلم مع إمكانية متابعة كل متعلم على حدة وهناك أنواع متعددة لاستخدامات الحاسوب في التعليم.

6. **منهج النظم (System)**

ويعتمد منهج النظم على تنظيم الاهداف والاستراتيجيات والطرق والوسائل، وتنظيم المواد التعليمية لتحقيق أغراض التعليم والتمكن منها وتوقيتها.ملاحظة: إن التعلم باستخدام الوسائل التعليمية يحقق النتائج التالية:

1. تعليم أكبر عدد من المتعلمين في نفس الوقت.

2. تعليم أكبر عدد من المهارات والمعارف.

3. يوفر 40% من وقت التعليم دون وسائل.

4. تحقيق 38% من زيادة زمن الاحتفاظ بالمهارات والمعارف.

5. توفير 25% من تكلفة العملية التعليمية.

إمكانات الحاسوب التعليمية والتعلمية

ما دام التعليم يتوصل بالنتيجة إلى السيطرة على التعلم، ومن ثم التوصل إلى التعلم المتقن لذلك لا بد لنا من البحث في إمكان استخدام الحاسوب بخصائصه المتوفرة ليكون نموذجاً يقلد العقل في ضبط سلوك المتعلم، وتوجيهه، لتعلم مفاهيم ومبادئ ومهارات عقلية.

ويلاحظ أن عملية التعلم تتطلب أربعة مكونات على الاقل للنجاح بها، وتحقيق أهدافها بفاعلية عالية هي:

أ- تهيئة الشروط والمعلومات والمثيرات اللازمة للتعلم.

ب- تمكين المتعلم من الاستجابة لتلك المؤثرات.

ج- التحقق من صحة استجابة المتعلم أو التغذية الراجعة الصحيحة.

د- المتابعة إلى معلومات أوسع مدى وأكثر عمقاً وأقرب إلى تحقيق الهدف.

وكل ما ذكر يمكن توفره في برنامج الحاسوب، الذي يزود المتعلم بالمعلومات ويسمح له بالاستجابة ثم يعزز له مساره أو يصححه، ويقود بعد ذلك إلى البنود التالية في البرنامج، وقد يضع له النتيجة العامة لصحة استجاباته، مما يشكل تقويماً متكاملاً لعمل الطالب ببرنامج الحاسوب، وإذا أضفنا الصفات الايجابية الاخرى المتوفرة في الحاسوب مثل السرعة والدقة والصبر على المتعلم يصبح الحاسوب أداة ناجحة في التعلم الذاتي.

نتائج البحوث حول استخدام الحاسوب في التدريس

يمكن من خلال مجموعة البحوث التي أجريت على عينات مختلفة من البرامج الحاسوبية والتعليمية استنتاج مجموعة حقائق مرتبطة بموضوع استخدام الحاسوب في التدريس والادارة التعليمية، منها ما هو إيجابي يجب العمل على تعزيزه وتطويره، ومنها ما هو سلبي يجب العمل على التخفيف من أثاره بهدف إزالته. وهذه الحقائق هي:

1. الحاسوب أداة تدريسية فعالة من ناحية قياس التحصيل لدى التلاميذ.

2. التعلم حسب السرعة الذاتية للمتعلم تحقق نتائج أفضل من تقدم التلميذ حسب التعليم التقليدي.

3. معدل الاحتفاظ بالمادة التعليمية أقل من معدل الاحتفاظ حسب المداخل التقليدية للتعليم.

4. الحاسوب بالاضافة إلى التعليم التقليدي يعتبر فعالاً شأنه في ذلك شأن الدروس الخاصة الاضافية المفردة.

5. معدل الحماس لدى المعلم والمتعلم يكون أعلى منه في التعامل مع المداخل التقليدية للتعليم عند استخدام الحاسوب [أداة مستجدة؟].

6. إستخدام الحاسوب في التعليم والتعلم يتطلب إلمام مسبق بأساسيات الحاسوب وطريق عمله واستخدام برامجه الكل: المعلم والمتعلم.

7. استخدام الحاسوب في التعليم يقرب الفجوة بين التعليم والتدريس ويخلق فرص أكثر لتطوير مفاهيم التعلم لدى المتعلمين.

8. إساءة إستخدام الحاسوب يضعف العلاقة بين المتعلم والمعلم من جهة وبين المتعلم والمادة التعليمية من جهة أخرى (على سبيل المثال الابحاث).

9. تعميم الحاسوب كوسيلة تعليمية يشكل خطورة على العملية التدريسية برمتها وقد يشكل عائقاً جوهرياً في العملية. لأن اختيار الوسيلة المناسبة يسبقه عادة قرارات تتعلق بطريقة التعلم التي ستتبع وخصائص المتعلمين والبيئة التعليمية المتوفرة.

الفصل الرابع عشر
البرامج والحقائب التعليمية

- تعريف الحقيبة التعليمية
- إعداد وإنتاج الحقائب التعليمية
- تصنيف المادة الدراسية
- تشكيل فريق العمل
- تحليل المادة الدراسية
- تصميم محتوى المادة الدراسية

تعريف الحقيبة التعليمية

هي الارقى في حوسبة التعليم، حيث يتم حوسبة مادة دراسية كاملة في برنامج واحد، يمكن استخدام محتوياته للمساعدة في التدريس أو ليقوم الطالب (المتعلم) بدراسته بشكل مستقل ذاتياً. لذا يتوجب عند إعداد حقيبة تعليمية التقييد في العديد من الامور الفنية والتقنية وبطبيعة الحال التربوية لتحقيق الغاية من هذه الحقيبة.

نرى العديد من هذه الحقائب التعليمية في الاسواق تباع على أقراص مدمجة "CDs" أو نجد منها الكثير في مواقع عديدة على الانترنت (Internet) لكن مع الاسف غلب عليها الطابع التجاري والتسوقي وأهملت فيها العديد من المواصفات والشروط التربوية، لذا إرتأينا في هذا الفصل من الكتاب أن نوضح ونعرف كيفية إعداد الحقائب التعليمية لغايتين:

الاولى- في حال شاركنا أو طلب منا المساهمة في إعداد حقيبة تعليمية نكون على دراية كيف نقوم بذلك؛

الثانية- في حال طلب منا استخدام حقيبة تعليمية نكون على دراية كافية لتقييمها ومعرفة مدى صلاحيتها وملائمتها لاحتياجاتنا التربوية، وتحقيق المهارات الكافية للتعامل معها والاستفادة منها.

اعداد وانتاج الحقائب التعليمية

إعداد الحقائب التعليمية يتطلب اتباع الخطوات التالية:

1. تصنيف المادة الدراسية
2. تشكيـل فريق العمل

3. إعـداد خطة العمل

4. تنفيذ مراحل الخطة

1. تصنيف المادة الدراسية

قبل البدء في أي خطوة اتجاه حوسبة المواد الدراسية ، علينا أن نحدد موقع كل
مادة من الخريطة التربوية، هذه الخريطة التي تحدد معالم السياسة التربوية الشاملة في
وضع المناهج التربوية اعتمادا على البيئة التعليمية ، الخطوط العريضة للنهج الوطني
(المحلي)، سياسة التربية الوطنية، ومواصفات المواضيع المستهدفة في المنهاج. فموقع أي
مادة دراسية ومحتواها داخل هذه الخريطة التربوية تحدده عدة عوامل أهمها:

■ **الفئة العمرية المستهدفة:** مواد المنهاج الدراسي توزع حسب الصفوف الدراسية.

■ **التخصص المطلوب:** الفرع المنشود يحدد المواد والمحتوى المطلوب دراسته.

■ **مستوى التطور الحالي:** المنهاج يرتبط تنفيذه بمصادر ووسائل التعلم المتوفرة.

■ **حاجة ومتطلبات المجتمع:** محتوى المنهاج تفرضة حاجات المجتمع للمعلومات.

■ **العلاقة بالمواد الأخرى:** مواد المنهاج يجب أن تكون مترابطة ومتكاملة معا.

تصنيف المادة الدراسية يعني أن نحدد مكانها بدقة داخل الخريطة التربوية للمناهج ، وإعطائها رقما فريدا (ID Code) يميزها ويلازمها لاحقا عند اجراء اي تطوير أو تحديث أو تعديل سواء تمت حوسبتها أو لم تتم.

لأن إدخال مواد هذه الخريطة الى العالم الرقمي يسمح بتتبعها وربطها مع غيرها من المواد والموضوعات والمحتويات ، كما يساعد على توحيد أسس ومباديء التصنيف المتبعة على الصعيد الوطني. كما يساهم مبدأ تصنيف المواد والمحتويات على تسهيل عمليات الحوسبة وتحقيق مبدأ التكامل والترابط المنشود للمحتوى التعليمي. دعونا نلقي نظرة على الخريطة التربوية للمنهاج (الشكل 3.0) لفهم مبدأ التصنيف والترقيم المقترح من قبل المؤلفين وهو أشبه ما يكون بالمبدأ المعتمد لتحديد الرقم الوطني للفرد في الأردن.

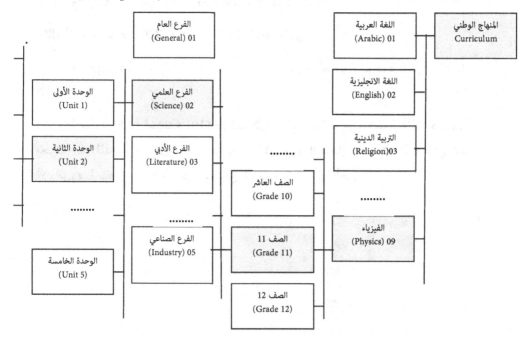

الشكل (3.0) تصنيف وترقيم المواد في الخارطة التربوية للمنهاج الوطني

طريقة الترقيم المقترحة تعتمد على التالي:

أ-   كل ترميز يبدأ بحرف (C) للدلالة على ان هذا الترميز يخص المنهاج

ب-   الطريقة تعتمد الأرقام والحروف الأبجدية اللاتينية فقط.

ج-   كل خانتين (xx) في الترميز تدلان على فئة معينة.

د-   الحد الأقصى للترميز يستوعب (16) خانة .

هـ-   التسلسل في الترميز يبدأ من العام الى الخاص.

و-   أول عشرة خانات في الترميز تكون رقمية لسهولة توضيح الرمز.

ز-   أخر ست خانات يستخدم في كل منها الحرف اللاتيني مصحوبا برقم تسلسلي.

ولتوضيح كيفية بناء وقراءة الرمز نورد الأمثلة التالية:

مثال (1)- الرمز C0911020209 يقرأ على النحو التالي:

منهاج /مادة الفيزياء/ للصف الحادي عشر/الفرع العلمي/ الوحدة الثانية/ الفصل التاسع.

لاحظ أن الرمز استخدم (10) خانات كلها رقمية للدلالة على خمس فئات مسبوقة بحرف (C) للدلالة على ان هذا الرمز يخص المنهاج و التعامل معه يتم فقط على هذا الاساس، مما يبعد امكانية الخلط بينه وبين الأرقام والدلالات الأخرى.

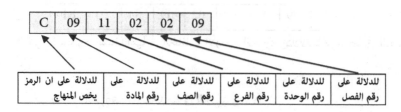

C	09	11	02	02	09

للدلالة على ان الرمز يخص المنهاج	للدلالة على رقم المادة	للدلالة على رقم الصف	للدلالة على رقم الفرع	للدلالة على رقم الوحدة	للدلالة على رقم الفصل

(اتجاه قراءة الرقم من العام الى الخاص يكون من اليسار الى اليمين)

مثال (2)- الرمز C0911020209T3E1 يقرأ على النحو التالي:

منهاج /مادة الفيزياء/ للصف الحادي عشر /الفرع العلمي/ الوحدة الثانية/ الفصل التاسع/الجزء الرابع/ الهدف التربوي الثالث/الهدف التطبيقي الأول.

لاحظ أن الرمز استخدم (10) خانات كلها رقمية للدلالة على خمس فئات مسبوقة بحرف (C) كما في المثال رقم (1) وقد اضيفت له ست خانات ، أول خانتين من حرف ورقم (S4) للدلالة على الجزء الرابع من الفصل، ثاني خانتين من حرف ورقم (T3) للدلالة على الهدف التربوي الثالث للجزء، وأخرخانتين (E1) للدلالة على الهدف التطبيقي الأول من الأهداف التطبيقية التابعة للهدف التربوي الثالث. لاحقا سيتم شرح القصد من وراء استمرار الترميز الى ما بعد الفصل، حيث يستخدم هذا الترميز بطريقة فعالة أثناء تحليل المادة الدراسية.

C	09	11	02	02	09	S4	T3	E1

الرموز المسموح استخدامها في الخانات الأربعة الأخيرة ودلالاتها موضحة في الجدول رقم (3.1).

جدول (3.1) الحروف المستخدمة في الترميز ودلالاتها:

استخدامه	معناه	الحرف
كل فصل يتكون من مجموعة من الأجزاء، بحيث يعبر كل جزء عن غاية تربوية واحدة، وهذا الرمز يدل على ترقيم الغايات التربوية للفصل.	جزء من فصل Section	S
كل جزء يحتوي مجموعة من الأهداف التربوية ، وهذا الرمز مع الرقم المرفق به عند الترميز يوضح عدد الاهداف التربوية التي يحويها الفصل.	هدف تربوي Terminal Object	T
كل هدف تربوي يحتاج الى جملة من الأهداف التطبيقية لتحقيقه، وهذا الرمز يوضح ترقيم الأهداف التطبيقية لكل هدف تربوي.	هدف تطبيقي Enabling Object	E
كل هدف تربوي يحتاج الى جملة من الأهداف الاختبارية للتأكد من تحقيقه، وهذا الرمز لترقيم الأهداف الاختيارية لكل هدف تربوي.	هدف اختباري Assessment Object	Q

1. تشكيل فريق العمل

إن إعداد برنامج حاسوبي متكامل لتغطية مادة تعليمية لا يمكن تنفيذه بشكل فردي، بل يجب قبل البدء في التنفيذ تشكيل فريق عمل متكامل ليقوم بالمهمة بشكل جماعي ومتكامل لتحقيق أقصى درجات الدقة، ويجب أن يتكون الفريق من العناصر التالية:

أ- خبير في إعداد الخطط والمناهج الدراسية: وقد يكون هذا العنصر من قسم المناهج في وزارة التربية والتعليم أو أستاذ خبير في المادة قيد البرمجة، ويحبذ أن يكون قد شارك في لجان إعداد المناهج أو تعديلها.

ب- مدرس أو أكثر: ويكون المدرس أو المجموعة ضليعة في المادة الدراسية قيد البرمجة وأن تكون خبراتهم متفاوتة في التدريس ويعملون في بيئات تدريسية مختلفة (قد يكونوا من القطاع العام أو القطاع الخاص).

ج- مبرمج أو أكثر: ويجب اختيار مبرمجين أكفاء على دراية تامة بلغة أو لغات البرمجة المستخدمة في إعداد الحقيبة التعليمية. وأن تكون لديهم تجارب سابقة في المشاركة بمشاريع برمجة شبيه أو ذات علاقة في التعليم. وقد يتم اختيارهم بالتعاقد مع شركة من القطاع الخاص أو تكليف شركة من هذا القطاع لتنفيذ عمليات البرمجة حسب أصول العطاءات والعروض.

د- قائد الفريق: ويجب أن يكون ذو خبرة في إدارة المشاريع والاشراف عليها، فهو الشخص المسؤول مباشرة عن وضع خطة العمل والجدول الزمني لتنفيذ المراحل وتوزيع المهام وضمان تحقيق النتائج المرجوة في موعدها وبالدقة والمواصفات المطلوبة.

توفر هذه العناصر الاربعة ضروري جداً لتحقيق الهدف التربوي والغايات التعليمية المطلوبة من الحقائب التعليمية، سواء سيتم إعدادها على مستوى صغير

مثل "صف" أو على مستوى مدرسة أو مجموعة مدارس أو على مستوى عالٍ وبإشراف وزارة التربية والتعليم. تلعب طريقة تشكيل فريق العمل دوراً مهما في طريقة أداءه ودقة نتائجه. ونستطيع بشكل مختصر تقديم عدة سناريوهات لتشكيل فريق العمل وما يرافق ذلك من إشكالات ومعيقات للعمل:

السيناريو الاول: فريق عمل خاص بشركة برمجيات تعليمية

هناك العديد من شركات البرمجة وجدت في التعليم حقلاً خصباً للاستثمار وتوجهت بإنشاء قسم خاص بالبرمجيات التعليمية، ومنها من اختص كلياً في هذا الحقل. ونجد اليوم العديد من البرامج التعليمية والحقائب التلعليمية التي تباع في الاسواق أو يروج لها عبر مواقع الانترنت، أو تنفذ مشاريع محددة لصالح جهات تعليمية حسب الطلب. مع غياب كلي لمشاركة هذه الجهة التعليمية في تنفيذ المشروع حيث يقتصر دورها على استلام المشروع جاهزاً.

وعادة يكون فريق العمل في مثل هذه الشركات قد شكل على النحو الموضح في المخطط (3.1)

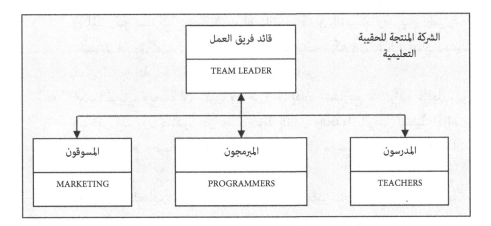

الشكل (3.1) تشكيلة فريق العمل في القطاع الخاص.

ومميزاته الايجابية منها والسلبية يمكن حصرها على النحو التالي:

1. قوة الفريق تكمن في طاقم البرمجة لديه، حيث يكون طاقم المبرمجين ذو خبرات عالية في تكنولوجيا المعلومات وعلى دراية تامة بلغات البرمجة المستخدمة مما ينتج برنامج أو حقيبة تعليمية دقيقة الاداء وسهلة الاستخدام ومرنة البناء.

2. نقطة ضعف الفريق تكمن في المدرسين، فعادة تختارهم الشركة لاعتبارات معينة بعيداً عن الخبرة والموضوعية وإن وجدت لن يكونوا أصحاب قرار إتجاه ما هو مطلوب تنفيذه، كما أنهم يستخدمون لأوقات محددة أثناء العمل وليس جزءاً دائماً في فريق العمل.

3. غياب الخبراء التربويين معدي الخطط والمناهج الدراسية، لإن استخدامهم في فرق العمل مكلف اقتصادياً من ناحية ومن ناحية أخرى سيشكلون حالة تعارض ما بين المتطلبات التربوية المطلوبة وبين الجانب التسويقي الباحث عن أكبر حجم فئة مستخدمة لمثل هذه البرامج والحقائب التعليمية.

4. حضور كلي لمؤشرات السوق وحاجاته عبر قسم التسويق والتي تملي على الفريق التوجهات المطلوب تنفيذها في الحقيبة التعليمية لتحقيق أكبر ربح ممكن مما يكون وفي حالات كثيرة على حساب الغايات والاهداف التربوية.

السيناريو الثاني: فريق عمل خاص بالمؤسسة التعليمية

هناك العديد من المؤسسات التعليمية ونخص بالذكر (القطاع التعليمي الخاص) مثل المدارس أو مراكز التدريب والتقوية* قد اندفعت إتجاه التعليم الالكتروني تجاوباً مع السوق ومواكبةً للتطور الحاصل على العملية التعليمية في بلدان متقدمة أو مجاورة يحدوها التنافس لتكون سباقة في هذا الميدان. ومنها من استطاع تحقيق برامج وحقائب تعليمية تقوم باستخدامها داخل المدرسة أو تحاول تعميمها في مدارس مماثلة.

وتقوم هذه المدارس عادة بتشكيل فرق عمل لتنفيذ هذه المهمة كما هو موضح في الشكل (3.2).

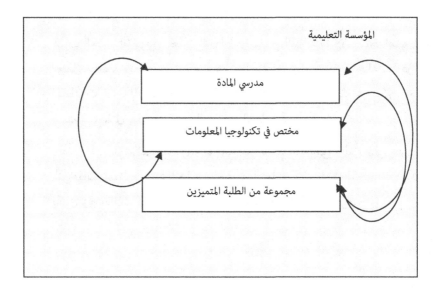

الشكل (3.2) تشكيلة فريق العمل في المؤسسة التعليمية.

ويتسم مثل هذا الفريق بالمواصفات التالية:

أ- قائد الفريق يكون عادة مدرس المادة المبادر أو المكلف بإعداد البرنامج التعليمي والذي بدوره تنقصه الخبرة في مفاهيم البرمجة والحوسبة بشكل عام وإن جاز وأتقنها سيكون البرنامج التعليمي ذو طابع خاص متمثل بإسلوب وطريقة فهم المدرس المعني للمادة.

ب- المبرمجون عادة يكونوا مدرسي مادة تكنولوجيا المعلومات أو المساعدين المشرفين على المختبرات وفي كثير من الاحيان يتم اشراك الطلبة. وكل هذه الفئات قد تستطيع أن تنتج برنامج تعليمي لكن لن يكون هذا البرنامج بالمستوى المطلوب ويفتقر عادة إلى كثير من السمات التقنية التي يجب أن تتوفر فيه.

ج- يتميز هذا الفريق بعدم تسلسل الواجبات والصلاحيات ونجد فيه تداخل كبير بين أعضاء الفريق في مهامهم ووجهات نظرهم التي في النهاية تستنزف الجهد والوقت الثمين لفريق العمل.

د- غياب الحوافز أو ضعفها وكذلك غياب النظام الداخلي أو القانون الذي ينظم ويشرف على إنجاز العمل مما يعطيه طابع الفردية.

وعليه تتسم منتجات هذا الفريق بالضعف التقني والفني، كما أنها تتميز بمحدودية النظرة التربوية ومحدودية مساحة الاستخدام – حسب حاجة المؤسسات المنتجة لهذه البرامج- . كما يصعب تعميمها ونشرها للاستفادة منها على نطاق أوسع.

السيناريو الثالث: فريق عمل مشترك

وهذا السيناريو هو الغالب عند إنتاج البرمجيات والحقائب التعليمية سواء على مستوى المؤسسة التعليمية أو وزارة التربية والتعليم، والذي ينتج عن توقيع إتفاقية تعاون أو عقود بين المؤسسة التعليمية المستفيدة من البرنامج التعليمي وبين شركة البرمجة المنتجة لمثل هذه البرامج. حيث يتشكل فريق عمل مشترك من الطرفين كما هو موضح في الشكل (3.3).

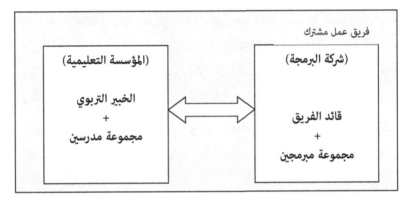

الشكل (3.3) تشكيلة فريق عمل مشترك.

ولعل تشكيلة الفريق المشترك تعتبر من أقوى التشكيلات بهدف إنتاج برامج وحقائب تعليمية ناجحة ومعممة لعدة أسباب منها:

أ-   وجود مشاركة حقيقية وفعالة من قبل المؤسسة التعليمية في إنتاج هذه البرمجيات عبر فريقها التربوي المختص والمكون من خبراء تربويين ومدرسين أكفاء يقومون بتحليل المادة الدراسية وتحديد الاهداف والغايات التربوية وإعداد المادة كاملة ما قبل البرمجة.

ب- وجود فريق برمجة خبير ومهيئ لأعداد برامج أو حقيبة تعليمية تتوفر فيها كافة الشروط والمواصفات الفنية والتقنية، وبمتابعة حثيثة ومستمرة من قبل الطاقم التربوي أثناء الاعداد والبرمجة.

ج- تتحقق جوانب التكامل في الفريق، حيث يجد المبرمجون التابعون للقطاع الخاص حوافزهم من خلال عقد أو إتفاقية مالية، ويجد الفريق التربوي حوافزه إما مثبتة من خلال بنود العقد أو من خلال تكليف مباشر من المؤسسة التعليمية ضمن حوافو مالية معينة.

د- العلاقات بين أعضاء الفريق والجدول الزمني للتنفيذ والخطة المرسومة مسبقاً للمشروع عادة تكون واضحة ومثبتة في العقد الموقع بين الطرفين، مما يرفع مستوى الاداء وفاعلية التنفيذ وفي المواعيد المحددة لذلك.

كل هذه الاسباب مجتمعة تؤدي إلى إنتاج برنامج أو حقيبة تعليمية جيدة قابلة للتداول والتعميم والتطوير والتوسعة لاحقاً. ولكن هنالك نقطة ضعف رئيسية في هذه التشكيلة وهي قيادة العمل أثناء التنفيذ، والتي عادة تكون في يد شركة البرمجة المسؤولة عن التنفيذ، والناتجة عن عدم دراية الفريق التربوي المشكل من قبل المؤسسة التعليمية في أمور البرمجة والتقنيات المستخدمة.

هذه السلبية لا تسمح للمؤسسة التعليمية من إجراء التغييرات والتعديلات والتوسعة المطلوبة على البرنامج التعليمي دون العودة للشركة المنتجة. نقترح في هذا الكتاب السناريو الرابع كحل لكافة السلبيات المتوفرة في السيناريوهات السابقة، مع عدم إهمالنا لأي نشاط في مجال إعداد وإنتاج البرامج والحقائب التعليمية التي تمت من خلال السيناريوهات السابقة، لأن أي عمل نقوم به إتجاه حوسبة التعليم ورغم وجود السلبيات، له أثره الايجابي إتجاه تقدمنا وتطورنا نحو تعليم أفضل وأنجع لأبنائنا الذين يجسدون أملنا في غدٍ أفضل.

السيناريو الرابع: فريق عمل ثلاثي

نحن مع العلاقة المشتركة ومع تحقيق التعاون المنشود بين المؤسسة التعليمية وقطاع تكنولوجيا المعلومات، لكن ولكي نضبط هذه العلاقة بأسس صحيحة ولتلافي السلبيات في مشروع التعاون هذا نقترح السيناريو الرابع وهو اشراك طرف ثالث في هذه العلاقة. فمن يكون الطرف الثالث؟

الشكل (3.4) يوضح طريقة تشكيل الفريق لانجاز عمليات الحوسبة المطلوبة وإنتاج البرامج التعليمية الالكترونية والحقائب التعليمية وطبيعة العلاقات بين أعضاء الفريق الناتج عن المشاركة الثلاثية في المشاريع.

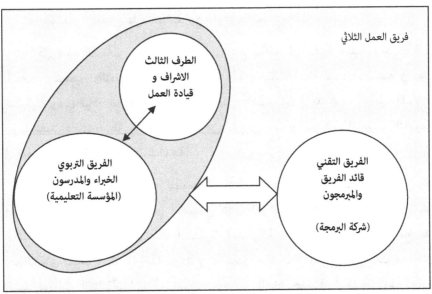

الشكل (3.4) تشكيلة الفريق الثلاثي.

وقد نجح هذا السيناريو نسبياً في الاردن حين استعانت وزارة التربية والتعليم الاردنية بطرف دولي ثالث لانجاز المشروع الاول في حوسبة التعليم في الاردن والذي إقتصر على حوسبة مادة الفيزياء للصف الحادي عشر.

ويجب أن يكون الطرف الثالث من إختيار المؤسسة التعليمية ليساعدها في إرساء المواصفات والمعايير والشروط والاشراف عليها أثناء التنفيذ لضمان الدقة والالتزام والانفتاحية للبرامج التعليمية المطلوب تنفيذها.

وقد يكون الطرف الثالث: جهة دولية أو شركة مختصة محلية أو مجموعة من المستشارين المتعاونين مع المؤسسة التعليمية. وقد لجأت كثير من الدول العربية الى جهات دولية لسببين هما: المنح التي تخصصها هذه الدول، وثانيهما الخبرة الدولية التي نحتاجها في بداية طريقنا إتجاه الحوسبة. ولكن ننصح مع التقدم في هذا الطريق استبدال الجهات الدولية بمجموعة من المستشارين للتعاون مع المؤسسة التعليمية.

إن الاختيار الدقيق لفريق العمل هو المهمة الاولى والرئيسية في مشروع إعداد البرامج والحقائب التعليمية، والذي يليه مباشرة خطة العمل.

2. خطة العمل في إعداد البرامج والحقائب التعليمية

هناك (3) ثلاث مراحل لخطة العمل تتم بشكل متتالي هي:

أولا- مرحلة التحليـل

ثانيا- مرحلة التصميم

ثالثا- مرحلة التنفيــذ

كما هو موضح في الشكل (3.5) مع توضيح الجهة المسؤولة عن كل مرحلة.

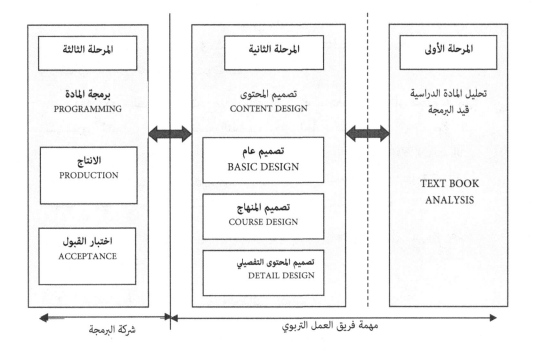

شكل(3.5) الخطة العامة لاعداد البرامج الحاسوبية والتعليمية.

تحليل المادة الدراسية

المادة الدراسية مبنية أساساً على هيكلية هرمية تحتوي على وحدات وكل وحدة لها فصول وكل فصل له أجزاء، وكل جزء بدوره له محتوى دقيق مكون من مجموعة مفاهيم وقواعد وتعريفات وتمارين محددة كما هو موضح كمثال هيكلية مادة الفيزياء في النموذج (أ).

تحليل المادة الدراسية يعني تناول كل وحدة دراسية على حدة   لتحديد المفهوم التربوي لهذه الوحدة وتعريف مجموعة الغايات التربوية المتوخاة من كل

فصل في الوحدة الدراسية ومن ثم دراسة كل جزء وفقرة ونشاط في كل فصل من هذه المادة الدراسية. عندها يتم تحويل كل محتوى الى نموذج مستقل لسهولة برمجته لاحقاً.

نموذج (أ) الهيكلية الهرمية للمادة الدراسية المقررة كما هي في الكتاب المدرسي.

(مثال على الهيكلية الهرمية للمادة الدراسية (مادة الفيزياء للصف الحادي عشر كما في الكتاب المقرر)

Subject Title: Physics	عنوان المادة الدراسية: الفيزياء
Grade: 11	الصف: الحادي عشر
Branch: Science	الفرع: علمي
First semester: [5 months] September to February.	الفصل الدراسي الاول [خمسة شهور] من شهر أيلول حتى شهر شباط.
Unit I: Mechanics. Chapter 1: Vectors. Chapter 2: Mechanical Equilibrium. Chapter 3: Type of Motion. Chapter 4: Newton's Laws of Motion. Chapter 5: Work & Energy. Chapter 6: Impulse and Momentum.	الوحدة الاولى: الميكانيكا. الفصل 1: المتجهات. الفصل 2: التوازن الميكانيكي. الفصل 3: نوع الحركة. الفصل 4: قوانين نيوتن في الحركة. الفصل 5: الشغل والطاقة. الفصل 6: الدافع وكمية الحركة.

Second Semester: [4 Months] February to June.	الفصل الدراسي الثاني [أربعة شهور] من شهر شباط حتى شهر حزيران.
Unit II: Properties of Matter. Chapter 7: Mechanical Properties. Chapter 8: Thermal Properties. Chapter 9: Optical Properties....etc	**الوحدة الثانية: خواص المادة.** الفصل 7: الخواص الميكانيكية للمادة. الفصل 8: الخواص الحرارية للمادة. الفصل 9: الخواص الضوئية للمادة... الخ

نتطلق من هذا النموذج الخاص بالكتاب المدرسي ، والذي يوضح العلاقة الهرمية والتسلسل المعتمد لتدريس محتوى الكتاب. وفيه يتم تعريف عناوين الوحدات الدراسية وما يتبع كل وحدة من فصول لها عناوينذات علاقة بالوحدة التي تنتمي اليها.

ولتوضيح كيفية إتمام عملية التحليل الهيكلي للمادة الدراسية وتحديد الاهداف المختلفة لكل مرحلة نبدأ بالوحدة الدراسية ونستمر بالتحليل وصولا الى أصغر عنصر في المحتوى والذي قد يكون مصطلح أو فقرة أو معادلة ..... الخ. نبين البناء الهرمي للمادة الدراسية من المنطلق التربوي للتحليل في المخطط (3.6):

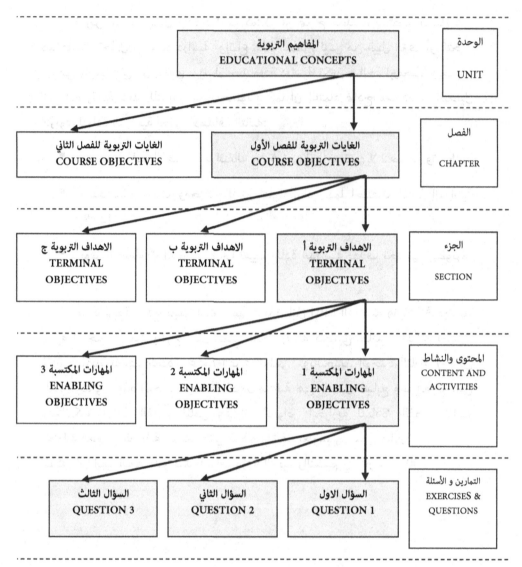

الشكل (3.6) التحليل الهيكلي للمادة الدراسية.

نعرض عملية تحليل مادة دراسية كمثال عبر نماذج محددة، نستطيع العمل على هداها عند تحليل أي مادة دراسية. وإتباع هذه النماذج ليس من قبيل الترف أو التخيير بل هي واجب على كل تربوي يريد أن يعد مادة دراسية تكون صالحة لبرمجتها وتحويلها الى مادة رقمية قابلة للتداول عبر الحاسوب. كما أن إعتماد نماذج محددة في التحليل التربوي للمادة الدراسية يحقق الأهداف التالية:

- يساهم في فهم التحليل عند انتقاله من شخص إلى أخر تسهيلا لتعميمه وتداوله.

- يحدد مسار ثابت ومحدد للسير على هداه مهما اختلفت المادة الدراسية [25:9] .

- يوفر الاحصاءات الدقيقة بهدف تقييم المادة الدراسية بهدف تحديثها وتطويرها لاحقا.

هناك اربعة نماذج يجب استخدامها عند تحليل المادة الدراسية وزيادة في توضيح كيفية استخدامها قمنا بشرح مثال عملي لمادة دراسية كتطبيق مباشر، وقد تم اختيارنا لمادة الفيزياء للصف الحادي عشر/ الفرع العلمي وبالتحديد الوحدة الثانية (خواص المادة) وتتكون هذه الوحدة من ثلاثة فصول متتالية هي: الفصل السابع وعنوانه الخواص الميكانيكية للمادة، الفصل الثامن وعنوانه الخواص الحرارية للمادة والفصل التاسع وعنوانه الخواص الضوئية للمادة، التي ساهم المؤلف بحوسبتها ضمن مشاركته في معرض الملكة رانيا العبدالله الذي نفذ بإشراف وزارة التربية والتعليم في أذار عام 2003 .

تناول المؤلف بالتفصل تحليل المادة الدراسية للفصل التاسع كنموذج (حالة دراسية) يهتدي به المتعلم عند تطبيقه للمباديء والتعليمات والاسس التي يجب اتباعها لحوسبة أي مادة دراسية.

تعتمد الخطة التربوية - عند اختيارها للمادة الدراسية (المنهاج) - على محاور أساسية تحمل مفاهيم تربوية واضحة، ولكل مفهوم تربوي جملة من الغايات التربوية التي تندرج تحت هذا المفهوم. ولتحقيق كل غاية تربوية هنالك مجموعة من الاهداف التربوية الرئيسية تحدد المحتوى الدراسي المطلوب إدراجه، ويعزز هذا المحتوى بجملة من الاهداف التطبيقية التي تبني المهارات اللازمة لدى المتعلم.

هذا البناء الهرمي في تقديم المادة للمتعلم ينعكس على تقسيم المادة نفسها من خلال الكتاب المدرسي (Text Book)، والجدول (3.2) يوضح الربط بين الخطة التربوية وتقسيمات الكتاب المدرسي الذي يعكس الخطة التربوية المنشودة، هذا الربط الذي اعتمدناه في تحليلنا للمادة الدراسية.

جدول (3.2) الربط بين الخطة التربوية وتقسيمات الكتاب المدرسي.

المصطلح التربوي	التقسيمات في الكتاب المدرسي
المفهوم التربوي (Course Goal) النموذج (ب)	الوحدة الدراسية: وهي مفهوم تربوي يوضح عنوان عام وواسع لموضوع ما، حيث تشمل الوحدة على مجموعة من الفصول (العناوين) التي تخدم هذا المفهوم التربوي.
الغاية التربوية (Objectives) النموذج (ج)	الفصل: حيث يندرج تحت عنوان الفصل مجموعة من المفاهيم والقوانين والعلاقات التي تحقق غاية تربوية ما.
الاهداف التربوية	الجزء: كل جزء من الفصل يوضح ويشرح ظاهرة أو

(Terminal Objectives) النموذج (د)	مصطلح أو قانون محدد ويوضح علاقته بالاقسام الاخرى من خلال محتوى دقيق ومحدد وكل جزء في الفصل مسؤول عن تحقيق هدف تربوي فرعي واحد أو أكثر.
الاهداف التطبيقية (Enabling Objectives) النموذج (هـ)	النشاط: حيث يقابل كل هدف تربوي واحد مجموعة من النشاطات والتجارب والتمارين التي تبني المهارات اللازمة لدى المتعلم وتبين مدى استيعابه لهذا الهدف الفرعي.
الاهداف الاختبارية (Assessment Objectives) النموذج (و)	الاسئلة: وهي مجموعة من الاسئلة والتمارين المطلوب تنفيذها من قبل المتعلم لقياس مدى ودرجة استيعابه لكل هدف تربوي .

نموذج (ب) تحليل المفهوم التربوي للوحدة الدراسية.

(المثال هنا يتعلق بالوحدة الثانية: خواص المادة، من كتاب الفيزياء للصف الحادي عشر/ العلمي)

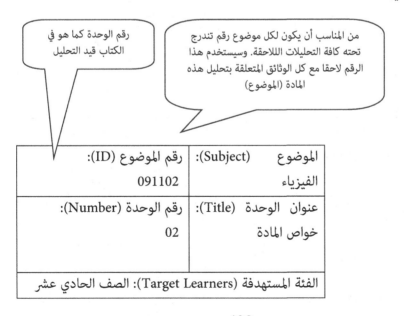

الموضوع (Subject): الفيزياء	رقم الموضوع (ID): 091102
عنوان الوحدة (Title): خواص المادة	رقم الوحدة (Number): 02
الفئة المستهدفة (Target Learners): الصف الحادي عشر	

المفهوم التربوي للوحدة (Unit Goal):

تستهدف هذه الوحدة التأكد من أن الطلبة : يفهمون الخواص المختلفة للمادة: الميكانيكية والحرارية والضوئية. يستوعبون المفاهيم التالية: حالة المادة، المرونة، الاجهاد، التشوه، معامل المرونة، النقل الحراري، العزل الحراري، التوازن الحراري، انعكاس الضوء، انكسار الضوء، نقل الضوء وانتشار الضوء. ويستخدمون القياس الرياضي في التعامل مع هذه المفاهيم .

> تحدد المفاهيم العامة التي على الطلبة فهمها في هذه الوحدة.

ملاحظات توجيهية (Instructional Remarks):

- من الضروري تنمية المهارات العلمية لدى المتعلمين من خلال حلهم للمسائل الرياضية المتضمنة للقوانين والمعادلات المرتبطة بموضوع خصائص المادة.

- من الضروري الربط بين المعلومات الخاصة بالمادة وواقع الحياة العملية التي يعيشها المتعلم، وفهم العلاقة بين هذه المعلومات العلمية واستخداماتها في المجتمع.

> تحدد معالم الطريق أمام المعلم لتسهيل إيصال المعلومات للطلبة والاستفادة القصوى من الدروس

طريقة التقييم (Assessment Method):

- حل التطبيقات الرياضية المتعلقة بالقوانين والمعادلات.
- شرح وتوضيح المصطلحات التالية: التجمد، التشوه، الانكسار، الانتشار، الانعكاس، التمدد، الانتقال الحراري...
- إجراء التجارب والاختبارات المتعلقة بهذه المفاهيم.

> يتم توضيح الطريقة التي يستخدمها المعلم لتقييم المتعلمين وقياس مستوى ودرجة استيعابهم للمعلومات

نموذج (ج) تحليل الغايات التربوية للفصل

(المثال المستخدم هنا يتعلق بالفصل التاسع من الوحدة الثانية وعنوانه: الخواص الضوئية للمادة)

لاحظ أن الرقم المستخدم لتحديد الوحدة هو نفس الرقم المستخدم لتعريف المادة مع إضافة خانتين للدلالة على رقم الوحدة.

لاحظ أن النموذج (ج) يبدأ بعنوان الوحدة ، كونه خاص بتحليل فصل يتبع لها تحديدا. أما باقي المعلومات المتعلقة بالوحدة فيمكن استنتاجها من الرقم (ID).

الرقم (ID) : 09110202	عنوان الوحدة (Title): خواص المادة
الرقم (Number): 09	عنوان الفصل (Chapter Title): الخواص الضوئية للمادة
	**الغايات التربوية للفصل (Chapter Objectives):** - أن يفهم الطالب علاقة الضوء بالمادة ، وكيف يتأثر الضوء بالخواص الفيزيائية للمادة. - أن يستوعب الطالب المفاهيم المتعلقة بعلاقة الضوء مع المادة: الامتصاص، الانعكاس، الانكسار، الاختراق، الانتشار والتحلل . - أن يتعامل الطالب مع المعادلات والقوانين الرياضية المرتبطة بعلاقة الضوء مع المادة.

تحدد الغايات التربوية للفصل من خلال نقاط واضحة ومحددة والتي على الطلبة فهمها في هذا الفصل.

ملاحظات توجيهية للفصل
(Chapter Instructional Remarks):

- أن يتقن الطالب المهارات العملية في حل المعادلات الرياضية المتعلقة بقوانين انتشار الضوء.

- أن يربط الطالب بين الدراسة والمجتمع والعلم والتكنولوجيا من خلال تعلم كيفية استخدام الخواص الضوئية للمادة في الحياة العملية.

تصف الصعوبات وتحدد المهام المطلوب انجازها عند تدريس هـذا الفصـل مـن قبل المعلم

طريقة التقدير (Assessment Method):

- أن يفهم الطالب كل المصطلحات الواردة في الفصل

- أن يحل الطالب كل التمارين والمسائل المرتبطة بالقوانين والمعادلات المحددة لعلاقة الضوء بالمادة.

- ان يشرح الطالب المفاهيم التالية: الانكسار، الانعكاس، تحلل الضوء عند مروره عبرالمنشور.

- ان يجري الطالب التجارب العملية المتعلقة بعلاقة الضوء مع المادة.

يتم توضيح الطريقـة التـي يسـتخدمها المعلـم لتقيـيم المتعلمـين وقيـاس مسـتوى ودرجـــة اسـتـيعابهم للمعلومــات الــواردة في الفصل تحديدا

نموذج (د) تحليل الاهداف التربوية للأجزاء داخل الفصل

(المثال المستخدم هنا يتعلق بالجزء الرابع من الفصل التاسع من الوحدة الثانية من مادة الفيزياء وهو "العدسات")

لاحظ دوما يتم استخدام نفس الرقم باضافة الرقم الخاص بالنموذج السابق، حفاظا على التسلسل المنطقي للنماذج وعلاقتها ببعضها البعض.

كل فصل يحتوي على مجموعة عناوين فرعية، كل منها يمثل جزءا مستقلا.

الرقم(ID): C0911020209	عنوان الفصل(Chapter Title): الخواص الضوئية للمادة
رقم الجزء (Number): S4	عنوان الجزء (Section Title): العدسات

الأهداف التربوية للجزء
(Terminal Objectives) :
- أن يعرف الطالب ما هي العدسة
- أن يتعرف الطالب الى انواع العدسات وآلية عملها
- أن يستوعب الطالب المفاهيم والمصطلحات المتعلقة بالعدسات
- أن يفهم الطالب صفات الأخيلة في العدسات
- أن يستطيع الطالب قياس البعد البؤري للعدسات.

> كل جزء يتضمن هدف تربوي واحد أو أكثر، في هذا المثال هناك خمسة أهداف.

الاسلوب التعليمي (Style of Teaching) :

[x] محاضرة (Lecture)
[ ] مناقشة (Discussion)
[x] مشاهدة (Observation)
[ ] صوت و صورة (VCD)
[x] تجربة (Experiment)
[ ] عمل تعاوني (Collaboration work)
[ ] رسوم ومخططات (Handout)
[x] تمارين وأسئلة (Quiz & Exercises)

> يتم هنا اختيار الاسلوب أو الاساليب الاكثر ملاءمة من ثمانية اساليب معروضة.

تصنيف طريقة التقويم
(Assessment Classification)

[x] استيعاب المفاهيم (Understand concept)
[x] حل وتنفيذ (Solve and Operate)
[x] تحديد موقف (وجهة نظر) (Attitude change)

> طريقة تحديد صنف الاختبارات الانسب لفحص مدى استيعاب الطالب للمعلومات الواردة في الجزء

نموذج (هـ) تحليل المحتوى والنشاط لكل هدف تربوي

(المثال المستخدم هنا يتعلق بالهدف التربوي الاول من الجزء الرابع من الفصل التاسع من الوحدة الثانية من مادة الفيزياء وهو "ان يفهم الطالب ما هي العدسة").

عنوان الجزء (Section Title) : العدسات	الرقم(ID): 4S1102070209
الهدف التربوي (Terminal Objective) : أن يفهم الطالب ما هي العدسة	رقم الهدف T1(E) : (Number)
تصنيف الاهداف التطبيقية (Enabling Objectives) : [ ] مسار/مدخل [ ] قاعدة/مفهوم [ ] نظرية/قانون [x] مصطلح/تعريف[ ] تحليل/تركيب [ ] ظاهرة [ ] معادلة [ ] مثال [ ] تجربة [ ] حدث [ ] تمرين [ ] وصف [ ] أخرى	

المحتوى (Contents) :

- أن يعرف الطالب ماهية العدسة

العدسة: جسم شفاف محاط بسطحين أحدهما على الأقل كروي، تستخدم مبدأ انكسار الضوء في عملها.

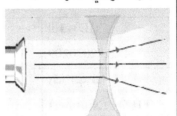

- أن يتعرف الطالب الى أشكال العدسات

عدد الاسطح الكروية المكونة للعدسة يحدد شكل العدسة:

(هناك خمسة أشكال للعدسات، ترفق صور لخمسة نماذج)

- أن يذكر الطالب استخدامات العدسات

تكمن أهمية العدسة في استخداماتها المختلفة، فهي الجزء الأهم في العديد من الأجهزة التي تعتمد في عملها على الضوء، مثل: (مع إرفاق صور لهذه الألات)

- آلة التصوير
- المجهر
- التلسكوب
- النظارات

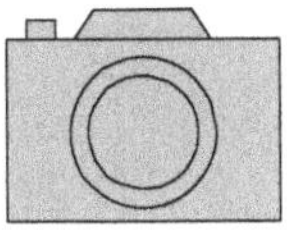

الانشطة (Activities) :

[ ] تجربة [ ] مخطط/مجسم [ ] بحث/تقرير [ ] تمثيل [x] بلا

نموذج (و) تحليل الاسئلة والتمارين للهدف التربوي

الرقم(ID): 110207020904	عنوان الجزء (Section Title) : العدسات
رقم الهدف (Number) : T1(Q)	الهدف التربوي (Terminal Objective) : أن يفهم الطالب ما هي العدسة؟
تصنيف الاهداف الإختبارية (Assessment Objectives) : [ ] تعداد [ ] شرح [ ] حساب [ ] ملئ الفراغ [x] نعم او لا [x] تعدد الخيارات [x] المطابقة [ ] تنفيذ [ ] أخرى	

الأسئلة (Questions) :

السؤال الأول: اجب بنعم أو لا

- العدسة: جسم شفاف.
- العدسة تحاط بسطح كروي واحد فقط
- العدسة تستخدم مبدأ انكسار الضوء في عملها
- العدسة تصنع من المعدن

السؤال الثاني: طابق بين العامودين

عدد الاسطح الكروية المكونة لها	شكل العدسة
2	
1	
3	

السؤال الثالث: أي من الاجهزة التالية يعتمد في عمله على العدسة؟

أ- السيارة

ب- الهاتف

ت- الساعة

ث- المجهر

تصميم محتوى المادة الدراسية

هذه المرحلة كما المرحلة الاولى تكون من مسؤولية الفريق التربوي، ولا نستطيع البدء بها قبل الانتهاء من المرحلة الاولى والحصول على نتائجها المتمثلة في انجاز النماذج الواردة في المرحلة الاولى.

وتسمح هذه المرحلة، مرحلة التصميم بإعداد وتجهيز المادة الدراسية بشكل نهائي تمهيداً لبرمجتها وتحويلها إلى مادة دراسية رقمية. وتضم مرحلة التصميم ثلاث خطوات مترابطة يوضحها الشكل (3.10)، وهي:

أ-   التصميم المبدئي للمحتوى (Basic Design):

ويحدد التصميم المبدئي السياسة التربوية العامة في رسم خطة المناهج المدرسية لكافة المراحل، هذه السياسة التي تعتمد على البيئة التعليمية والنهج الوطني للتربية والحاجات المحلية وكذلك مواصفات المواضيع المطروحة في المناهج.

ب-   تصميم محتوى المادة الدراسية (Course Design) :

ويحدد تصميم المنهاج هيكلية المادة الدراسية قيد الاعداد للتعليم الالكتروني ويحول بنائها المحدد في الكتاب (Text Book) إلى هيكلية الوحدات الالكترونية (الدروس) الملائمة للتحول الرقمي وطرق تدريسها ومحتواها.

ج-   التصميم التفصيلي للمحتوى (Detailed Design):

ويهتم التصميم التفصيلي بإعداد واجهات الاستخدام والرسوم والصور وأفلام الفيديو والمحاكاة والنشاطات والاسئلة المرافقة للمادة التعليمية وطريقة تسلسل عرضها أثناء التعليم أو التعلم.

التصميم المبدئي للمحتوى (Basic Design)

هذه الخطوة معنية بتحديد هيكلية البرنامج أو الحقيبة التعليمية والخطوط العريضة للمادة قيد الحوسبة، وفيها يتم تنفيذ المهام التالية:

أ-   **تحديد البنية التحتية (البيئة التكنولوجية) للتعليم**

يقوم فريق العمل -الخبراء التقنيون في الفريق- بتحديد ماهية الشبكة الحاسوبية المستخدمة على نطاق المؤسسة التعليمية (سواء مدرسة أو مجموعة مدارس أو على مستوى الدولة)، أي بكلمات أخرى سيتم التعامل مع البرنامج أو الحقيبة التعليمية من خلال شبكة حاسوب محلية، أو شبكة انترانت أو شبكة الانترنت العالمية؟ وعلى الفريق أيضاً القيام بدراسة لتحديد مواصفات أجهزة الحاسوب المستخدمة في المختبرات وغرف الصفللتعرف إلى طبيعة المواد والتطبيقات الالكترونية التي يمكن تشغيلها وتحميلها على مثل هذه الاجهزة.

ولتوضيح كيف نقوم بهذه المهمة قمنا بإجراء دراسة لمدرسة معينة، حيث استخدمنا نماذج مخصصة لهذه المهمة فكانت على النحو التالي:

نموذج (3.أ) البنية التحتية (Infrastructure)

عنوان المشروع: إعداد حقيبة تعليمية لمادة الفيزياء.
المؤسسة التعليمية: مدرسة خولة بنت الازور الثانوية.
البنية التحتية: الحاسوب المركزي ومحطات العمل.
الشبكة المستخدمة: انترانت ومواصفاتها.
Windows NT2000 Server 100 M

PC room intranet Teachers PC=1 Student's PC=20
الحاسوب المركزي ومواصفاته: المادية: CPU: Intel P IV 1600 MHz Memory 512 MB HDD 40 GB Monitor: 15" LG Backup Device: TapDAT البرمجية: Windows 2000 Server + MS office
محطات العمل ومواصفاتها: المادية CPU: Intel P IV 1000 MHz Memory: 256 MB VGA: 1815E Audio: Ac'97 HDD: 40 GB Monitor: 17" (1024*768) Additions: CD combo, DVD OS: Windows XP Professional APP: MS- Office XP, Encarta 2002:البرمجية

نموذج (3.ب) مخطط الشبكة الحاسوبية

عنوان المشروع: إعداد حقيبة تعليمية لمادة الفيزياء.
المؤسسة التعليمية: مدرسة خولة بنت الازور الثانوية للبنات.
الشبكة الحاسوبية: انترانت محلية.
(وصف لعناصر ومكونات ومخطط الشبكة)

أ-   تحديد الفئة المستهدفة من المدرسين والتلاميذ.

ب-   وهي المهمة الثانية لفريق العمل أثناء المرحلة الاولى من التصميم المبدئي، حيث
يحدد الفريق المستوى العلمي للطلبة ومستوى تحصيلهم العلمي بالنسبة
للموضوع قيد التصميم، كما يجب معرفة مدى امكانياتهم إتجاه استخدام
تكنولوجيا المعلومات وقابليتهم للتجاوب معها، وكذلك الامر بالنسبة لفئة
المدرسين المعينين.

وعلى سبيل المثال لا الحصر ومواصلة لمثالنا في تصميم برنامج تعليمي لمادة
الفيزياء الخاص بالصف الحادي عشر، تكون نتائج مهمة الفريق الثانية على النحو التالي:
مثال (Example)

الفئة المستهدفة: Target Learners
طلبة الصف الحادي عشر
المهارات المطلوبة إتجاه تكنولوجيا المعلومات
Needed Skills
العمليات الاولية: لوحة المفاتيح، الفأرة، الطباعة باللغتين
Basic Operations:
المهارت العملية: الاستعراض، استخدام برامج
Practice Skills: (Ms office)

ه- إختيار مسار التطوير (البرمجة)

وهذه المهمة يقوم بها فريق العمل بناء على نتائج المهمتين الاولى والثانية: حيث يقوم بإختيار ما هو ملائم من مكتبة البرامج التعليمية من أدوات وتطبيقات برمجية تكون صالحة لحوسبة المادة الدراسية مع مراعاة الفئة المستهدفة من المتعلمين والبنية التحتية المستخدمة في البيئة التعليمية. والجدول (3.11) يوضح الانواع العامة للبرامج التعليمية كما وردت في تصنيفات مركز الحاسوب التعليمي للمكتبات البرمجية [72:25].

حيث ورد ثماني تصنيفات مختلفة للبرامج التعليمية ويمكن استخدام أكثر من نوع من هذه البرامج لتحديد مسار التطوير أو البرمجة المطلوب استخدامه في إعداد المادة الدراسية الكترونياً.

جدول (3.11) تصنيف البرامج التعليمية.

الرقم	نوع البرنامج	الوصف العام
1.	نظري(تعليمي) Tutorial	يقدم عرض لمحتوى المادة مرفق مع أسئلة ذات دلالات توجيهية وتقييمية. مثل (CAI) التعليم بمساعدة الحاسوب
2.	المحاكاة (Simulation)	تسمح للمتعلم بتغيير المعطيات والتحكم بالمتغيرات ومراقبة تأثير هذه التغيرات على مسار النتائج. على سبيل المثال القيام بتجربة أثر تغيير المساحة على تدفق المجال المغناطيسي في الفيزياء
3.	التمرين (Drill Practice&)	ترغم المتعلم على إجابة أسئلة محددة أثناء التعلم بهدف تعزيز معرفته وتثبيتها. مثل حل المسائل الرياضية. وتصلح لبناء المهارات وتنميتها.

.4	عرض (Presentation)	وهي استخدام الوسائط المتعددة مثل (الرسومات الحاسوبية والصوت والفيديو والحركة) لعرض المادة التعليمية التي يصعب فهمها واستيعابها عبر صور ثابتة في كتاب مثل حركة الكواكب.
.5	الالعاب (Games)	تسمح للمتعلمين بالتعلم بفاعلية أثناء اللعب ضمن شروط وقواعد محددة. وتصلح للفئات العمرية الصغيرة نسبياً.
.6	مراجع توضيحية (Illustrated Reference)	تكامل الصور الثابتة والحركية والصوت كمراجع لتعزيز المادة الدراسية أي بمثابة موسوعة الكترونية (رقمية)
.7	الادوات (Tools)	وهي مجموعة الادوات التي يوفرها البرنامج وتسمح للمتعلم بالبحث عن حاجاته الخاصة أثناء التعلم.
.8	التسلية التعليمية (Edutainment)	ويجمع بين التعليم والتسلية والامتاع بحيث يتعلم التلميذ ويستمتع في نفس الوقت. مثل تعلم الجغرافيا عن طريق الابحار أو تعلم الموسيقى عن طريق التقليد....الخ.

تصميم واجهة الاستخدام العامة للبرنامج أو الحقيبة التعليمية

وهذه من أخطر المهام في مرحلة التصميم المبدئي، كونها تحدد شكل ظهور البرنامج للمتعلم، وكيفية استخدامه وتوضح الادوات والمحتويات أمامه على شاشة الحاسوب، وخريطة توجيهه أثناء التعلم. ولا بد من وجود مجموعة من المعايير والمواصفات التربوية التي تحتم على الفريق الالتزام بها لتصميم برنامج تعليمي ذو واجهة استخدام تسهل التعامل وتسمح بتعميم تداول البرامج التعليمية.

الشكل (3.12) يوضح الصورة العامة لواجهة الاستخدام القياسية التي يجب التقيد بها بمواصفاتها عند إعداد وتصميم البرامج التعليمية وقد اخترنا واجهتي استخدام احدهما باللغة العربية والثانية باللغة الانجليزية لمزيد من التوضيح.

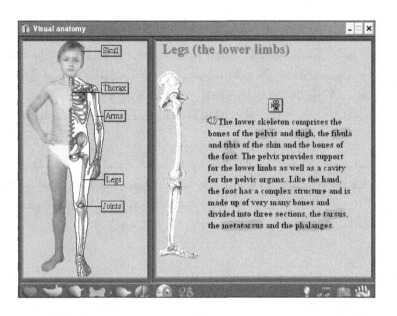

الشكل (3.12) مواصفات واجهة الاستخدام القياسية للبرامج التعليمية.

من الملاحظ أن واجهة الاستخدام تتكون من خمسة أجزاء هي:

1. منطقة عنوان المادة الدراسية (Course Title) وتحتل الجزء الصغير في أعلى يمين الشاشة (بالنسبة للغة العربية) والعكس - أعلى يسار الشاشة - بالنسبة للغة الانجليزية. وهذا الجزء لا يتغير أثناء عرض البرنامج التعليمي الخاص بهذه المادة.

2. منطقة الفهرس (Menu & Index) وهي المنطقة التي تلي منطقة العنوان وتكون في أسفله مباشرة وتحتل نفس العرض الذي تحتله منطقة العنوان ولكن ممتدة عمودياً. وتخصص هذه المنطقة لعرض فهرس (قائمة) المادة التعليمية كما تم تحليلها وتصميمها على شكل وحدات (Units) ودروس (Lessons) لتلائم موضوعة البرمجة.

3. منطقة المفاتيح (Main Buttons) وهي المنطقة التي تكون في أسفل يمين الشاشة – بالنسبة للغة العربية – وتحتوي على الازرار الرئيسية أثناء التعامل مع البرنامج مثل: زر العودة للصفحة الرئيسية (الاولى) (Home)، زر الانتقال إلى شاشة المعلم (Teacher Menu)، أو التوجه إلى صفحة الملخص (Glossary) ... الخ.

4. المنطقة الرئيسية (Main Area) وهي المنطقة التي تحتل أكبر مساحة في واجهة الاستخدام ومخصصة لعرض المادة التعليمية (النصوص، الصور، الافلام، الاسئلة، الاجوبة، التجارب.....الخ).

5. منطقة الادوات (Instruction Tools) وهي المنطقة الممتدة بامتداد المساحة الرئيسية وتكون أسفلها مباشرة، حيث تتوفر فيها أدوات التوجيه والتحكم في سير عرض المادة التعليمية والتفاعل معها مثل زر (إلى الامام)، زر (إلى الخلف)، زرتشغيل الصوت...الخ.

كما يجب أن نتقيد بالمواصفات التالية عند تصميم واجهة الاستخدام:

1. الحفاظ على نسبة أحجام المناطق المختلفة في الواجهة كما هو مبين في الشكل (3.12).

2. الحفاظ على ثبات واجهة الاستخدام أثناء التعامل مع البرنامج، أي يجب أن لا يشعر المستخدم (المتعلم) أنه ينتقل من واجه إلى أخرى.

3. الحفاظ على الالوان المستخدمة كخلفيات للمناطق الخمس، مثلاً إذا استخدمنا اللون الاخضر لمنطقة الفهرس، يجب أن يبقى ثابتاً طوال مدة إستخدامنا للبرنامج.

4. يحبذ أن تكون خلفية المنطقة الرئيسية بيضاء (أشبه بالصفحة) ليستطيع المتعلم التركيز على ما يعرض في هذه المنطقة وليس على خلفيتها.

5. يجب أن تكون الادوات والازرار المستخدمة واضحة وشاملة لاحتياجات المتعلم أثناء متابعته للبرنامج التعليمي.

هـ- تقسيم المادة الدراسية (Course Division)

والمقصود هو تقسيم المادة الدراسية (Course) بالكامل إلى دروس بالاعتماد على عاملين: (المحتوى والوقت)، بمعنى أخر تحويل الخطة الدراسية للكتاب المدرسي لتصبح خطة للتعليم الالكتروني، والجدول (3.13) يوضح مثال تحويل فصل دراسي من مادة الفيزياء إلى مادة تعليم الالكتروني.

جدول (3.13) تحويل مادة الكتاب المدرسي إلى دروس الالكترونية.

الفصل	في الكتاب المدرسي			في البرنامج التعليمي الالكتروني		
	الرقم	القسم	الوقت	الرقم	الدرس	الوقت
. . .		. . .			. . .	
الفصل التاسع "الخواص الضوئية للمادة"	1	علاقة الضوء بالمادة	2	1	الانعكاس	1
				2	إمتصاص الضوء	1
	2	الانعكاس عبر سطحين كرويين	3	3	انكسار الضوء	1
				4	زاوية الانحراف الادنى	1
				5	الانكسارعن السطح الكروي	1
	3	العدسات	7	6	أنواع العدسات	1

		خواص الصور الناتجة عن استخدام العدسات البعد البؤري للعدسات		7	كيف تعمل العدسة	1
				8	خواص الصورة في العدسة	1
				9	معادلة صناعة العدسة	1
				10	قياس البعد البؤري للتحدب	1
				11	قياس البعد البؤري للتقعر	1
				12	مشاكل العين	1
.		.		.	.	.

هذا التقسيم الجديد للمادة الدراسية يسمح بوضع التصميم العام المستخدم في إعداد البرنامج التعليمي. ولمزيد من التوضيح نجد النموذج (3.هـ) يوضح مواصفات التصميم العام للمادة الدراسية.

نموذج (3.هـ) التصميم العام للدروس الالكترونية (مثال مادة الفصل التاسع لكتاب الفيزياء)

الرقم	الدرس	الوقت	الوسط	الطريقة/الوسيلة المستخدمة
.1	الانعكاس	45	CD/ Intranet	صوت، تمرين، حركة، تعليمي (Drill, Tutorial)
.2	إمتصاص الضوء	45	CD/ Intranet	تجربة بسيطة، صوت، نص Experiment, Voice, Text

صوت، فيلم Voice, Movie	CD/ Intranet	45	انكسار الضور	3.
محاكاة Simulation	CD/ Intranet	45	زاوية الانحراف الادنى	4.
صور متحركة Animation	CD/ Intranet	45	الانحراف عن سطح كروي	5.
صور، أفلام، رسومات Image, Movie, Graphics	CD/ Intranet	45	أنواع العدسات	6.
	. . .		. . .	

الخلاصة: بهذا تكون مخرجات مرحلة التصميم هي :

1. تحديد البنية التحتية
2. مواصفات المادة الدراسية.
3. هيكلية البرنامج التعليمي.
4. قائمة الدروس الرقمية.
5. التصميم العام للدروس.

وبناء على نتائج هذه المرحلة يقوم فريق البرمجة باعداد الحقيبة التعليمية برمجيا لتصبح صالحة للاستخدام من قبل المعلم في غرفة الصف أو المتعلم بشكل ذاتي.

قائمة المراجع

المصادر والمراجع

المراجع العربية:

1. أبو غزلة، محمد، العمري، صالح(1998)، **توظيف اللعب واللعب الدرامي في الموقف الصفي**، مديرية التدريب التربوي، وزارة التربية والتعليم، عمان -الأردن.

2. أبو زعيتر، سهام(1988) **ألعاب تربوية في الرياضيات واللغة العربية**، دائرة التربية والتعليم -الأنروا- عمان- الأردن.

3. إبراهيم، مجدي عزيز (2002)، **التقنيات التربوية**، مكتبة الأنجلو المصرية، القاهرة، مصر.

4. أبو جابر، صالح محمد (2003)، **علم النفس التربوي**، دار المسيرة للنشر والتوزيع، ط3، عمان- الأردن.

5. اسكندر كمال، غزاوي، محمد(1994)، **مقدمة في تكنولوجيا التعليم**، مكتبة الفلاح، الكويت.

6. أديب، محمد (2001)، **إنتاج الوسائل التعليمية البصرية للمعلمين**، ط2، وكالة المطبوعات، الكويت.

7. براون، وآخرون (1982) **إنتاج واستخدام التقنيات التربوية**، ترجمة مصباح عيسى وآخرون، مكتبة الفلاح، الكويت.

8. البغدادي، محمد رضا(1997) الأنشطة مفتوحة النهايةلإكتساب تلميذ المدرسة الابتدائية للمفهوم العلمي الواحد خلال مهارات التفكير أثناء العمل، **التربية**، العدد الحادي والعشرون بعد المائة، السنة السادسة والعشرون، اللجنة الوطنية القطرية للتربية والثقافة والعلوم (55-176).

9. جاسم، مزهر(2004)،**التعليم المتآلف**، مجلة آفاق، العدد الحادي والعشرون، الشبكة العربية للتعليم المفتوح والتعليم عن بعد.

10. جيتس آرثرون وآخرون (1956) **علم النفس التربوي**، ترجمة إبراهيم الحافظ وآخرون، مكتبة الأنجلو مصرية، القاهرة.

11. حمية، مختار وآخرون (2000) **تدريس الدراسات الاجتماعية في التعليم العام**، مكتبة الزهراء، القاهرة.

12. حمدان، محمد زياد (1998)، **الوسائل التعليمية**، مؤسسة الرسالة، بيروت.

13. الحيلة، محمد محمود (2005) **تصميم وإنتاج الوسائل التعليمية** ط3، دار المسيرة للنشر، عمان – الأردن.

14. الحيلة، محمد محمود (2005)، **تصميم التعليم "نظرية وممارسة"** ط3، دار المسيرة للنشر ، عمان -الأدرن .

15. الحيلة، محمد محمود (2004) **تكنولوجيا التعليم بين النظرية والتطبيق**، دار المسيرة للنشر / عمان – الأردن.

16. دروزة، أفنان، (1986)، **إجراءات في تصميم التعليم**، جامعة النجاح الوطنية، قسم الأبحاث والتوثيق.

17. زاهر، فوزي(1979)، **تصميم البرامج في تطوير أساليب التدريس**، مجلة تكنولوجيا التعليم، العدد الثالث، السنة الثانية، الكويت 11-18:.

18. الزيود، فهمي وآخرون، **التعلم والتعليم الصفي**، دار الفكر للنشر والتوزيع، عمان – الأردن.

19. سلامة، عبد الحافظ)1996(، **وسائل الاتصال والتكنولوجيا في التعليم**، دار الفكر، عمان -الأردن.

20. سلامة، عبد الحافظ(2001)، **الإتصال وتكنولوجيا التعليم**. دار اليازوري للنشر ، عمان – الأردن.

21. ستاين، جين (2003) **كيف تضاعف قدراتك الذهنية** ط4، ترجمة دار جرير، عمان – الأردن.

22. شحاتة، حسن (1994) **النشاط المدرسي، مفهومه، وظائف ومجالات تطبيقه**، الدار المصرية اللبنانية، القاهرة، مصر.

23. الطيطي، محمد عيسى (1988)، **تصميم أنموذج تعليمي لتطوير تكنولوجيا الكتاب المدرسي في مادة التربية الإجتماعية، وأثر ذلك في تحصيل طلبة الصف السادس الإبتدائي في الأردن**، رسالة ماجستير غير منشورة جامعة اليرموك، الأردن.

24. الطيطي/ محمد عيسى (2004) **تطوير أنموذج تكاملي لكتاب التربية الإجتماعية والوطنية للصف الرابع الأساسي واختبار فاعليته في تحصيل تلاميذ ذلك الصف في الأردن**، رسالة دكتوراه غي رمنشورة، جامعة عمان العربية للدراسات العليا، عمان، الأردن.

25. الطيطي ، محمد عيسى، أبو شريخ، شاهر،(2007)، **المنهاج التكاملي**، دار جرير، عمان – الأردن .

26. الطيطي، محمد عيسى (2003) **ألعاب تربوية في الرياضيات للصفوف الثلاثة الأولى**، ورقة عمل مقدمة لمؤتمر الرياضيات الأول/ الرياضيات متعة وحياة، جامعة جرش، الأردن.

27. الطوبجي، حسين (1987) **وسائل الاتصال والتكنولوجيا**، ط8، دار القلم، الكويت.

28. عبيدات، فيصل غازي (1990)، **أثر استخدام الإذاعة المدرسية التعليمية في تحصيل الصف التاسع في مادة قواعد اللغة العربية**، رسالة ماجستير غير منشورة، جامعة اليرموك- إربد-الأردن.

29. عيسى، مصباح وآخرون، (1990) **تقنيات إنتاج المواد السمعية والبصرية واستخدامها**، جامعة الكويت.

30. عبيد، ماجدة، (2001)، **تصميم وإنتاج الوسائل التعليمية التعلمية**، دار صفاء للنشر والتوزيع، عمان- الأردن.

31. العمري، علاء.(2002) **التعليم عن بعد باستخدام الإنترنت**، المعرفة، **عدد (91): 66-77.**

32. غزاوي، محمد ذيبان (2000)، **الأسس النفسية لتكنولوجيا التعليم**، جامعة اليروموك، اربد، الأردن.

33. القضاة، يوسف (2003) **مدخل إلى تصميم، وإنتاج واستخدام وسائل وتكنولوجيا التعليم**، دار المسار للنشر والتوزيع، عمان، الأردن.

34. الكلوب، بشير عبد الرحيم (1988)، **التكنولوجيا في عملية التعليم والتعلم**، دار الشروق، عمان الأردن.

35. مرعي، توفيق (1985) **أنماط التعليم**، دار الفرقان، عمان -الأردن.

36. إلياس، ديب (2001) **مناهج وأساليب في التربية والتعليم**، دار الكتاب اللبنانين، بيروت، لبنان.

37. ناصر، محمد فيصل، (1992) **تعليم عمليتي الجمع والطرح ضمن العدد 9 باستخدام الوسائل والألعاب الرياضية**، وزارة التربية والتعليم،عمان.

38. وزارةالتربية والتعليم الأردنية (2001) **تطوير أساليب جديدة لتدريس العلوم.**

39. اليافعي، علي عبد الله (1995)، **رؤى مستقبلية في مناهجنا التربوية**، دار الثقافة للطباعة والنشر والتوزيع، قطر.

40. يلانشارد، كين (1998)، **المهمة الممكنة**، ترجمة مكتبة دار جرير، عمان- الأردن.

41. يوسف، ماهر إسماعيل (1999)، **من الوسائل التعلمية إلى تكنولوجيا التعليم**، مكتبة الشقري، الرياض ، المملكة العربية السعودية.

المراجع الأجنبية:

1. Anastos, Margaret Dougherty (1994) A study of Curriculum Integration: Content Analysis of curriculum Frame works (language Arts), **Dissertation Abstracts International**-A55/04 P-847.

2. Alen N-Hofmeister (1989),**Teaching With Video**, Teaching Exceptional children.

3. alan Mc Clare (1989), Planning, **Producing, And Using Instructional** Media, Sixth Edition, N,Y: Harper & Row, Publishers, Inc.

4. Bozenman,w.c.(1995) Educational **Technology: Best Practices from American,s schoohs**,Nj: Eye on Education.

5. Brawn.et al (1977) Au Instruction: **Technology, Media and Methods**, New York: Mc Graw-Hill Book Company.

6. Chapin, June, Mesick, Rosemary,(1991) **Elementary Social Studies Curriculums**, second Eilition, Longman, New York, & London.

7. Cooper j, et. Al (1994) **Class room Teaching Skills** (6th ed), Houghton Miffing, USA.

8. Dietz, N.J and A ad land, H, (Eds), (1995), North Dakota Wetlands Discovery Guide, **Environ mental Protection Agency, Washington**.

9. Dunbar, Stephen, (1988),From writing the whole Discretely, **English Teaching Forums writing Communication Journal**, Vol, 12- No,5 pp 632-672.

10. David w, walker and Mary B. Huleki, **1s Aids a (1988) Basing Factor in teaching Judgment**, Exceptional children, Don, E. Descy (1997), The Internet and Education, some Lessons on Privacy and Pitt fall, Educational Technology. 37 (3) .

11. Don, E. Descy (1997), The Internet and Education: some Lessons on Privacy and pitfall, **Educational Technology**. 37 (3).

12. Dale Edgar, (1969) **Audio –Visual Methods in Teaching**, N.Y: The Dryden Press, Holt, Rinehart and Winston, Inc.

13. (Ely, D, 1988) The Definition of Educational Technology: An Emerging Stability, **Education Considerations**, 10,2-4.

14. (Guri Sarah,1984), Diagrams as an Effective Visual Language in Learning Form Social Science Self Study Text book, **Dissertation Abstracts International** A, Vole, 45, No 06 .1627.

15. Galbreeth, Jeremy, (1997), **The International : Past, Present, and futurem education technology**, 37 (6), 39-45.

16. Houston,k.w.1973, Designing Competency – Based Instructional Systems, "**Journal of teacher Education**, Vole: xxiv: 111-132.

17. Spencer, ken (1991), Modes, Media and methods: the search for educational effectiveness. **British Journal of Educational Technology**, zz (1). 13-21.

18. Silverman, H.f.(1962), Coul son , J.E. "**Automated Teaching**' in: Broko h. (ed), Computer Applications in the Behavioral Sciences. London: Prentice – Hall.

19. Trentin, Guglielmo (1986) Logical Communication Structures for net work Based Education and Tele-teaching, **Educational technology**, 37 (4), 19-25.

20. Kemp, Jerrold E,(1977) **Instructional Designed, Aplan Unit and Course Development Belmont**, znd Edition, Fearon Publishers, Ine.

T0300927

Printed in the United States
By Bookmasters